그라운드 룰스

그라운드 룰스

콘텐츠와 플랫폼 생태계를 전복한 혁신가들의 이야기

© 이주현, 강혜원

초판 1쇄 인쇄 2022년 10월 18일
초판 1쇄 발행 2022년 11월 1일

지은이 이주현, 강혜원
펴낸이 박지혜

기획·편집 박지혜 | **마케팅** 윤해승, 장동철, 윤두열, 양준철
디자인 this-cover | **교정** 김찬성
제작 삼조인쇄

펴낸곳 ㈜멀리깊이
출판등록 2020년 6월 1일 제406-2020-000057호
주소 03997 서울특별시 마포구 월드컵로20길 41-7, 1층
전자우편 murly@humancube.kr
편집 070-4234-3241 | **마케팅** 02-2039-9463 | **팩스** 02-2039-9460
인스타그램 @murly_books
페이스북 @murlybooks

ISBN 979-11-91439-19-9 03320

GROUND

그라운드 룰스

콘텐츠와 플랫폼 생태계를 전복한 혁신가들의 이야기

RULES

이주현
강혜원

멀리깊이

일러두기

* 이 책에 실린 인터뷰는 성균관대학교 글로벌융합학부 컬처앤테크놀로지 융합전공에서 개설한 'CEO로부터 들어보는 콘텐츠 비즈니스' 교과목을 위해 제작된 전문가 특강 시리즈에 기초해 구성했습니다. 구어체로 이뤄진 인터뷰 원문을 문어체로 윤문했으며, '파이널 인사이트' 대담은 전문가마다 개별로 진행했던 인터뷰를 유사한 키워드와 토픽에 기초해 저자들이 재구성했습니다. 무엇보다 이 책에 참여한 전문가들의 의견은 개인적인 의견일 뿐 각 회사의 공식적인 입장과 무관함을 밝힙니다.

** 이 자리를 빌려 출간에 도움을 주신 김성수 카카오 부회장님, 유정근 제일기획 사장님께 감사드립니다.

콘텐츠 생태계의 혁신은
데이터 융합에서 시작될 것

필자는 논리적 전략을 통해 사람의 마음을 움직이는 일에 거의 평생을 바쳐왔다. 마음을 움직이는 수단vehicle으로 때로는 광고를 활용할 때도 있었고 콘텐츠를 활용할 때도 있었다. 사람들은 오랜 기간 인간의 경험이 집약된 '전략'이 중요하다고 하면서도 결국 사람의 마음을 움직이는 '한 방'은 멋진 카피라이팅이나 시각적 효과, 감동적인 스토리 등 크리에이티브에 의해 만들어진다고 한다. 그리고 크리에이티브는 인간의 창의성에 의해 만들어지는, 기계는 절대 만들어낼 수 없는 숭고한 것이라고 믿는다. 모든 것을 숫자로 설명할 수 있다고 믿는 사회과학자이지만 고작 10~12가지의 변수로 콘텐츠의 성패를 가늠하거나, '이 이야기는 된다.'는 전문가의 '감'을 뛰어넘을 수 있을 것이라고 생각하지는 않는다. 그러나 인간의 감정·선택·창의성이 인간만의 따뜻한 영역이며, 차가운 숫자의 적용이 영원히 거부될 것이라고 생각하지도 않는다. 고작 13~14가지의 변수뿐이라 해도 이들을 수없이 많은 상황에 반복 대입하고 여기에서 밝혀낸 새로운 변수들을 추가하며 보정하다 보면 어느 정도 믿을 수 있는 일관성을 가진 모형이 탄생할 것이고, 이 모형은 아주 정확하지는 않아도 우리가 관심을 가질 만한 '패턴'을 드러낼 것이다. 이 정도만으로도 넷플릭스는 소비자별 콘텐츠 추천 엔진을 만들었다. 기획 단계에 있는 수많은 제작 후보작 중 어떤 작품을 소비자들이 왜 좋아할 가능성이 큰지, 어떤 방식으로 제작해야 성공 가능성이 높아질 것인지를 예측한다. 물론 정확도는 높지 않다. 추천에 따라 제작한 작품이 망하는 경우도 있을 것이고, 대박을 낼 작품을 탈락시키는 경우도 생길 것이다. 그러나 이런 종류의 모델은 오류와 실수에도 불구하고 장기적으로는 성공 가능성과 수익성을 높이는 방향으로 진화한다. 그것이 모델링의 힘이다. 회사를 운영하는 관점에서 이는 매우 중요하다. 게다가 인간이 대입할 수 있는 변수의 양은 제한적이었지만 AI와 딥러닝의 출현은 그 제한마저 깨뜨리고 있다.

오늘날 인공지능은 콘텐츠를 직접 제작하기까지 한다. 전문가가 아니라도 누구나 AI에게 그림을 그리게 하고 곡을 만들거나 이야기를 창작할 수도 있다. 아직은 조악한 수준이지만 기술의 발전은 후퇴하는 법이 없다. 이러한 시대에 콘텐츠 비즈니스는 무엇을 가르쳐야 하는가? 창의성이나 예술이 아닌 비즈니스를 가르치려면 무엇에 초점을 맞춰야 하는가? 인간의 창의성과 '감'에 의존하던 마케터이지만, 동시에 사회과학자로서, 그리고 장사꾼으로서 내 눈은 방대한 데이터와 그리고 이로부터 효과적 의미를 빠르게 추출해낼 수 있는 인간의 경험을 바라본다. 인간의 정성적인 능력은 절대 불가침의 영역이어서는 안 된다. 데이터와 결합하여 더 좋은 결정을 할 수 있게 진화해야 하고, 기술과 결합하여 더 가치 있는 데이터로 치환될 수 있어야 하며, 지금껏 없었던 새로운 형태의 콘텐츠를 만들어내야 한다. 그것이 우리가 바라보는 융합이고, 새로운 영역이다. 이 책은 그런 새로운 영역을 콘텐츠 비즈니스 생태계에서 찾기 위한 노력이다.

ICT의 발전이 촉발한 4차산업혁명과 모바일혁명이 어떤 영향을 더 미칠 것인지, TV·영화·음악을 필두로 한 레거시 미디어는 어떻게 바뀔 것인지, 유튜브와 틱톡 같은 개인 디지털 콘텐츠는 레거시 콘텐츠를 어떻게 더 변화시킬 것인지, 기술을 앞세운 게임·XR(실감형미디어)·메타버스는 어떤 모습으로 콘텐츠 산업에 영향을 미칠 것이며, 이 모든 변화와 발전은 '한류 콘텐츠 산업'을 어떻게 이끌 것인지 알고 싶었다. 그리고 콘텐츠 비즈니스 최전선에 있는 사람들은 어떤 생각을 하는지 궁금했다. 이 책은 레거시 콘텐츠 비즈니스에서 큰 성공을 거둔 기업가, 기획자, 연구자, 분석가 등 자신의 분야에서 굳건한 위치를 다진 전문가들을 만나 질문을 던지고 이야기를 나눈다. 이름을 밝히기 원하지 않아 책에서 대담을 소개하지 못한 전문가들도 있으나 그들의 통찰은 다른 방식으로 담았다.

대표 저자
이주현

질서를 깨려면
판의 규칙을 먼저 알아야 한다

정지훈(비)과 노홍철이 바이크를 타고 전국의 맛집을 찾아다니는 리얼리티 프로그램 〈먹보와 털보〉에서 노홍철은 항상 품고 다니는 책 한 권을 보여준다. 《규칙 없음No Rules Rules》이라는 제목으로 우리나라에 소개된, 넷플릭스 CEO 리드 헤이스팅스Reed Hastings의 경영철학을 분석한 책이다. 노홍철이 뜬금없이 넷플릭스의 CEO를 치켜세운 것은 이 프로그램이 김태호 PD가 MBC가 아닌 '플랫폼'을 위해 연출한 첫 작품이자 넷플릭스 오리지널 콘텐츠였기 때문일 수도 있겠다. 〈킹덤〉, 〈오징어 게임〉, 〈고요의 바다〉, 〈지금 우리 학교는〉 등의 오리지널 작품들로 국내 방송계의 판이 흔들리는 것을 보며 사람들은 '넷플릭스의 특별함'에 주목하기 시작했다. 《규칙 없음》은 리드 헤이스팅스가 인시아드(INSEAD) 경영대학원을 통해 넷플릭스의 문화를 관찰·분석한 결과물이다. 《규칙없음》이라는 번역판의 강렬한 제목은 자칫 성공 콘텐츠에는 절대적 규칙이 존재하지 않는다는 오해를 하게 할 수 있지만, 원제인 'No rules rules'의 의미는 '규칙이 없어야 한다는 규칙'에 가깝다. 미국 시장 환경에 고정된 규칙에 따라 콘텐츠를 제작해서는 190개국 시청자를 움직일 콘텐츠를 만들 수 없다는 뜻이다.

《규칙 없음》이 넷플릭스 임직원들을 인터뷰하고 이를 해석한 것처럼 이 책 역시 다양한 콘텐츠 전문가들의 통찰을 담고 있다. 이 책의 발단은 필자들이 강의한 콘텐츠 비즈니스 수업이었다. 성균관대학교는 2019년 '컬처앤테크놀로지 융합전공'이라는 학과를 만들어 학생들이 콘텐츠 산업의 변화를 이해하고 적응할 수 있는 능력을 길러주고자 했다. 어떤 교과서도 우리나라의 콘텐츠 비즈니스 환경을 제대로 보여주지 않고, 이 산업의 급성장세를 제대로 그려내지 못하고 있다고 판단한 필자는 콘텐츠 산업계에서 활발히 활동 중인 대표이사, 임원 등 전문가 25명을 한 명씩 만나 대담을 나누었고 이를 학생들과 지켜보며 다양한 사례를 토론하는 수업으로 만들었다. 즉, 이 책은 각자의 분야에서 누구보다 먼저 미디어 환경의 변화를 예측하고 미래를 대비해 온 전문가들의 인사이트를 요약한 후 필진의 시각을 적용하여 재구성한 결과물이다. 전문가들의 의견을 이끌어내기 위해 필자는 레거시 영상 콘텐츠, 디지털 콘텐츠, MCN**Multi Channel Network**, 공연, 게임, 웹툰, 음악, 한류, XR, 콘텐츠 마케팅 등의 분야로 나누어 해당 분야의 상황에 맞춘 심도 있는 질문을 준비했다. 이를 바탕으로 나눈 이야기를 한데 모아 분석해보니 이들이 저마다 각자의 조직에서 콘텐츠 비즈니스를 대하는 '그라운드 룰'을 만들어내고 적용해왔다는 점을 발견할 수 있었다. 우리말로는 경기장 규칙 정도로 표현되는 '그라운드 룰ground rule'은 본래 스포츠 경기 중 기존 규정을 적용하기 어려운 상태일 때 임시로 정해 지키는 규칙을 의미한다. 그러나 비즈니스에서의 그라운드 룰은 개인과 조직이 미래를 준비하기 위해 지키기로 하는 기본 행동 규칙을 뜻한다. 비즈니스 환경의 변화에 따라 스타트업은 물론 전통적인 기업에서도 구성원들이 의사결정을 할 때 숙지해야 하는 기본 규칙이 강조되고 있다. 실험적인 결과물을 내는 조직일수록 구성원들이 모두 같은 규칙 위에서 조직의 목표에 맞춰 각자의 생각을 정렬align해야만 조직이 한 방향으로 발전할 수 있고 각자의 실험적인 결과물이 조직을 성장시킬 수 있다. 이 책에 등장한 전문가들 역시 넷플릭스가 스타트업 생태계의 유연한 사고방식을 도입한 것과 유사하게, '절대적 규칙' 없이 조직과 콘텐츠 제작 방식을 쇄신하고 새로운 수익구조와 콘텐츠 포맷을 각자의 환경에 맞추어 개발하는 것을 그라운드 룰로 삼아 생태계의 변화에 대응하고 있었다.

이 책은 하루가 다르게 변하고 있는 콘텐츠 시장에서의 성공을 꿈꾸는 모든 사람을 위해 기획되었다. 2000년대 초반만 해도 콘텐츠에 관심 있는 인문계 대학생들이 취업하고 싶은 회사로 공중파 방송사가 꼽혔고, 혹은 대기업의 미디어 관련 계열사에 입사하는 것이 선호되었다. 하지만 BTS가 빌보드 차트를 석권하고 〈오징어 게임〉이 넷플릭스가 진출한 모든 국가에서 1위를 차지한 오늘 이는 아주 오래된 이야기처럼 느껴진다. 대형 방송사, 언론사, 음반 레이블, 출판사가 자기만의 콘텐츠를 만들어 내던 과거와 달리 지금은 중소규모 스튜디오는 물론 개인도 누구나 영상을 만들고 곡과 책을 발표하고 팟캐스트 방송을 하며 자신만의 콘텐츠를 선보일 수 있다.

그렇다면 현재 '콘텐츠 산업'의 영역은 어디부터 어디까지인가? '콘텐츠 산업에 진출한다'는 것은 어떤 의미가 되었는가? 콘텐츠 산업에서의 성공은 어떻게 가능한가? 이 책의 저자들은 그 해답의 실마리를 찾기 위해 전문가들과의 토론을 다섯 갈래로 추려보았다.

그 첫 번째 장은 스마트폰이 주도하는 ICT Information and Communications Technology 혁명이 소비자의 일상을 어떻게 바꾸고 콘텐츠 산업의 경계를 어떻게 허물고 있는지에 관한 이야기다. 콘텐츠 산업을 인간의 창의성이 주도한다는 상식 혹은 굳건한 믿음은 플랫폼이 데이터의 시대를 열면서 흔들리기 시작했다. 사람들의 여가 시간이 텔레비전이나 신문으로부터 스마트폰으로 옮겨감에 따라 콘텐츠의 영향력은 데이터를 앞세운 알고리즘의 아래 자리 잡게 되었다. 국내 최고의 4차 산업혁명 전문가로 꼽히는 최재붕 교수의 큰 그림을 시작으로, 콘텐츠 데이터 활용 최전선에 있는 이상길 미디어.몽크스 코리아 대표, 장덕수 디지털퍼스트 대표, 윤상희 블랭크 전 본부장과의 대담을 통해 데이터가 주도하는 새로운 콘텐츠 생태계를 들여다보고 콘텐츠 산업이 겪고 있는 변화의 가장 근본적 동인을 짚어본다.

이어지는 2장에서는 콘텐츠 환경 변화로 가장 혹독한 변신을 강요받고 있는 전통 미디어, 레거시 콘텐츠의 현재를 살펴본다. 소비자의 행동 데이터 분석에 기반을 둔 디지털 미디어의 성장은 레거시 미디어가 독점하던 소비자의 시선eyeball을 개인 미디어에게 분산시켰고 광고 수익의 급락을 불러왔다. 유튜브, 인스타그램 등 다양한 소셜미디어 덕분에 크리에이터와 인플루언서들이 레거시 미디어의 영향력을 나누어 갖게 되었으며, 레거시 미디어는 소비자가 새롭게 익숙해진 형식으로 자신의 콘텐츠 포맷은 물론 사업 모델까지 바꾸고 있다. 따라서 2장에서는 레거시 미디어가 주도하던 콘텐츠 산업의 리더들이 새로운 변화를 어떻게 받아들이고 대응하고 있는지에 초점을 맞춘다. '지상파 거의 마지막 스타 PD'인 김태호 전 MBC PD는 '방송'이 아닌 '플랫폼' 환경에서 새로운 기회를 모색하기로 결심한 계기와 방향을 들려준다. 이어서 KBS 스타 PD에서 tvN 경영진으로, 지금은 CJ ENM의 디지털 영상 콘텐츠 비즈니스 사업을 이끄는 김석현 상무, 플랫폼에서의 영상 콘텐츠 소비 트렌드를 고민하고 있는 임성철 분석가, 신문사를 떠나 전혀 다른 호흡의 디지털 저널리즘 스타트업 매체를 운영 중인 김준일 《뉴스톱》 대표, 새로운 매체 환경에서 대중 커뮤니케이션의 효과를 연구하는 강함수 에스코토스컨설팅 대표의 이야기를 들어본다.

3장은 IP 비즈니스에 초점을 맞춘다. 플랫폼 기술과 환경의 변화로 미디어 프랜차이즈(우리나라에서는 OSMUone source multi-use 로 표현하며 단일 IP의 다매체 활용을 의미), 크로스 미디어, 트랜스 미디어 등 하나의 콘텐츠 IP를 여러 플랫폼에 걸쳐 생명력을 확장할 수 있게 하는 전략에 관심이 커졌다. 이 장에서는 저자 중 한 명인 이주현 교수가 다양한 콘텐츠 현장에서의 경험을 바탕으로 데이터가 주도하는 플랫폼 환경에서 힘 있는 콘텐츠 IP가 왜 여전히 중요한지를 설명한다. 또한 콘텐츠 IP에 더해 플랫폼에 대한 균형 있는 투자가 중요한 이유를 짚어본 후, 유튜브 등 콘텐츠 플랫폼에서 다양한 크리에이터·인플루언서들과 IP를 만들며 수익 모델을 개발 중인 현업 전문가들과의 대담이 이어진다. 이소현 카카오엔터테인먼트 팀장은 네이버, 다음/카카오 양대 포털의 주요 수익원 중 하나이자 한류 드라마 IP 보고寶庫로서의 웹툰 산업의 현재와 미래를 진단하며, 황상준 CJ ENM 디지털 콘텐츠사업본부 팀장, 김덕봉 콜랩코리아 한국지사장은 유튜브, 인스타그램 등에서 개인 크리에이터들, 유명인 크리에이터들이 만들어내는 더 작은 이야기(IP)의 가능성에 대해 논하며 팟캐스트, 음악 등 개인 오디오 IP 비즈니스에 대해서도 소개한다.

4장에서는 IT의 발달로 콘텐츠 산업의 경계 안으로 들어오게 된 게임과 실감 미디어 분야를 살펴본다. 매체별로 분리되어 있던 콘텐츠 소비 경험이 기술로 융합됨에 따라 레거시 미디어와 별도로 간주되던 게임, VRVirtual Reality 등의 실감 콘텐츠 산업은 경계가 점점 희미해지고 있다. 제페토와 로블록스, 포트나이트, 호라이즌 등 메타버스 플랫폼에서 콘텐츠 소비는 현실 세계에서의 소비와 크게 다르지 않은 경험 가치를 제공할 수 있고, 그래픽으로 구현된 버추얼 인플루언서는 현실 세계 소비자들과 소통하며 팬덤을 구가한다. 개인 이용자 역시 스스로 만든 게임으로 유튜브 방송을 하기도 하고 메타버스에서의 다양한 아이템과 인터랙션을 수익화하는 등 가상과 현실의 경계를 넘나들고 있다. 이 같은 현실을 더 잘 이해하기 위해 4장은 정지훈 K2G테크펀드 파트너와의 대담을 바탕으로 1980년대부터의 IT 변화의 역사적 맥락 안에서 메타버스 열풍을 이해할 수 있는 틀을 만들어 이해하고자 한다. 이어서 크래프톤의 박민현 디렉터, XR 콘텐츠 사업을 경영 중인 상화 정범준 대표 등과 함께 현업의 시각에서 바라본 융합 미디어, 융합 콘텐츠, 융합 경험을 이야기한다. 마지막으로 정윤경 교수는 콘텐츠 제작 영역에서 활용도가 점증하고 있는 AI 기술이 드라마나 영화와 같은 대규모 콘텐츠 기획 및 제작에서 활용될 수 있는 가능성을 점친다.

마지막 5장에서는 눈을 세계로 돌린다. 〈오징어 게임〉과 BTS가 상징하는 한류 콘텐츠는 드라마와 음악을 넘어 게임, 웹툰 등 다른 장르에서도 전 세계 이용자들에게 큰 영향을 미치고 있다. 우리나라 콘텐츠의 전 세계적 영향력의 동인을 (문화적 잠재력이 담긴) 원천 IP와 글로벌 플랫폼으로 바라보는 이 장은 송승환 (주)피엠씨 프로덕션 예술감독과의 대담으로 연다. 평창동계올림픽 개폐막식 총감독이자 〈난타〉 기획자, 그리고 50년 이상의 경력을 가진 현역 배우이기도 한 그는 우리나라 전통문화의 아름다움에 세계인이 쉽게 이해할 수 있는 비언어 내러티브를 입힌 후 드론과 프로젝션 맵핑 등 새로운 테크놀로지를 적용함으로써 '색다르게 보이도록' 한 것이 성공 비결이었다고 설명한다. 우리나라가 가진 문화적 강점과 기술적 강점을 따로 떼어 강조하는 것보다 하나로 융합시켜 보여줄 때 영향력이 배가됨을 공감할 수 있다. 이어서 한류를 연구해 온《아시아 시대는 케이 팝처럼 온다》의 저자인 정호재 전 기자, 이지희 전 JTBC Studios 팀장, 최성준 YG PLUS 대표, 한정수 미스틱스토리 대표와도 이야기를 나눈다. 또한 한류 아이돌 육성 전문가 이솔림 SL 스튜디오 대표, K-POP IP를 활용한 비즈니스 다각화를 모색 중인 박세진 뉴타입이엔티 대표 등과도 한류 콘텐츠 인기의 내적 동력과 이를 뒷받침하는 제작 시스템상의 저력이 무엇인지 논의한다.

이 책에 등장하는 이야기는 우리가 겪고 있는 콘텐츠 환경의 총체적 변화에 관한 현실이다. 이론이 아닌 살아 있는 이야기를 통해 해답을 구해보려던 필자들의 노력이 독자들에게도 전해지기를, 그리고 저마다 변화에 적응하기 위한 자신만의 해답을 찾는 계기가 되기를 바란다.

차례

1장　디지털 신대륙에서 인류는 무엇을 경험하고 있는가

플랫폼의 출현과 신기술이 뒤바꾸는 소비자와 비즈니스 생태계

2장 통제 권력이 사라진 레거시 미디어의 활로는 무엇인가

콘텐츠 시장의 권력이 제작자에서 개인에게 넘어간 시대의 커뮤니케이션 산업

3장   디지털 생태계에서 크리에이티브가 갖는 힘은 무엇인가

플랫폼 다양화에 따른 IP 비즈니스의 새로운 국면

4장 확장하는 가상의 세계, 콘텐츠는 어디까지 진화할 것인가

메타버스 열풍의 진실과 콘텐츠 산업의 미래 진단

5장 한류 프레임을 넘는 글로벌 IP는 가능한가

K 없는 K-콘텐츠 시대의 글로벌 콘텐츠 비즈니스 전략

1장

디지털 신대륙에서 인류는 무엇을 경험하고 있는가

플랫폼의 출현과 신기술이 뒤바꾸는
소비자와 비즈니스 생태계

. . .

2000년대 초반 '이영애의 하루'라는 농담이 유행했다. 휴대폰부터 뷰티, 의류, 아파트 등 TV만 틀면 그녀의 CF가 나와 그녀가 출연한 CF 속 장면으로 한국인의 24시간을 상상해볼 수 있다는 이야기였다. 최재붕 교수의 표현에 따르면 2022년의 한국인은 '디지털 신대륙'에서 하루를 보낸다. 《포브스 코리아》가 발표한 2021년 한국인이 가장 사랑한 애플리케이션 베스트5에는 유튜브, 카카오톡, 넷플릭스, 네이버, 줌 클라우드 미팅이 꼽혔다. 이 순위에 따라 구성한 2022년 현재 한국인의 하루는 이렇다.

계속되는 사회적 거리두기 속에 수업이나 회의는 줌 클라우드 미팅에 접속해 참석한다. 모든 필요한 연락은 카카오톡을 통해 오가고, 쇼핑이나 맛집 정보는 네이버에서 찾아 해결한다. 틈틈이 업비트에서 가상화폐 시세를 살피며, 운전할 때는 티맵으로 가장 빠른 길을 찾는다. 휴식 시간에는 유튜브에서 먹방이나 브이로그를 보거나 넷플릭스에서 K-드라마, 혹은 웨이브의 지상파 프로그램을 시청한다. 또는 틱톡에서 유행하는 챌린지를 보거나 인스타그램에서 다가올 계절에 사야 할 패션 아이템이나 다음에 떠나고 싶은 휴가지 정보를 찾아보기도 한다.[*]

TOP 30위를 조금 더 자세히 살펴보면, 2021년 한국인들의 대다수가 하루 중 상당 시간을 5개 기업의 플랫폼에서 보낸다는 것을 알 수 있다. 구글의 유튜브, 카카오의 카카오톡, 카카오페이지, 카카오내비, 카카오맵, 카카오뱅크, 넷플릭스, 네이버의 네이버웹툰, 밴드, 네이버지도·내비게이션, 네이버카페, 네이버TV, 그리고 줌이다. 이와 같은 사실은 무엇을 의미하는가? 유튜브가 지배하는 콘텐츠 시장은 과거와는 어떻게 달라진 것일까? 정말 온라인과 오프라인의 삶의 경계가 없어지는 메타버스가 우리의 새로운 일상이 될까?

2007년 스티브 잡스는 손안에 꼭 들어오는 아이폰을 세상에 공개했다. 그리고 15년이 지났다. 현재 시점에서 스마트폰이 바꿔놓은 일상의 의미를 찾아보는

---

[*]　이진원, "[2021 한국인이 사랑한 모바일앱 TOP 40] '앱의 시대' 이끈 파워 앱", 《포브스 코리아》, 2021.11.23.

2021년 한국인이 가장 사랑한 모바일 앱 TOP 30

순위	앱 이름	순위	앱 이름	순위	앱 이름
1	유튜브	11	시즌	21	배달의민족
2	카카오톡	12	U+모바일tv	22	원내비
3	넷플릭스	13	카카오페이지	23	네이버카페
4	네이버	14	당근마켓	24	카카오맵
5	줌 클라우드 미팅	15	카카오내비	25	토스
6	웨이브	16	쿠팡	26	오늘의집
7	티맵	17	페이스북	27	쿠팡이츠
8	업비트	18	네이버 웹툰	28	카카오뱅크
9	인스타그램	19	밴드	29	국세청홈택스
10	틱톡	20	네이버지도,내비게이션	30	네이버TV

것은 여러 가지로 가치 있는 일이다. 스마트폰이 대중화되면서 이제 개인은 터치 하나로 손쉽게 온라인에 접속할 수 있고, 구글, 아마존, 페이스북, 애플 등의 테크 기업들은 블랙홀처럼 온라인상에서 일어나는 개인의 모든 활동을 데이터의 형태로 수집하고 분석하기 시작했다.

참여, 공유, 개방을 모토로 한 웹 2.0 시대는 TV, 종이 신문, 옥외광고 등이 이끌어온 매스미디어의 시대를 끝냈다. 스마트폰은 단순히 터치 스크린과 앱이 장착된 모바일 기기로서가 아니라 모든 사용자로 하여금 콘텐츠의 소비는 물론 생산을 가능하게 한 범용적이고 민주적인 권한이다. MZ세대로 불리는 세대, 그리고 그 이후에도 계속 등장할 세대, 모바일 기기와 VR을 일상의 표준, 신체의 연장으로 경험할 젊은 세대의 등장과 성장이 새로운 디지털 기술과 맞물릴 때 업계에는 어떤 변화가 일어날 것인가?

《플랫폼 자본주의》의 저자 닉 서르닉Nick Srnicek은, 4차 산업혁명이란 거대 플랫폼을 중심으로 개인의 관심과 선택을 기록한 데이터가 새로운 화폐로서 기능하게 되는 시대라고 주장한다. 소비자의 행동을 더 빠르고 정확하게 분석하는 기업이 경쟁 우위를 갖고, 더 좋은 데이터를 확보하기 위해서는 더 많은 사람이 더 많은 시간을 자신의 플랫폼에서 보내도록 해야 하는 시대. 소수의 좋은 '감'을 가진 사람이 제품을 기획하고 생산하는 것이 아니라, 사람들의 온라인 발자취를 기반으로 수요를 예측하고, 나아가 음식 배달이나 온라인 금융과 같이 기존에 없던 수요를 생산해내는 기업이 새로운 일상을 만들어 나가는 시대가 온 것이다.

자신을 문명을 읽는 공학자라 소개하는 최재붕 교수는 '포노 사피엔스phono sapiens'라는 개념을 통해 정보통신기술이 세상을 어떻게 바꾸고 있는지 설명해왔다. 이 책을 그의 이야기로 시작하는 이유는 정부나 기업의 입장에서 언급돼온 방송과 통신의 융합이 더 이상 추상적인 정책이나 비즈니스 전략의 차원에 머무르지 않기 때문이다. 이는 실제 사람들의 현실이 됐으며, 이를 이해하는 것은 현실 감각을 일깨우는 중요한 인사이트를 제공해준다.

또한 콘텐츠 산업과 비콘텐츠 산업의 경계가 무너지고 있는 현재의 상황을 명확하게 이해하기 위해, 퍼포먼스 마케팅의 현업 최고 전문가들의 생생한 증언도 담았다. 그들에 따르면 이제 크리에이티브의 최전선으로 여겨진 광고 산업은 데이터 싸움의 격전지로 변화하고 있다. '인류가 디지털 신대륙으로 이동'하고 있는 4차 산업혁명 시대, 콘텐츠 산업의 현재는 어떤 모습인가? 이상길 미디어.몽크스 코리아 대표, 장덕수 디지털퍼스트 대표, 윤상희 블랭크 전 본부장과 함께 이야기 나눠보자.

우버나 카카오택시는 새로운 방식으로 사람들을 이동하게 했고, 당근마켓은 지역 커뮤니티 안에서 이전에 없던 방식의 거래를 만들어냈다. 플랫폼 기업들은 인류의 일상을 마치 블랙홀처럼 온라인 세계로 빨아들이고 있다. 데이터가 주도하는 플랫폼 비즈니스가 콘텐츠 산업의 지형을 어떻게 바꾸고 있는지 그 면면을 생생하게 들여다본다.

"소비자는 데이터로 자신의 욕망을 드러낸다"

포노 사피엔스를 사로잡을 콘텐츠의 조건

최재붕

성균관대학교 서비스융합디자인학과 학과장 / 기계공학부 교수

저서 《포노 사피엔스》로 새로운 문명의 표준이 된 모바일 인류를 분석함으로써 새롭게 재편된 비즈니스 생태계의 성공 전략을 안내했다. 이후 《최재붕의 메타버스 이야기》, 《세븐 테크》 등을 통해서는 4차 산업혁명과 팬데믹이라는 인류 변화를 기반으로 새롭게 시장을 공략할 방법론을 제시했다. 4차 산업혁명이라는 인류의 문명사적 변화 속에서 비즈니스의 미래를 탐색하고 있다. JTBC 〈차이나는 클라스〉, CBS 〈세상을 바꾸는 시간, 15분〉 등에도 출연해 대중에 인사이트를 전달했다.
교육부 LINC3.0 성균관대학교 사업단장을 맡고 있으며, 교육부 미래교육위원회 위원, 기획재정부에서 혁신성장본부 자문위원을 역임했다.

4차 산업혁명이 가져온
콘텐츠 비즈니스의 지각변동

우리는 인류의 삶이 근본적으로 바뀌는 혁명적 시대를 지나고 있다. 다보스 포럼 의장이었던 클라우스 슈밥Klaus Schwab은 정보혁명이었던 3차 산업혁명을 지나 이제 4차 산업혁명이 도래했다고 선언했다. 그 주체는 AI, 로봇, VR과 같은 다양하고 새로운 디지털 기술이다. 요즘은 학생들도 인공지능이나 로봇에 대해 알아야 한다는 의무감을 느낄 정도로 관심이 높다. 아직은 우리 실생활에서 로봇을 발견하기는 어렵고, AI도 많이 일상화되지 않았기 때문에 4차 산업혁명이 아직 오지 않았다고 생각하는 사람이 많다. 하지만 4차 산업혁명은 이미 도래했다.

혁명이라는 표현은 인류의 삶의 판도가 바뀐다는 것을 의미한다. 혁명이 일어나면 기존의 시스템을 새로운 시스템이 '쓸어'버린다. 앞선 혁명들도 인류의 삶의 방식을 완전히 바꿨다. 1차 산업혁명에서는 기계가 인간의 노동력을 대체했고 인류의 삶의 양식을 바꿨다. 2차 산업혁명 때는 전기라는 새로운 에너지가 대량생산의 시대를 열며 시장을 바꿨다. 3차 산업혁명의 핵심은 정보화였다. 하드웨어 중심 가치가 소프트웨어 중심으로 전환하는 길을 열었다. 3차 산업혁명 시기에 인터넷이 등장했고 이를 통해 사람들의 삶의 패턴이 바뀌었다.

4차 산업혁명은 인터넷이 활용되는 방식을 크게 확장한다. 3차 산업혁명 이후 사람들은 공부, 업무, 엔터테인먼트 등의 영역에서 인터넷을 활용했다. 4차 산업혁명은 인류 전체가 새로운 디지털 세계로 옮겨가는 것을 의미한다. 코로나19는 삶의 모든 공간이 디지털로 이동하는 현상을 더욱 가속화했다. 이에 따라 지금까지 존재하던 모든 전통적인 시스템, 너무 탄탄해서 절대로 깰 수 없을 것 같았던 사회적 시스템이 빠르게 붕괴되고 재배치되고 있다. 콘텐츠산업의 지형도 예외가 아니다.

"스마트폰 사용이 혁명을 가속화하고 '문명'을 바꾸는 중"

Q. 4차 산업혁명이 우리의 일상에 구체적으로 어떠한 영향을 주고 있을까요?

A. 한국인의 98%가 스마트폰을 사용합니다. 전 세계적으로도 스마트폰을 쓰는 사람들이 다수입니다. 인류가 스마트폰을 선택한 것은 편리함을 넘어 '생존에 유리'하기 때문입니다. 어떤 현상이나 방식이 50% 이상 다른 현상이나 방식으로 바뀌는 것을 우리는 '표준의 전환'이라고 부릅니다. 이제는 스마트폰을 든 인류가 표준 인류가 됐습니다.

스마트폰은 더 이상 통신기기가 아닙니다. 스마트폰은 신체의 일부이고, 사람들의 몸에 붙은 인공장기에 가깝습니다. 디지털 네이티브 세대는 뇌에서 '음악을 듣고 싶다.'는 욕망이 생기면 곧바로 음악 앱을 켜고, 1초 만에 본인이 듣고 싶은 음악을 듣습니다. 그때마다 도파민도 분비됩니다. 전 국민의 70%가 모바일 뱅킹을 쓰는 오늘날에는 모바일 뱅킹이 새로운 표준입니다. 금융 활동뿐만 아니라 훨씬 많은 영역에서 우리의 일상이 바뀌고 있다는 것이 제가 생각하는 4차 산업혁명의 본질이자 기회입니다. 표준 인류가 바뀌었고 표준 문명이 바뀌고 있는 것입니다.

4차 산업혁명이 도래했음을 보여주는 대표적인 예가 아마존의 시가총액이 월마트라는 거대 유통 기업을 앞선 것입니다. 시가총액이란 미래의 기대치를 반영하는데, 물리적 실체 없이 디지털 안에만 존재하는 아마존이 월마트를 이긴 거예요. 한국에서도 같은 현상이 벌어지고 있습니다. 2021년 쿠팡의 기업 가치는 70조 원, 이마트의 기업 가치는 5조 원으로 평가됐죠. 이 부분이 '미래의 모든 가능성은 디지털 신대륙에서 형성된다.'는 지점을 가리킵니다. 모두가 AI나 로봇을 일상 속에서 매일 접하는 시대가 아니더라도, 이미 4차 산업혁명은 현실이 된 것입니다.

미국과 중국은 유럽이나 일본에 비해 디지털 전쟁에서 앞서가고 있죠. 이들 국가에서 시장을 선도하는 것은 디지털 기업들입니다. 4차 산업혁명을 대표하는 기업들로 많은 사람들이 5대 플랫폼을 꼽는데요. 바로 알파벳, 아마존, 애플, 메타, 마이크로소프트입니다. 구글이 알파벳으로, 페이스북이 메타로 각각 사명을 바꿨죠. 이들 5대 미국 기업은 사실상 세계 5대 기업이기도 합니다. 중국의 대표 기업으로는 텐센트, 알리바바가 있고 한국에도 삼성을 위시해 네이버, 카카오가 있죠.

이들은 새로운 디지털 문명을 창조하고 새로운 디지털 신대륙을 만드는 중입니다. 그 속에서는 이전과 다른 법칙이나 세계관이 생기고, 그 위에서 기업뿐만 아니라 모든 사용자들이 무엇인가를 만듭니다. 이것이 4차 산업혁명의 본질이자 기회입니다. 이만한 혁명은 지난 100년을 봐도 흔치 않죠. 4차 산업혁명이 아주 거대한 혁명이고, 동시에 준비만 잘하면 많은 기업들과 사람들에게 굉장히 매력적인 전환점이 될 수 있는 이유입니다.

Q. **4차 산업혁명에 대한 한국의 대응은 적절하다고 보나요?**

A. 지금 한국의 가장 큰 문제점은 사회를 이끄는 기성세대가 디지털 문명의 새로운 표준을 제대로 읽지 못하고 있다는 것입니다. 일례로, 국회에서 금융법을 제정할 때 규제 완화를 검토하는데, 국민의 70%가 모바일 뱅킹을 하고 있다면 모바일 뱅킹을 표준으로 삼아야 합니다. 하지만 그렇게 하고 있지 않죠. 전통적인 오프라인 지점은 이제 '소수'를 위한 장소가 됐습니다. 이제 오프라인 지점은 고령의 소비자를 위한 소수자 보호 프로그램과 같은 차원으로 접근하는 것이 맞겠죠.

콘텐츠 산업도 마찬가지입니다. 2019년 한국 국민을 대상으로 한 조사를 보면, 저녁 7시 이후에 보는 매체 1위가 유튜브였습니다. 그러면 한국 표준 방송 채널은 유튜브라고 봐야 합니다. 콘텐츠 산업을 하고 싶으면 유튜브를 표준으로 삼아야 하는 것이죠. TV는 50~60대를 위한 소수 채널이 됩니다. 실제로 예전보다 공중파 프로그램에 광고가 덜 붙고 있죠.

또한 TV 홈쇼핑 매출을 온라인이 앞섰고 이들 회사는 사명에서 'TV'라는 글자를 떼고 있습니다. 홈쇼핑 회사가 사람을 채용한다면 TV 홈쇼핑을 잘 만드는 사람을 뽑을까요? 아마도 SNS 문명에 익숙하고 유튜브 라이프를 즐기는 사람, 라이브커머스에도 익숙해서 이 분야의 광고를 잘 기획하고 제작하는 사람을 뽑으려고 할 것입니다. 신문과 방송은 더 이상 한국의 표준이 아닙니다. 거의 모든 국민이 유튜브를 보고, 각각의 선택이 방송사나 콘텐츠 산업의 미래를 결정하는 시대가 왔습니다.

룰이 모두 바뀌고 있습니다. 자본과 지상파라는 절대 권력은 이제 절대 깨뜨릴 수 없는 아성이 아닙니다. 휴대전화 제조업에서 폴더폰을 만들던 기업들은 지금 어떻게 됐나요? 인류는 새로운 공간으로 옮겨 가버린 것입니다. 우리가 알아야 하는 모든 상식이 바뀌는 현상이 4차 산업혁명의 본질입니다. 기성세대는 이 변화를 막아낼 수 있다고 착각하지만, 어제 하루 택시 정류장에서 손을 들어 택시를 탄 사람의 수와 스마트폰으로 카카오택시나 우버를 이용한 사람을 비교해보면 어느 쪽이 더 많을까요? 후자가 열 배는 더 많을 것입니다. 아마 외계인이 한국을 보면 카카오택시가 택시를 타는 표준 방법이라고 판단할 거예요.

Q. 오늘날 콘텐츠 소비자의 특징은 유튜브를 더 많이 본다는 것 외에도 무엇이 있을까요?

A. 다양성이 생겼습니다. 인간은 원래 다양해요. DNA가 같은 사람이 한 명도 없잖아요. 입맛, 취미, 생각이 다양하고 다원적인 것이 당연합니다. 볼 수 있는 채널이 몇 개밖에 없었던 시대를 벗어나자, 소비자 권력이 본격적으로 이동했습니다. 유튜브 크리에이터들의 철학과 TV의 철학을 비교하면 파워 유튜버들이 지상파로부터 어떻게 권력을 가져왔는지를 알 수 있어요.

과거 지상파 메인 뉴스 앵커 자리는 훗날 국회의원이 되는 등 나름의 성공이 보장된 위치였습니다. 그런데 요즘 지상파 메인 뉴스의 앵커는 누구인지도 잘 모릅니다. 하지만 유튜버는 많이 알죠. 이런데도 지상파 채널들은 여전히 "나 KBS야." 하는 고자세를 고수합니다. 하지만 유튜브에서 새로운 권력을 잡은 크리에이터들은 '좋아요' 숫자나 조회수를 높이려고, 최선을 다해 구독자 중심의 콘텐츠를 만들어냅니다. 이런 사람들이 성공하죠.

현재의 소비자는 레거시 미디어 같은 시스템이 발탁한 인물이 아니라, 내가 선택해서 키운 사람들을 좋아합니다. 운영 철학의 중심에 소비자를 두고 있지, KBS처럼 "우리는 반드시 우리의 원칙을 지킵니다." 이렇게 딱딱하게 굴지 않아요. 제가 대기업에 가서 이야기할 때도 항상 이 말을 합니다. "'구독'과 '좋아요'의 철학으로, 소비자가 원하는 것을 만들어야 성공한다."고요.

자동차도 마찬가지입니다. 지금 자동차 업계 세계 1위가 테슬라예요. 2021년 930만 대를 판 도요타의 시가총액이 333조인데 겨우 58만 대를 판매한 테슬라의 시가총액이 740조 원입니다. 새로운 디지털 문명에서는 소비자가 열광하는 팬덤을 만들어야 성공한다는 것을 보여주는 예죠. 우리는 철학을 바꿔야 합니다. 표준이 바뀌었다는 것을 명심하고, 언론고시를 준비할 것이 아니라 소비자가 진짜 원하는 크리에이티브한 콘텐츠를 만드는 '실력'에 집중해야 합니다.

언론 종사자들은 시사나 보도 기능에서 레거시 미디어의 역할이 여전히 중요하고 나머지를 유튜브나 온라인이 담당해야 한다고 주장합니다. 혹은 전통적 언론사가 정론을 생산해야지, 이를 시장 논리에만 맡겨두면 낚시성 기사와 흥미롭고 자극적인 정보만 남게 된다고 강변합니다. 이 논리는 시민을 계몽의 대상으로 볼 때 성립합니다. 그것이 저널리즘의 출발이었고, 오랫동안 순기능을 해온 것도 사실입니다. 하지만 지상파 방송조차 잘못된 정보를 생산해서 물의를 일으킨 사례가 있습니다. 지상파도 편파성을 띨 때가 있죠. 소비자 입장에서는 이런 지상파가 왜 특별한 권위를 가지려 하냐고 반박할 수 있습니다.

디지털 시대의 무서운 점은 똑똑한 사람들이 증거를 기반으로 여러 담론을 형성하고, 이에 대한 공감대를 기반으로 강력한 힘을 갖는 것입니다. 이들의 논리를 아무렇게나 공격하면 박살이 나죠. 아프리카TV의 경우 초기에 욕설 방송을 비롯해 선정적인 콘텐츠를 내보내던 BJ들이 많았지만 이들은 살아남지 못했습니다. 옥석이 가려지고, 훈련을 통해 탄탄해지고 있어요. 과거에는 옳고 그름을 언론이나 지식인, 이른바 사회 지도층이 판단했다면 이제는 집단지성인 '크라우드crowd'가 여론을 이끕니다.

지난 10년간 일어났던 가장 큰 흐름 중의 하나가 '미투 운동'일 텐데 이 여파로 유명한 영화인, 방송인, 정치인이 하루아침에 퇴출당했습니다. 과거에는 지위가 높은 사람이면 슬쩍 넘어갈 수도 있었겠지만, 디지털 문명 시대의 대중은 지위고하를 막론하고 모든 사람들에게 '절대적인 인간다움'이라는 기준을 행동 규범으로 요구합니다. 이것이 지난 10년간 일어난 디지털 혁명의 가장 중요한 문화적인 변화라고 봅니다. 코로나19, 인종

차별 등의 첨예한 이슈에 대해서도 '크라우드'는 "그러면 안 돼."
라는 집단적인 압력을 만들어낼 것입니다. 이런 집단적 합의에
따라 결국 인류는 좋은 방향으로 나아갈 것이라 믿습니다.

"데이터 분석과 애자일한 시스템으로
디즈니를 이긴 아기상어"

Q. 콘텐츠 비즈니스에는 어떤 영향이나 함의가 있을까요?

A. 행동경제학, 진화론적 특성을 바탕으로 미래를 예측
해왔던 미래학자 자크 아탈리Jacques Attali는 음악 소비 방식이 변
화하면 곧 다른 소비 방식도 따라간다는 이론으로 지난 30여 년
간 소비 변화를 정확하게 맞춰왔습니다. 사람들의 음악 취향은
다양하지만 오늘날 음악을 듣는 방식은 스마트폰으로 수렴됐죠.
아탈리가 예측한 것처럼, 사람들은 이제 은행 업무를 볼 때
도 올림픽 축구를 볼 때도 스마트폰을 켭니다. 어떤 분야든 욕망
이 발생하면 스마트폰으로 디지털 신대륙에 접속하게 될 것이라
는 예측이 맞은 것이죠. 바로 여기가 콘텐츠 산업의 변화를 바라
봐야 하는 출발점입니다. 소비 방식이 바뀌기 시작하면, 손에 든
스마트폰을 통해 스스로 선택하는 행동 자체가 곧 권력이 됩니

다. 실제로 이런 개인들의 권력이 모여 힘을 발휘하면서 다양한 콘텐츠 산업이 만들어지고 있어요.

　어린이 대상 애니메이션 분야에서 가장 많은 투자를 하는 기업은 디즈니입니다. 그런데 유튜브 조회수 1위는 누적 조회 90억 회를 넘는 아기상어 동영상이에요. 유튜브 조회수로만 따지면 동물 캐릭터를 활용한 어린이 대상 애니메이션 분야의 세계 1위인 셈입니다. 디즈니가 가장 많은 투자를 했어도 아기상어를 만든 더핑크퐁컴퍼니보다 사람들의 선택을 덜 받은 거예요. 디즈니의 경쟁자가 아기상어인 셈이죠. 제작비, 광고, 브랜드 파워에서 디즈니의 아성은 결코 무너지지 않을 것이라던 견고한 믿음이 깨진 것입니다. 이처럼 콘텐츠 산업의 표준이 바뀌면서 디즈니가 아닌 기업이 강자의 자리를 차지할 수 있다는 것이 이 시대의 매력입니다.

　더핑크퐁컴퍼니의 전신은 소년 소녀 명작 문고를 만들던 삼성출판사입니다. 학부모를 겨냥한 디지털 학습지를 만들었다가 실패 후 타깃을 어린이로 바꿔 '핑크퐁'이라는 동물 캐릭터를 '부캐'로 만들었어요. 이후 2022년 사명도 스마트스터디에서 더핑크퐁컴퍼니로 바꿨죠. 이승규 부사장은 〈세상을 바꾸는 시간, 15분〉에서 디즈니를 이긴 성공 비결이 데이터였다고 소개합니다. 어른들은 아이들이 귀엽고 상냥한 동물을 좋아할 것이라 짐작하지만, 막상 데이터를 분석해보니 공룡처럼 무섭고 공포스러운 것을 좋아했다는 거예요. 그래서 공룡과 상어를 테마로 시리즈를 만들며 변주했다는 것이 그의 설명입니다.

또한 고객의 반응에 신속하게 대응하는 '애자일' 개념을 도입했다고도 이야기합니다. 아무런 마케팅을 하지 않았던 인도네시아에서 아기상어 커버 댄스가 인기를 끌자 곧바로 직원 두 명을 급파합니다. 상어와 핑크퐁 인형 옷을 입고 자카르타에 나타났더니 열풍이 불었고, 그 인기는 필리핀, 동남아로 퍼진 후 급기야 미국으로 건너가 거대한 팬덤으로 형성됐죠. 아기상어 음악을 끄는 순간 울음을 터뜨리는 아기들이 팬덤을 일으킨 것입니다.

이전까지만 해도 한국 애니메이션 산업은 디즈니와 같은 거대 스튜디오의 하청을 담당하는 수준에 불과했습니다. 하지만 이제 더핑크퐁컴퍼니는 나스닥 상장을 준비할 정도의 규모가 됐습니다. 상장을 준비하면서 기업 가치는 조 단위를 넘겼죠. 2019~2020년 아마존 완구 분야의 판매 1위는 물론 2019년 월마트에서 가장 많이 팔린 시리얼도 아기상어입니다. 2,500개 제품과 로열티 계약도 맺었고요. 이런 데이터를 접하지 못한 사람이라면 세계에서 가장 인기 있는 캐릭터를 여전히 '〈겨울왕국〉의 엘사'라고 생각하겠죠.

한국 콘텐츠 산업에서 또 하나의 기적을 보여준 곳은 '하이브'입니다. 빅히트엔터테인먼트에서 사명을 바꾸면서 스스로를 데이터 컴퍼니라고 선언했어요. 오늘날 데이터 사이언스를 공부해야 한다는 것은 수학 공부를 하라는 것이 아닙니다. 소비자가 왕이 된 시대에 소비자 공부를 해야 한다는 뜻이에요. 소비자가 품은 욕망의 흔적이 빅데이터이니, 이를 읽는 작업을 하지 않는다는 것은 소비자가 만족할 것을 해줄 수 없다는 말과 같으니까요. 이제 빅데이터 분석은 절대 이공대의 영역만이 아닙니다.

"데이터는 사람들의 '욕망의 흔적'이고 코딩은 디지털 세계의 '영어'다."

Q. "데이터가 미래의 쌀이다."라는 비유를 할 만큼 데이터의 중요성에 대해 많이 이야기하는데요. 사람들은 데이터 분야의 일을 하려면 통계학이나 수학을 배워야 한다는 선입견이 있어요. 빅데이터를 분석하는 데 반드시 통계학과 수학을 할 필요는 없다는 것이죠?

A. 물론입니다. '직관'이 중요해요. 어떤 데이터가 필요한지 느껴야 하니까요. 디지털 플랫폼이 생활 공간이고 데이터는 뇌에서 요구하는 욕망의 흔적입니다. 이를 분석하는 것은 욕망의 흔적을 읽어내는 작업이죠. 과연 이것이 이과만의 작업인가요? 엑셀을 개발하는 것은 공대생이지만 엑셀로 숫자를 계산해서 경영 방침을 결정하는 것은 공대생이 아닙니다. 새로운 문명의 표준에 대해서, 디지털에서 어떻게 기획하는지를 중학교 2학년 때부터 배워야 해요. 문이과가 상관없죠.

예를 들어 치킨 가게를 차린다고 할 때 이제는 동네에 점포를 얻어서 임대료 내고 차리는 것만을 의미하지 않습니다. 온라인에 차리는 것이 표준이죠. 그러면 온라인 쇼핑몰을 만드는 방법이 새로운 상식이 됩니다. 이때 온라인 쇼핑몰을 구축하는 언어가 무엇일까요? 이제는 코딩이 바로 랭귀지예요.

지금까지의 세상에서 꼭 배워야 하는 언어는 영어였죠. 디지털 랭귀지, 즉 코딩은 디지털 신세계에서 살기 위한 언어입니다. 새로운 언어를 배운다는 것은 당연히 어렵습니다. 영어도 처음에는 무척 어렵잖아요. 영어를 배우는 것이 당연했듯 이제는 코딩을 배우는 것이 당연합니다. 그렇다고 모든 사람이 전문 개발자가 돼야 하는 것은 아니에요. 영어를 배우는 모든 사람들이 영어 소설가나 전문 통번역사가 되는 것은 아니잖아요. 영어를 알아듣고 그 언어로 다른 사람과 소통할 수 있으면 됩니다.

코딩도 똑같습니다. 코딩된 언어를 이해하면서 '이 비즈니스를 기획한 사람에게 어떤 한계가 있었겠구나.', '이런 문제는 이렇게 풀어낼 수도 있겠구나.' 하는 것을 이해할 수 있으면 됩니다. 그 위에 내가 읽어낸 데이터, 다시 말해 사람들이 디지털 플랫폼에 남긴 욕망의 흔적을 바탕으로 새로운 무엇인가를 만들어낼 수 있는 힘을 갖는 것이 중요합니다.

빅데이터 분석을 위한 클라우드 툴이 많습니다. 이런 툴을 통해서 데이터를 가볍게 접하면서 '이렇게 쓰는 거구나.', '이렇게 분석할 수도 있구나.'를 조금씩 알아가면 됩니다. 이런 분석을 접하는 과정도 학습이에요. 이 과정이 축적되면 디지털 비즈니스를 구축할 수 있는 능력치가 생기고, 이를 바탕으로 콘텐츠 산업이나 음악, 제조업 등에서 활용할 수 있게 되는 것입니다. 조금 더 배우면 데이터가 학습을 합니다. 이를 지켜보다가 "내가 궁금해했던 것을 이 툴이 알려주네!" 하는 단계에 이르면 그것이 바로 AI죠. AI에도 툴이 있어요. 엑셀처럼 부담 없는 툴이라고 생각하면서, 쓰는 방법과 관련된 지식을 익히면 됩니다. 데이터든 AI든 직접 개발하라는 것이 아닙니다. 그럴 필요가 없어요. 개발자는 따로 있습니다.

이런 툴을 활용해서 새로운 생각을 창조하면 됩니다. 새로운 생각이란 지식을 습득해서 축적하고 편집하는 거예요. 이 영역을 무조건 수학적인 분야라고 생각하면서 배우기를 거부하면 축적된 생각을 편집할 수 없게 됩니다. 언어를 배우고, 진짜 활약하고 싶은 영역에서 지식을 조합하면 새로운 비즈니스가 생깁니다. 이것이 다윗이 골리앗을 이기는 방법입니다. 더핑크퐁컴퍼니가 디즈니를 이기는 방법이기도 하죠. 옛날에는 아무리 노력해도 자본을 이길 수 없었어요. 지금은 가능합니다. 이미 너무 많은 사례들이 이를 보여주고 있어요.

콘텐츠 산업을 바라볼 때도 세계관을 디지털 신대륙으로 옮겨야 합니다. 이 산업을 위해 필요한 상식과 지식 중 절반은 학교에서, 나머지 절반은 온라인 커뮤니티, 유튜브나 구글 검색 등으로 배워야 합니다. 새로운 문명이 이처럼 형성돼 있으므로 그 세계의 지식을 기반으로 배워야 합니다. 그곳이 출발점이에요. 그다음에 필요한 것이 사람들의 심장을 두근거리게 만들 '팬덤' 창출입니다. 아기상어가 성공한 이유도 아기들의 심장을 움직인 요소를 찾아보면 알 수 있죠. 이런 방식을 통해서라면 작은 기업도 전 세계를 열광시키는 콘텐츠를 만들어낼 수 있습니다.

Q. 데이터의 중요성을 한국을 예로 설명해주세요.

A. 콘텐츠 산업에서는 무엇이 데이터를 양산해내는가를 볼 필요가 있습니다. 소비자의 조회수도 하나의 예죠. 저는 한국 콘텐츠 산업 그리고 관련 전공 학생들의 미래가 굉장히 밝다고 생각합니다. 데이터 기반으로 하는 이야기입니다. 이제 K-콘텐츠 팬덤에 관한 팬덤 로드 같은 것이 열렸어요. 마치 옛날 실크로드처럼 말이죠. 아기상어는 절대 혼자 성공했던 것이 아닙니다. 그 성공은 〈대장금〉에서부터 시작된 것입니다.

과거 방송 콘텐츠의 경우 콘텐츠를 계약하고 구매해서 상대방 국가의 방송사가 내보내야 현지에도 팬덤이라는 것이 생길 수 있었죠. 하지만 이제는 인터넷 덕분에 누구나 스스로 전 세계의 콘텐츠를 구해 볼 수 있습니다. 한국 콘텐츠 산업의 미래가 밝다는 것은 자발적 선택권을 가진 소비자가 왕이 된 시대가 됐고, 그런 소비자 하나하나의 열광적인 선택을 한국 콘텐츠가 받고 있기 때문입니다.

대표적인 것이 웹툰입니다. 이제는 웹툰 생태계가 확대돼서 1년에 100억 원을 버는 작가가 나옵니다. 이전의 만화 포맷에서는 일본이 세계에서 가장 큰 시장 생태계를 갖고 있었죠. 이후 디지털 시대가 되면서 일본은 종이 만화를 스캔해서 서비스했어요. 그러나 한국은 네이버, 카카오 등 수많은 웹툰 플랫폼이 웹툰에 맞도록 생태계의 룰을 바꿨습니다. 기성 작가, 유명 작가가 아니라 소비자의 조회수를 기준으로 마치 오디션 프로그램처럼 신인을 발탁해서 시장에 소개하는 장치를 만들었어요. 작가들이 몰려와서 풀pool이 풍성해졌죠. 조석 작가의 〈마음의 소리〉 같은 작품이 과연 전통 출판 만화 업계에서 나올 수 있었을까요?

웹툰의 인기가 플랫폼을 타고 전 세계로 퍼지면서 이제는 수익에 '0'이 하나씩 더 붙습니다. 〈이태원 클라쓰〉, 〈여신강림〉처럼 드라마로 제작되며 큰돈을 벌게 됐죠. 〈재혼황후〉 작가도 수십억 원을 받았습니다. 이미 팬덤이 형성된 작품을 영상 등 다른 포맷으로 콘텐츠화할 수 있는 길이 열렸고 넷플릭스 같은 데이터 기업이 실제로 보여주고 있죠. "스토리 작가, 그림 작가, 캐릭터 작가 등 최고의 팀을 모아서 100억 원짜리 프로젝트를 만들어보자.", "수익 분배도 예전보다 공평하게 해보자." 하는 식의 선순환이 계속 일어납니다. 그러다 보니 한국의 웹툰이 강력한 팬덤을 만들며 양질의 콘텐츠를 공급하는 본산이 되고 있죠.

전문가들은 이렇게 이야기합니다. "어떤 콘텐츠가 유튜브나 넷플릭스에서 굉장한 선택을 받았다면, 그 안에는 반드시 사람의 심장을 울리는 무엇인가가 있다." 저는 제가 가르치는 공대생들에게도 이야기합니다. "아시아 시장으로 진출하고 싶다면 그곳에서 어떤 드라마가 흥행했는지를 봐라."

일본에서 흥행한 〈사랑의 불시착〉, 〈이태원 클라쓰〉, 〈태양의 후예〉를 보면서 현지 소비자들이 어떤 디테일에 열광하는지 감각적으로 찾아야 합니다. 콘텐츠에 대해 자신이 가진 개인적 취향보다 데이터를 스터디하면서 현지인의 마음을 움직인 공통 요소를 적극적으로 탐색하라는 것입니다. 자본의 후원으로 영화를 성장시킬 때는 많은 스크린을 확보해서 개봉하는 것이 전부였지만, 유튜브나 넷플릭스에서는 소비자가 직접 선택해야 성공할 수 있습니다. 그런 사례들을 분석하면서 데이터의 감을 느껴야 합니다. 1억 명이 본 콘텐츠는 어떤 수준이고 10만 명 규모의 콘텐츠와는 어떤 차이가 있는지 알아야 한다는 것이죠.

> **"자본의 후원으로 영화를 성장시킬 때는 많은 스크린을 확보해서 개봉하는 것이 전부였지만, 유튜브나 넷플릭스에서는 소비자가 직접 선택해야 성공할 수 있습니다."**

Q. 한류에 대한 이야기를 조금 더 이어가죠. 한국의 콘텐츠가 왜 해외에서도 인기가 있을까요?

A. 한국이 좀비 종주국이 됐다는 우스갯소리가 있을 만큼, 전문가들 또한 "한국인들은 미쳤다, 스토리가 너무 환상적이

다."라는 평가를 내놓습니다. 감독, 작가, 배우, 촬영 등 모든 부분에서 엄청난 디테일을 고민하고 그 노력들이 융합돼서 한국 콘텐츠를 끌어올렸다고 이야기합니다.

한편 《모노클》에서는 매년 국가 소프트 파워 순위를 선정하는데, 한국이 2020년 2위를 차지하기도 했습니다. 한국의 콘텐츠 산업의 현주소를 보여주는 데이터죠. 소프트 파워는 곧 문화적 매력 지수를 말합니다. "한국 콘텐츠라면 보겠다.", "한국 음식을 먹어보고 싶다.", "한국에 가보고 싶다."는 사람들이 그만큼 많다는 의미입니다. 이를 바탕으로 선정한 순위에서 한국 콘텐츠의 저력이 입증된 거예요.

2019년 같은 조사에서 한국의 순위는 불과 15위였습니다. 당시에도 한국의 제조업은 5위였고 《U.S. 뉴스&월드 리포트》에서는 한국을 선진국 기준 8위라고 했죠. 그때만 해도 소프트 파워는 그보다 밑에 있었던 것입니다. 그런데 겨우 1년 후 한국은 독일에 이은 2위로 급상승했습니다. 코로나19로 '집콕'이 늘면서 넷플릭스, 유튜브 시청이 크게 늘어난 것이 중요한 배경이었습니다. 그동안 '전쟁 위험도' 등에서 부정적 평가를 받아온 한국이지만, 한류 콘텐츠가 전 세계로 퍼지며 그런 인식이 불식되는 데 아주 중요한 역할을 한 거예요.

식료품 분야에서 '만두-Mandu'라는 이름으로 폭발적인 인기를 끈 비비고 만두도 뺄 수 없습니다. 단일 품목으로만 2020년 6,700억의 해외 매출을 올렸고, 국내 매출까지 포함하면 1조 300억이 넘었다고 합니다. 비비고 이전까지 만두는 '덤플링'이나 '교자'라는 이름으로 팔렸어요. 그런데 미국 먹방 유튜버들이 한국의 '만두'를 먹어보고는 하나같이 "정말 새로운 경험"이라고 추켜세운 것이죠. 기본적으로 한국이라는 나라에 대한 호감, 선호가 굉장히 커진 거예요. 한국의 다양한 콘텐츠를 접한 세계인들은 "한국이라는 나라, 재미있는데? 좋은데?"라는 느낌을 갖게됐고, 그런 상황에서 한국 음식을 먹어보니 더 맛있게 느껴진 것이죠. 팬덤은 머리가 아니라 심장에서 나오는 것이니까요. 좋은 국가 이미지를 만들어놓으면 식품뿐만 아니라 다른 분야도 잘될 수밖에 없습니다.

제조업 또한 빼놓을 수 없죠. 이제 전 세계 가전제품 선도 기업에서 LG와 삼성은 빼놓을 수 없는 존재가 됐습니다. 미국이나 독일 회사가 아닌 한국의 기업이 지금의 자리를 차지하게 된데는 문화 콘텐츠가 큰 기여를 했다고 볼 수 있습니다. 빌보드 싱글 차트 9주 연속 1위, 유튜브 조회수 세계 1위. 이런 콘텐츠 파워를 가진 나라는 미국 외에 전 세계에 없습니다. 콘텐츠 산업은 우리가 안에서 바라보는 것보다 훨씬 더 자랑할 만합니다.

한국이 제조업이 아닌 콘텐츠 산업에 투자한 경우는 별로 없습니다. 대중음악에 국가적인 투자를 한 적도 없고, 애니메이션 산업이라고 하면 '디즈니 등 해외 업체 하청'으로 천대하던 것도 먼 과거가 아닙니다. 그런데 K-POP이 전 세계를 휩쓸고 아기상어가 디즈니를 이겼습니다. 이 모든 사실들이 한국의 콘텐츠 산업이 앞으로도 계속 크게 성장할 전조라고 할 수 있습니다. 과거의 실크로드에 버금가는 광활한 K-팬덤 콘텐츠 로드가 열린 것이죠. 데이터나 AI와 같은 기술을 적절히 활용하면서, 이제부터는 이 길을 잘 타고 닦아 나가야 합니다.

"데이터 드리븐 마케팅의 핵심은 양질의 데이터, 속도, 개인화"

글로벌 디지털 콘텐츠와 데이터의 미래

이상길

미디어.몽크스 코리아 대표

제일기획에서 사회생활을 시작해서 7년간 근무한 이후 E-커머스E-com-merce, 모바일 인터넷 콘텐츠와 기반 기술 관련 스타트업 벤처를 창업해서 7년 동안 운영했다. 이후 제일기획으로 돌아가 마케팅, 데이터, 콘텐츠를 아우르는 글로벌 디지털 마케팅 본부장, 미주법인장을 역임했다. CJ ENM 으로 자리를 옮겨 마케팅, 디지털, 글로벌 사업 총괄 업무를 담당했으며, 2021년 1월부터 S4캐피털 및 미디어.몽크스 코리아의 대표이사를 맡고 있다.

데이터 드리븐 마케팅의 정의

이제는 거의 모든 마케터가 지향하는 '데이터 드리븐 마케팅'이란 크게 두 가지를 의미한다. 첫째는 문자 그대로 데이터에 기반한 마케팅이라는 의미로, 마케팅 과정 내의 중요한 상황, 어떤 타깃을 대상으로 어떤 메시지를 내보냄으로써 어떤 효과를 도모할 것인가를 시장의 실제 데이터를 대입하여 결정하는 것이다. 둘째는 마케팅 활동을 통해 새로운 데이터를 만들어내는 것이다. 소비자가 누구인가에 대한 정보는 물론, 어떤 마케팅에 어떤 반응을 왜 보이는지에 대한 데이터를 생성하고 축적함으로써 향후 소비자를 움직일 트리거trigger를 알아내고자 한다. 두 가지 모두 결국은 데이터가 마케팅의 방향을 결정한다는 점에서 기존의 창의성creativity 기반, 통찰insight 기반 마케팅과는 궤를 달리 한다. 그러나 창의성과 통찰이 더 이상 중요하지 않게 되었다는 의미는 아니다. 반대로, 데이터라는 도구를 통해 창의성과 통찰이 예전과 비할 수 없이 강력해질 수 있다는 전망에 가깝다.

관건은 양질의 데이터를 생성하거나 확보하는 것, 그리고 이를 해석하여 통찰로 전환시킬 수 있는 역량을 갖추는 것이다. 이 같은 데이터 마케팅 업의 개념은 마치 '파티 비즈니스'와 유사하다고 할 수 있다. 우선, 많은 사람들을 한 곳에 끌어모아야만 비즈니스가 성립한다. 충분한 사람이 모이지 않으면 파티의 질처럼 데이터의 질도 떨어질 수밖에 없다. 둘째, 좋은 생일 파티 비즈니스와 좋은 데이터 마케팅 비즈니스는 모두 참여한 사람들을 통해 더 많은 사람들을 끌어모으는 확산이 핵심 성공 요인이다. 마지막으로, 파티의 음식이든 음악이든, 플랫폼의 서비스든 콘텐츠든 퀄리티가 낮으면 모인 사람들은 다시 돌아오지 않는다. 즉 사람들이 모여 있는 '이벤트'의 품질이 중요한데, 이는 데이터 마케터보다는 창의성을 중시하는 전통적인 마케터의 강점이기도 하다. S4캐피털은 미디어.몽크스와 마이티하이브라는 두 축으로 '데이터 기반 창의성'을 만들어내고 있다.

데이터 드리븐 시대,
글로벌 마케팅 업계의 지형 변화

Q. S4캐피털이라는 회사는 국내에 잘 알려져 있지 않은데,
간단히 소개해주세요.

A. 글로벌 광고업계에서는 4대 글로벌 마케팅 전문 지
주사로 미국의 인터퍼블릭과 옴니콤, 프랑스의 퍼블리시스와
영국의 WPP를 꼽습니다. 이 중 WPP는 35년 전 마틴 소럴 경
Sir Martin Sorrell이 창업한 회사로 세계 1위의 지주회사로 꼽히죠.
S4캐피털은 마틴 소럴경이 WPP를 나와 2018년 새롭게 설립한
데이터 크리에이티브 마케팅 에이전시입니다. 전통적인 마케팅
방법론들이 디지털화, 개인화, 파편화된 현대사회에 맞지 않기
때문에 새로운 형태의 마케팅 전문회사가 필요하다는 취지에서
창립됐습니다. 이후 S4캐피털은 양질의 데이터를 확보하기 위해
글로벌 1~2위를 다투는 데이터 컨설팅 전문회사 마이티하이브
를 인수했고, 이는 개인화 광고, 맥락 타기팅**Contextual Targeting**, 기
업이 확보한 데이터의 적정성과 영향력 등을 평가, 분석하는 핵
심 역량이 되었습니다.
　양질의 데이터를 수집·분석·트래킹하는 대표적인 툴로
'GA360(구글 애널리틱스 360)', '어도비 애널리틱스' 등을 들 수 있
는데 S4캐피털 산하의 마이티하이브라는 계열사는 이런 툴과 구

글 마케팅 플랫폼**GMP, Google Marketing Platform**으로 기업들의 데이터 활용을 설계, 분석, 컨설팅하고, 또다른 계열사인 미디어.몽크스는 데이터에서 비롯된 정보를 크리에이티브한 메시지와 아이디어로 만들어내는 데이터 드리븐 마케팅 컨설턴시라고 할 수 있습니다. 현재 마이티하이브와 미디어.몽크스를 합쳐 전 세계적으로 7,000명가량의 임직원들이 있습니다.

Q. 말하자면 데이터와 크리에이티브의 결합을 표방하는 새로운 디지털 에이전시인데요. 전통적인 마케팅 방법론을 활용하는 기존 대행사와의 차이는 무엇일까요?

A. 차원이 다른 협업이라고 할 수 있습니다. 광고, PR, 리테일, 콘텐츠, 이벤트 등 다양한 마케팅 활동을 위해서는 기업 내 광고, PR, 미디어, 리테일 전문 대행사들 사이 협업이 필수적이지만 현실적으로는 쉽지 않죠. 기존의 대행사 내 관련 기능을 수행하는 부서들이 있어도 부서 간 조율도 쉽지 않았고요.

고객사에게 가장 필요한 것은 데이터와 콘텐츠, 즉 데이터와 크리에이티비티의 결합입니다. 지금처럼 데이터 부서/회사는 데이터 부서/회사끼리, 콘텐츠 부서/회사는 콘텐츠 부서/회사와만 협업하는 방식으로는 마케팅 목표를 달성하기 어렵습니다. 다른 4대 광고 지주사들과 달리 데이터와 콘텐츠 조직을 수평적인 협업 조직으로 운영한 것이 2018년에 설립됐음에도 불구하고 S4캐피털을 전 세계 6대 대행사로 만든 힘이라고 할 수 있습니다.

Q. S4캐피털의 경쟁사는 어디라고 생각하십니까?

A. 저는 단 한 곳, 액센츄어라고 생각합니다. 기업의 경영 컨설팅, 혹은 기업의 디지털 전환digital transformation이나 신사업 진출에 대한 사업 타당성 등을 컨설팅하던 액센츄어는 액센츄어 인터랙티브라는 이름으로 디지털에 특화된 회사를 새로 설립합니다. 회사의 기반을 컨설팅에 두고 있어 전략과 데이터 역량이 강하고 여기에 크리에이티브 기능을 추가한 것입니다. 전통적인 광고 대행사들이 제대로 해내지 못한 일을 컨설팅 기업인 액센츄어가 먼저 해낸 거예요.

고객사 클라이언트 입장에서는 전략 컨설팅 기능과 데이터 기능, 크리에이티브와 콘텐츠 기능이 합쳐진 형태이다 보니까 여러 회사를 찾아다닐 필요가 없죠. 전략, 데이터, 크리에이티브, 콘텐츠 기능을 함께 서비스하는 액센츄어 인터랙티브가 가장 유력한 경쟁사로 생각하는 이유입니다. 전통적인 광고 대행사들은 적절한 경쟁 상대가 아닙니다. 데이터에 대한 이해도나 활용 감각, 스피드도 부족합니다.

성공하는 데이터 드리븐 마케팅을 위한 키워드 :
양질의 데이터, 속도, 맞춤 메시

Q. 마케팅에서 데이터는 예전과 달리 어떻게 활용되나요?

A. 집을 지을 때는 기초 재료가 중요하듯 데이터 역시 가장 탄탄한 데이터를 찾는 것이 중요합니다. 저희는 구글 데이터를 기본으로 활용하는데 구글은 2020년 기준 전 세계 데스크톱에서 82%, 모바일에서 94%라는 시장점유율을 확보하고 있습니다. 구글의 데이터는 단순히 검색에 대한 데이터로만 바라봐서는 안 됩니다. 검색은 사람들의 관심과 행동을 보여주는 바로미터이므로 굉장히 많은 것을 보여주고 유추할 수 있게 합니다.

예를 들어 한국의 전자 회사가 미국 시장에 냉장고 마케팅 캠페인을 기획한다면 무엇부터 할까요? 검색 데이터 없이 상품 기획자의 관점에서만 생각한다면 소비자는 냉장고의 용량, 디자인, 전력사용량, 가격 등에 대해 궁금해할 것이라 생각할 수 있고, 마케팅도 이런 점을 차별화 하는 방향으로 기획할지도 모릅니다. 그러나 이 회사가 실제로 최근 수년간 냉장고에 관해 고객이 무엇을 구글에서 검색했는지 수십억 건의 데이터를 분석했더니 용량도 디자인도 아닌 '과일과 야채를 신선하게 보관할 수 있는 냉장고'가 가장 궁금하고 관심 있는 주제였음을 알게 되었습니다. 그렇다면 마케팅도 여기에 맞춰서 진행해야죠. 그동안 디자인, 가격, 용량, 사이즈에 소구하는 캠페인을 했더라도 데이터가 보여준 결과에 맞춰 채소와 과일 보관 기능을 강조하고, 나아가 상품 기획 단계부터 해당 기능을 보강한 결과 공전의 히트를 친 사례 있습니다. 데이터에 기반한 제품 기획과 크리에이티브의 결합이 얼마나 효과적일 수 있는지 보여주는 사례라고 생각합니다. 중요한 것은 우리가 알고 싶은 것을 보여줄 수 있는, 얼마나 좋은 데이터를 어디에서 확보하느냐, 얼마나 빨리 확보하느냐, 이를 소비자에 맞는 어떤 메시지로 만들어 내보내느냐입니다.

Q. 인구통계학적인 데이터 외에 또 어떤 데이터를 활용할 수 있을까요?

A. 많은 기업들은 고객의 행동을 추적하고 관심사를 파악하는 데 쿠키를 활용해왔지만 구글에서는 앞으로 쿠키 지원을 중단한다고 발표했죠. 쿠키에 기반한 광고를 집행했던 페이스북은 존폐가 불투명해질 만큼의 심각한 발표였습니다. 애플 역시 아이폰에 설치되는 각각의 모바일 애플리케이션이 어떤 사용자 데이터를 얼마나 수집할 수 있는지를 사용자에게 선택할 수 있게 했습니다. 그동안 기업이 나름 자유롭게 해오던 소비자 데이터 수집에 큰 족쇄들이 채워진 셈입니다.

기업들은 이를 타개하기 위해 소비자가 기업에 직접 제공하는 데이터, 즉 '퍼스트 파티 데이터1st-party Data'를 자사 플랫폼에서 수집하는 데 관심을 갖기 시작했습니다. 개인정보보호법을 준수한다는 전제 하에 소비자의 동의를 얻어 기업들이 필요한 데이터를 직접 모으기 시작한 것입니다. 수집된 데이터를 기존에 갖고 있던 데이터, 혹은 외부에서 구입하거나 확보할 수 있는 데이터와 연결하는 작업도 중요합니다.

예를 들어 미국의 전자제품 판매점 베스트바이는 통신사 버라이즌이나 AT&T처럼 수천만 명의 고객이 매일 방문하는 회사들을 사업 파트너가 삼아 자체적으로 수집한 데이터(1st-party Data), 각 파트너사의 데이터(2nd-party Data), 구글의 데이터(3rd-party Data) 등 3가지 종류의 데이터를 하나의 실로 꿰어야 하는 것입니다. 이렇게 해야 소비자와 시장의 다양한 측면을 여러 각도에 맞춰 바라볼 수 있게 됩니다.

즉 데이터의 활용이라는 측면에서 보면 향후에는 이 3가지 방향성이 가장 중요하다고 생각합니다. 쿠키리스cookie-less와 같은 소비자 데이터 확보가 제한된 환경에 어떻게 적응하느냐, 자사 플랫폼을 통한 퍼스트 파티 데이터의 효과를 어떻게 극대화할 것이냐, 그리고 '데이터 스티칭', 즉 서로 다른 곳으로부터 확보한 데이터를 어떤 기준으로 어떤 목적에 따라 어떤 방법으로 효과적으로 꿰어낼 것이냐입니다.

Q. 구글의 데이터를 굉장히 중시하시는데, 만약 새로운 소비자 데이터를 모아야 한다면 어떤 데이터를 모으고 싶으신가요?

A. 답은 딱 하나, 고객들의 이커머스 거래E-Commerce Transaction 데이터를 더 수집하고 싶습니다. 가장 규모가 큰 시장이자, 세계 최고 플랫폼들의 각축장인 미국을 예로 들어볼까요. A라는 기업은 자사 플랫폼에서도 이커머스 활동을 할 수 있겠지만 아마존에서 거래되는 양에 비하면 자사 플랫폼에서의 거래량은 크지 않겠죠. 하지만 아마존의 데이터는 충분히 오픈돼 있지 않기 때문에 제품을 공급한 A기업이라 하더라도 구매 정보와 친구 추천 패턴 정도만 알 수 있을 뿐 구매를 둘러싼 다양한 맥락을 알아내기가 어렵습니다. 다양한 제품에 대한 소비자의 거래 데이터를 자사 플랫폼을 통해, 나아가 아마존, 쿠팡 등의 외부 플랫폼을 통해 확보하고 연결하는 것이 가장 큰 화두이자 관심사입니다.

"소비자의 충동적인 선택까지
예측할 수 있는 데이터가 있다면"

데이터가 중심이 되는 퍼포먼스 마케팅

장덕수

디지털퍼스트 대표

영어 이름은 토니. IMF 직후 대학을 졸업하고 3년 정도 스타트업에서 성장했다. 온라인 쇼핑 태동기 SK그룹의 SK D2D 쇼핑몰 마케팅을 거쳐 검색광고 모태라 할 수 있는 오버추어코리아, 야후와 합병 후에는 오버추어야후에서 검색광고, 매체 디스플레이광고 업무를 담당했다. 40세가 되던 해 한앤컴퍼니라는 유명 상업펀드의 투자를 받아 미디어렙media representative을 운영하다 2016년 네이버의 검색광고 자회사 NSM을 인수 합병하고, 2016년 KT의 상장사인 디지털 미디어 전문회사 나스미디어에 매각했다. 이후 5년째 디지털퍼스트를 모회사와 함께 이끌고 있다.

퍼포먼스 마케팅의 개요

영상, 인플루언서 포스팅 등 '콘텐츠' 형태로 나타나는 일반적인 콘텐츠 마케팅 분야와 달리 퍼포먼스 마케팅은 소비자의 눈에는 보이지 않는 백엔드에서 일어나는 마케팅 프로세스와도 깊게 연결되어 있다. 퍼포먼스 마케팅을 데이터 기반 마케팅으로 바라보며 크리에이티브와는 관련이 없다고 오해하는 사람들도 있지만 퍼포먼스 마케팅은 브랜딩, 크리에이티브를 포괄하는 개념이다. 특정 크리에이티브를 활용한 광고가 어떤 효과(퍼포먼스)를 내는지를 세밀히 측정하며 다음 크리에이티브에 반영할 뿐이다. 물론 이 과정에서 전통적인 브랜드 마케팅, 대중매체를 활용한 고예산 광고에 비해 더 자주 크리에이티브를 바꾸고 다양한 소비자군을 대상으로 더 다양한 크리에이티브를 운용하는 등의 차이는 있다.

초기의 퍼포먼스 마케팅은 포털사이트와 함께 성장했는데 네이버에서 검색했을 때 결과 상단에 뜨는 콘텐츠인 검색광고, 포털사이트에 배너 형태로 보여지는 디스플레이광고 등으로부터 시작되었고, 지금도 큰 축은 바뀌지 않았다.

퍼포먼스 마케팅 대행사 중 검색광고를 주력으로 하는 대행사에서는 구글, 카카오, 네이버 검색광고를 운영하고 광고의 효율을 관리한다. 디스플레이광고를 본업으로 하는 회사들은 '대행사'와 '미디어렙'으로 분류되며, 이 중 대행사는 마케팅의 전략을 짜고 크리에이티브를 만든다. 배너, 영상 등으로 만들어진 크리에이티브 결과물이 수많은 국내외 디지털 매체에 전략적으로 집행되어야 하는데 이를 담당하는 곳이 미디어렙이라고 불리는 미디어 전문 운영 대행사이다.

포털, 글로벌 소셜미디어 같은 대형 매체는 몇 곳 되지 않지만 광고를 내보낼 수 있는 곳은 이외에도 언론사, 커뮤니티 등 수없이 많은 저비용 매체, 특정 분야에 특화된 웹사이트 등이 존재한다. 따라서 한 곳의 광고대행사가 모든 매체를 상대하는 노하우를 갖기는 어렵기 때문에 '나스미디어', '메조미디어'와 같이 디지털 매체를 전문적으로 대행하고 이들에 가장 효과가 높을 방식으로 광고를 집행하는 '미디어렙'이라는 분야가 등장하게 되었다.

광고 비즈니스의 변화 :
감성에서 이성의 영역으로

Q. 전통적인 광고 비즈니스에서는 마케팅 전략을
크리에이티브한 아이디어로 바꿔 소비자의 구매욕을
이끌어내는 것이 주된 활동이었죠. 하지만 검색광고에서는
검색어에 어떤 결과를 보여줄 것인가라는 말하자면
'수학적'인 영역으로 다루고 있어요. 제일기획, 이노션,
HS애드 같은 전통 광고대행사에서는 다루지 않았던
영역이죠?

A. 15년 전 네이버 지식인이 굉장히 큰 화두가 됐을 때,
이를 연결한 검색광고는 목적성이 뚜렷했죠. 이사를 가거나 물
건을 사는 등 검색을 통해 정보를 얻는 일련의 과정을 광고주와
매칭해주는 것이 바로 검색광고니까요. 소비자가 직접 검색을
통해 살펴보고 구매를 결정하기 때문에 퍼포먼스 마케팅의 시작
이었다고 할 수 있습니다. 네이버나 카카오, 구글 같은 검색 서
비스들이 자체적인 플랫폼을 갖고 있죠.

많이 다변화되었지만 검색광고의 대부분은 여전히 텍스
트로 결과가 나옵니다. 광고주가 플랫폼에 들어가서 '이사'라는
키워드를 구매하고 어떤 제목과 설명을 보여줌으로써 검색한 소
비자를 자신의 웹사이트로 유입시킬지를 자기만의 틀로 차별화
하는 거예요. 재미있는 것은 이것이 경매 형태라는 점인데요. 광
고를 게재할 수 있는 공간, 슬롯slot보다 광고주 숫자가 더 많을

수 있잖아요. 상위 20개 안에 클릭당 과금을 하는데, 비딩**bidding** 가격, 콘텐츠 사이트의 퀄리티, 연관성을 합산한 결과로 결정돼요. 예를 들어 세 개의 이사 업체가 있어요. A업체는 "내 광고를 클릭해주면 나는 200원을 내겠어." B업체는 "나는 250원.", C업체는 "나는 300원."이라고 정해졌다면 C업체가 상단으로 올라가죠.

검색의 핵심은 관련성이라고 하는데요. A광고주가 모든 키워드를 다 사고 싶어도 자신의 사이트가 해당 검색어와 연관성이 없으면 살 수가 없습니다. 광고 슬롯을 구매하겠다고 신청을 하면 해당 광고주와 검색어 사이의 관련성이 통과돼야 해당 슬롯을 살 수 있게 되고, 이후에는 소비자의 클릭을 많이 받는 광고주에 계속 점수가 누적됩니다. 소비자의 선택이 관련성을 더욱 입증하는 거죠. 이를 포함한 다양한 방식으로 리스팅의 퀄리티 스코어가 책정되고요, 얼마나 광고를 오랫동안 집행했는지를 보여주는 홀딩 스코어 등이 합산된 결과로 순위가 결정됩니다. 예를 들어 꽃집, 자동차 수리점 등의 키워드가 있다면 구글 알고리즘에 따라 노출 순서가 계속 바뀌어요. 자고 일어났더니 세 번째 페이지로 내려가면 매출도 내려가고, 반대로 자고 일어났더니 첫 번째 순위에 올라가면 매출이 '떡상'하는 것 같은 현상이 일어나죠.

Q. 소비자의 검색이 결과로 나타나기까지 다양한 요소들이
뒤에서 영향을 미치죠. 이 각각의 요소들이 어떤 공식에
따라 검색순위를 결정하는지가 '알고리즘'인데, 이는
플랫폼이 아닌 외부 사람은 알 수 없게 되어 있죠. 공식을
안다면 누구나 그에 맞춰 검색 결과 상단으로 올라가려고 할
테니까요. 그래서 흔히 '블랙박스'라고 표현을 합니다만, 이
프로세스를 조금이라도 이해를 하느냐 아니냐는 퍼포먼스
마케팅을 하는 입장에서 굉장히 큰 차이를 가져옵니다. 비록
우리가 검색엔진의 알고리즘을 캐올 수는 없지만 소비자의
행동을 이해할 수 있는 데이터를 충분히 확보한다면
소비자의 행동을 예측할 수도 있지 않을까 하는 생각이
드는데요.
만약 어떤 데이터든 확보할 수 있다면 가장 갖고 싶은
데이터는 무엇인가요?

A. 소비자와 시장에서 비롯된 누적 데이터로부터 소비
자를 해석하기는 하지만 데이터가 그 자체로, 혹은 해석한 데이
터를 갖고 있다고 해서 사람의 마음을 움직일 수 있는 것은 아니
라는 점을 기억해야 합니다. 그러니까 데이터를 갖는 것 자체는
큰 의미가 없습니다. 아무리 사실에 기반한 소비자 데이터를 갖
고 있다고 해도, 소비자가 오늘 살 기분이냐 아니냐에 따라서 무
용지물이 되기도 하고, 이들을 움직이는 것은 전혀 다른 변수일
수 있으니까요. 데이터는 시간이 지나면서 더욱 고도화되겠지만
아직은 한계가 있는 것 같아요. 아직은 확률적인 싸움이고, 이것
이 팩트적인 접근입니다.

Q. 공감합니다. 데이터의 중요성이 크게 강조되다 보니 많은 기업들이 이른바 '데이터 지상주의'에 빠져 있어요. 뚜렷한 목적과 계획 없이 데이터 확보에만 초점을 맞추는 거죠. 중요한 것은 특정한 목적을 위해 짜인 데이터의 모델링, 즉 어떤 변수들을 분석하면 우리가 필요로 하는 어떤 행동을 예측하거나 변화를 줄 수 있다는 것이고, 이에 맞게 수집한 데이터가 중요한 거죠.

A. 그렇죠. 예를 들어 수많은 행동의 유형을 분석한 후 그중 일어날 확률이 높은 상황을 설명하는 데이터라면 융합을 일으키는 최적화된 방식이고 그것이 퍼포먼스 마케팅에 도움이 되는 데이터입니다. 모든 구매에는 충동 구매와 계획 구매 등 여러 유형이 섞여 있어요. 계획 구매라면 데이터가 잘 접근할 수 있겠죠. 예를 들어 이사를 원하는 사람은 이삿짐센터도 검색하겠지만 인테리어, 가구, 심지어 '세콤'도 검색할 테니까요. 이런 패턴을 통해 "이 사람은 이사가 긴박한 상태야."라고 판단해서 관련된 광고를 내보낼 수 있죠. 반면 요즘 각광받는 것 중 하나가 미디어커머스인데, 여기에서는 거의 대부분 소비자의 충동을 자극합니다. 데이터가 예측할 여지가 훨씬 적죠. 이런 충동적 기분과 행동을 조금 더 담아내는, 덜 귀찮고 더 닿을 수 있는 데이터가 있을까가 고민입니다. 어려운 문제죠.

Q. 남이 모아둔 데이터, 특정 상품을 구매하고자 하는 '잠재 구매자의 데이터'에 초점을 맞춘다면 그런 고민이 이해가

되지만, 사실 '소비자 일반', 혹은 '생활자'의 데이터를 확보할
수 있다면 계획 구매를 넘어 비계획 구매, 나아가 충동적인
행동까지 조금은 더 예측할 수 있지 않을까 생각합니다. '곧
이사를 하려고 하는구나.'를 넘어 '이사를 하려는데 오늘
목돈이 생겼고 기분도 좋은 상태구나.'라는 것을 알 수 있게
된다면 훨씬 재미있겠죠. 이런 데이터는 검색 엔진보다는
구글이나 페이스북, 카카오 같은 소셜 플랫폼이 갖고
있을 거라고 저는 생각합니다. 검색은 사용자의 의도를
기록하지만 소셜 플랫폼은 사용자의 일상을 저장하니까요.

A. 현실적으로 매력적인 것은 삼성전자와 애플의 데이
터라고 하겠습니다. 모든 정보를 갖고 있으니까요. 휴대전화 OS
사업자든 디바이스 업체든, 디바이스에서 수집한 데이터를 해당
디바이스 자체에서 활용하지 않을 뿐, 모든 단어의 정보를 다 갖
고 있거든요. 어떤 앱을 어떻게 활용하고 하다못해 알람 설정을
언제 왜 하느냐까지 스마트폰에 담기고 있습니다.

Q. 검색 엔진과 소셜미디어, 메신저들은 사용자의 검색 행동은
물론 이메일, 채팅, 웹사이트 방문 기록 등을 데이터로
활용합니다. 다만 누구의 데이터인지는 알 수 없게 하는
비식별 데이터의 형태지만요. 이들이 가진 브라우저와 앱을
통하면 어떤 성별과 연령대의 소비자가 특정 웹사이트를 왜
방문했는지, 이 소비자는 평소 어떤 사람들과 무슨 주제로
대화를 하는지 등을 알 수 있습니다. 밝혀진 바는 없어도
굉장히 민감한 주제이고, 플랫폼의 힘이기도 합니다. 하지만
더 강력한 힘은 '시리', '알렉사', '빅스비' 같은 음성 AI

서비스가 아닐까 합니다. 기기 주변의 모든 소리와 대화를 항상 듣고 있잖아요.

A. 기술적으로 못 모으는 것은 아닐 테지만 그런 정보를 활용하는 문제는 완전히 다른 차원과 국면으로 갈 수밖에 없다고 생각합니다. 여론적으로도 민감한 사안이기 때문에 굉장히 조심스럽게 접근할 문제라고 생각해요.

데이터가 장악한 비즈니스와 일상

Q. 저는 소비자 데이터 외에 콘텐츠 데이터도 큰 잠재력이 있다고 생각합니다. 콘텐츠 데이터라고 하면 아직은 대부분 콘텐츠를 판매하기 위한 마케팅용 데이터라고 이해하지만 사실 콘텐츠가 자체적으로 품고 있는 데이터, 메타 데이터도 굉장히 많고 깊습니다. 드라마나 영화 등의 콘텐츠 마케팅에서는 이런 데이터를 힘써 다루지는 않죠?

A. 그렇죠. 아직은 '성공 공식'이라는 수준에 머물고 있잖아요. 유명 PD나 작가가 제작하고, 특정 배우가 출연하며, 최근의 흐름상 인기 있는 스토리의 유형이라거나, 특정 연령대가 호응하는 주제 같은 것들이죠. 이 같은 '인기의 요소'가 앞으로

더 진화한다면 어떤 주제와 검색어가 트렌드가 되고 더 큰 관심을 받을지, 성공률이 높은 배우와 주제는 무엇인지 등도 데이터화 할 수 있을 것이라 생각합니다. 넷플릭스가 바라보는 시각도 별로 다르지 않죠.

Q. 저도 콘텐츠 자체에 대한 데이터도 결국은 소비자의 취향을 예측하기 위한 수많은 콘텐츠 내부의 변수를 구체화하고 구조화하는 방향으로 진화할 것이라고 생각합니다.

A. OTT 서비스 추천 원리가 취향이잖아요. 플랫폼에 들어서자마자 그동안 관심을 갖고 검색해온 데이터를 기반으로 "너 이거 좋아하지?"라고 추천하면서 콘텐츠를 더 보게 하죠. 하나의 큰 알고리즘 안에서 일어나는 일인데, 이 뒤에는 데이터가 있는 것이고요. 제작, 크리에이션 단계에도 연결될 수 있는 부분이 있다고 생각합니다.

Q. 맞습니다. 추천 알고리즘이 훨씬 정교화되는 셈이고, 이를 위해서는 장르, 국가, 배우, 감독, 작가의 수준을 훨씬 뛰어넘는 고도의 데이터가 모델에 추가될 겁니다. 콘텐츠의 특성도 지금보다 크게 세분화 되어야 하고, 소비자가 콘텐츠를 좋아한다는 감정이나 행동 역시 지금보다 더 명확하고 세부적으로 규정되어야 합니다. 그 이후에

'콘텐츠의 어떤 특성'이 '소비자 선호의 어떤 부분'에 영향을
주는지가 밝혀지겠죠. 퍼포먼스 마케팅은 소비자의 반응에
따라 광고, 마케팅을 빠르게 변경해야 하기 때문에 이른바
'힘 준 크리에이티브'를 활용하기 쉽지 않습니다. 20년 뒤
크리에이티브는 어떻게 달라질 거라고 생각하세요?

A. 사용자 선택권을 어떤 방향으로 바라보느냐에 따라
달라질 문제라 예측이 어렵습니다. 예를 들어 지금 우리가 보는
것 같은 광고가 없어질 거라고 예측할 수도 있겠죠. 소프트웨어
솔루션이 AI를 통해 자동으로 간단한 크리에이티브를 만들 수
있으니까요. 그러나 이런 기계적 솔루션이 사람의 마음을 실제
로 움직여 광고 효과를 내는 것이라고 보기는 아직은 어렵습니
다. 현재 부족한 것들을 일부 솔루션이나 플랫폼의 자동화 기술
로 대체하고 있는 것은 사실이지만, 대체할 수 없는 부분이 아직
은 훨씬 많다고 생각합니다. 구글의 대행사들도 매체의 운영은
자동화할 수 있으니 차별화할 수 있는 것은 소재, 크리에이티브
뿐이라고 말할 정도니까요. 게다가 타기팅의 최적화, 개인화, 정
교화에 제동을 거는 움직임, 개인 정보 보호 강화를 향한 다양한
규제와 업계 자율 규칙 등도 무시할 수 없죠. 그래서 소비자의
마음을 움직이는 메시지를 만들어내는 것은 여전히, 혹은 당분
간 인간의 몫으로 남을 것이라고 생각합니다.

"알고리즘이 우리를 소비자에게 인도하리라"

커머스 콘텐츠의 미래

윤상희

블랭크 전 본부장

CJ ENM, tvN에서 마케팅, 제작, IP세일즈를 거치면서 콘텐츠 업무 전반을 담당한 후, 미디어커머스 시장의 가능성을 보고 블랭크코퍼레이션에 합류했다. 현재는 카카오엔터테인먼트에서 콘텐츠 전략 팀장을 맡고 있다.

콘텐츠커머스에서도
킬러콘텐츠가 중요한 이유
· ·

블랭크코퍼레이션은 '디지털 방문회사'다. 블랭크 콘텐츠의 형식은 TV에서 방영되는 인포머셜(information+commercial)과 유사하다. 브랜드 메시지를 정비해 동일한 메시지를 반복적으로 송출하는 것이 기존 방식이라면 블랭크는 퍼포먼스 마케팅기법을 적용한 비즈니스 모델을 구축했다. 소비자의 구매를 기다리기보다는, 상품이 가진 속성을 각각 콘텐츠화해서 다종의 마케팅 메시지들을 그물로 던지면 알고리즘이 각자 적합한 타깃을 찾아가는 차별적인 마케팅 방식이다. 하나의 운동기구도 배 나온 아빠, 20대 여성, 어린아이 각각의 타깃에 맞춘 광고를 제작한다. 오프라인의 방문판매 방식을 콘텐츠화해서 플랫폼 이용자를 개별적으로 설득하는 방식으로 디지털상에서 구현했다.

블랭크는 콘텐츠 기반 커머스 기업인 만큼, 콘텐츠화 가능성을 척도화해서 출시 여부를 결정한다. 판매에 중요한 킬러 콘텐츠적 소재가 있느냐를 따지는 것이다. 마약 베개는 계란이 깨지지 않는다는 속성을 발견하면서 비로소 상품화할 수 있었다. 회사 안에는 특정 분야 덕후들도 포진해 있다. 애견용품 브랜드 '아르르'의 '건강한 쮸르'나 '킁킁볼'은 해당 분야를 깊이 이해하는 젊은 기획자들 덕에 가능했다.

블랭크에게는 소비자가 콘텐츠에 관심을 주는 시간이 곧 매출이다. 따라서 디즈니, 넷플릭스, 좋은 책과 같이 사람들의 시간을 빼앗는 모든 회사와 경쟁해 더 많은 시간을 가져올 방법을 고민한다. 대표적인 미디어커머스 1기 기업으로 꼽히는 만큼 제품 신뢰 강화에도 노력을 기울이고 있다. 초기에는 숏폼콘텐츠 중심으로 비포 앤 애프터를 강조해 소비자를 빠르게 설득하는 데 주력했다면, 제품 역량 강화를 기본으로 고객의 신뢰를 얻고, 나아가 소비자를 팬으로 전환시킬 수 있는 콘텐츠가 되는 방법을 고민하고 있다.

광고 콘텐츠 화법의 진화 :
'펀'에서 '신뢰'로

Q. 신뢰를 주는 콘텐츠란 구체적으로 무엇인가요? 과거와
비교했을 때 어떤 부분에 중점을 두고 콘텐츠를
기획하시나요?

A. 기존 콘텐츠는 펀fun의 영역에 가까웠다고 볼 수 있어
요. 발의 각질이 허물처럼 벗겨지는 악어 발팩 영상이라든지 닥
터원더의 여드름 패치 영상 같은 것을 보면 순간적인 쾌감을 주
고 대리 만족을 주죠. 충격을 줘서 재미로 공유할 수 있는 콘텐
츠이긴 해요.

그런데 콘텐츠 본연에 힘이 있는지, 메시지로서 영속성을
갖고 영향력을 펼치는지를 평가해보면 솔직히 미치지 못하거든
요. 예를 들면 한강에서 녹물 샤워기로 샤워를 하는 영상이 있어
요. 효과가 굉장히 좋았던 영상인데, 영상 자체도 굉장히 재미있
고 예능적인 요소가 강조가 됐거든요. 그러나 최근의 광고는 실제
로 그 녹물이 얼마나 안 좋은 역할을 하는지, 그리고 샤워기 필터
를 통해서 어떤 효용을 얻을 수 있고 물이 정말 얼마나 깨끗해지는
지, 성분 분석 등의 조금 더 신뢰도 있는 자료를 제공하고 있어요.

이제는 소비자도 충격적인 광고 메시지를 질려하고, 실제
광고 운행 횟수와 양도 줄고 있는 추세입니다. 재미를 추구하던
것에서 제품 자체에 집중해 신뢰를 주는 방식으로 변화한 거예요.

Q. 자극적인 방식을 벗어나 제품에 대한 데이터를 제시함으로써, 신뢰를 얻는다고 이해하면 될까요? 구체적인 예를 들어 설명해주세요. 신뢰를 높이기 위해서는 어떤 방식으로 이야기를 풀어 나가야 할까요?

A. 옛날 화법의 광고라고 생각할 수 있는데요. 블랭크 미디어 사업에서는 기존의 1분짜리 광고 형식을 벗어나, 다큐멘터리 등 소비자와 함께 라이프 퀄리티를 높일 수 있는 방법을 고민했어요.

디지털 세상에서는 콘텐츠 분량이 자유롭다 보니, 신뢰도를 높이는 방식도 다양하게 적용할 수 있거든요. 단순히 기존 광고의 화법을 그대로 따라가기보다는, 조금 다른 방법을 고민할 수 있다고 생각합니다. 각 브랜드마다 소구해야 하는 지점이 달라서 '취향'으로 접근해야 하는 브랜드들도 굉장히 많아지고 있거든요.

여성 패션 굿즈나 스몰 레더 굿즈 등을 만드는 브랜드를 한번 예로 들어보면요. 저는 패션의 영역에서는 앞서 이야기한 신뢰의 영역을 취향이 대체한다고 생각합니다. 이런 취향을 보여주기 위해 블랭크에서는 유튜브의 음악 콘텐츠를 뮤직비디오 형식으로 콜라보레이션하는 영상 콘텐츠를 시도했어요. 소비자에게 더욱 강력한 메시지를 전달하도록 구성을 고민하고 있죠. 브랜드가 강조하는 메시지를 어떻게 더욱 강력하게 전달하느냐가 넥스트 블랭크가 고민하는 지점입니다.

Q. 미디어커머스 업계에는 어떤 변화가 필요할까요?

A. 미디어커머스 분야에서는 경험을 제공할 수 있는 영역이 아직 덜 개발됐다고 생각합니다. 처음에는 비포 앤 애프터라는 즉각적인 효과를 강조해서 주목을 받았고, 그다음에는 페이스북에 이어 떠오른 인스타그램을 통해 취향을 보여주는 패션이나 뷰티 영역에서 각광을 받았습니다. 그러나 다이어트 제품을 제외하고는 영양제, 향수 등 실질적으로 소비자가 재구매하는 영역에서 성과를 낸 상품이 없어요.

콘텐츠를 보고 상품을 사는 경험이 이미 소비자 안에 축적이 돼서 어떤 콘텐츠를 거르고 어떤 콘텐츠를 신뢰할지 이미 알고 있거든요. 소비자가 굉장히 똑똑해졌기 때문에 소비자를 찾아내서 설득할 방법을 찾아내는 회사가 다음 단계 매출을 많이 키울 수 있는 회사가 아닐까 생각합니다.

Q. 영양제에 대한 예가 흥미로운데요. '구독형 영양제 시장이 커질 것'이라는 이야기가 몇 년 전부터 들려옵니다. 해외에서도 영양제 구독 서비스를 제약회사만의 영역으로 두지 않고, 스타트업에서 소싱을 해서 패키징할 수 있도록 규제가 완화되고 있다고 들었어요.

A. 사실 한국은 미국과 비교했을 때 영양제를 많이 복용하는 나라가 아니에요. 하지만 영양제는 효용성을 콘텐츠로 증

명할 수 있는 요소가 굉장히 많은 상품이죠. 따라서 이 분야의 스타트업도 굉장히 많고 블랭크도 계속해서 고민하고 있는 영역입니다. 넷플릭스는 알고리즘에 따라 취향에 맞는 콘텐츠를 제공해주잖아요. 미디어커머스 업계에서는 영양제에도 동일한 재미를 제공할 수 있다고 봐요.

예를 들면 소비자가 나이, 수면 시간 등을 통해 마치 심리 테스트하듯 자신을 찾아가는 것이죠. 자신의 라이프스타일과 현재 몸 상태, 그리고 병력 등을 제공하면 영양제를 제안하고, 소비자가 느끼는 변화나 증언은 장기적으로 콘텐츠화할 요소가 되고요. 오프라인에서 약사 선생님에게 한 시간 동안 상담받는 것은 그만큼 품이 많이 들지만, 디지털에서는 몇 번의 클릭만으로 가능하기 때문에 경험적인 재미를 제공할 수 있다는 거예요. 똑똑해진 소비자가 스스로 선택적 수용을 할 수 있도록 개별 콘텐츠화도 가능하고요. 콘텐츠 점수 측면에서도 긍정적으로 보고 있어요.

Q. **문득 약보다 데이터 장사가 훨씬 좋겠다는 생각이 들었어요. 실제 약사가 많아야 100명의 고객을 만날 수 있다고 하면 온라인에서는 1만 명, 10만 명의 데이터를 확보할 수 있잖아요. 이 데이터의 변화를 추적하면 소비자의 귀중한 헬스 데이터를 갖고 있는 것이고요. 관련된 일화가 있을까요?**

A. 블랭크에 유사한 제안들이 들어왔었어요. 소비자의

픽셀 데이터를 유사한 상품을 개발하는 데 사용하고 싶다면서 어마어마한 가격을 제시했죠. 참고로 픽셀 데이터란 페이스북에서 광고를 보고 구매 전환을 일으킨 소비자의 행태 데이터를 모아놓은 것을 말해요. 블랭크는 페이스북이나 인스타그램 광고를 많이 하니까, 아직 실제로 판매한 적은 없지만 굉장히 유의미한 정보가 될 수 있죠.

미디어커머스의 현주소와
앞으로의 과제

Q. 이번에는 플랫폼에 대한 질문입니다. 블랭크의 경우는 인스타그램, 페이스북, 유튜브를 제품 판매를 위해 활용하고 있는데요. 타사 대형 플랫폼과 쿠팡, 11번가, 아마존, 이베이, G마켓 등의 커머스 플랫폼, '오늘의 집'이나 '무신사' 등 분야별로 특화된 소규모 버티컬 플랫폼, 나만의 플랫폼인 '블랭크샵.com'을 비교했을 때 그중 어떤 방향이 앞으로 적절할까요?

A. 개인적으로는 나만의 플랫폼이라고 생각해요. 플랫폼이나 기존 고객을 갖고 있지 않은 상태에서는 고객을 끌어오는 방법이 콘텐츠라고 생각했어요. 쿠팡이 쿠팡 플레이를 하는 이유도 같다고 생각하고요. 블랭크는 활성 사용자가 한때 CJ오

쇼핑을 상회할 정도로 높은 MAU**Monthly Active Users**, 즉 월간 활성 사용자를 갖고 있어요. 이처럼 많은 고객이 하나의 브랜드만 보게 하기는 굉장히 아깝죠.

따라서 일종의 버티컬 커머스 개념을 적용해서 블랭크가 가장 많은 고객을 확보하고 있는 라이프스타일 카테고리 안에서는 하나의 플랫폼을 구축하고요. 그렇게 들어온 고객들이 볼 수 있는 제품을 더 많이 준비하는 것이 하나의 생태계를 형성하고 장기적으로 재구매 고객을 양산하는 방법이라고 생각합니다.

Q. 스타트업인 블랭크가 오히려 LG패션, CJ ENM과 같이 전통적인 제품을 생산하는 콘텐츠 사업자에 비해 개발 친화적이라고 생각하든요. 전통 제조업이나 레거시 콘텐츠를 만드는 기업들이 자사몰 판매로 수익률을 높이려고 하는 것을 어떻게 봐야 할까요?

A. 잘되고 되지 않고를 떠나서 해야만 하는 액션이라고 생각합니다. CJ제일제당을 예로 들어볼게요. 비비고 만두를 사러 온 사람이라면 김치나 다른 식품에 대한 수요도 분명 있을 거예요. 그러니 다양한 제품군이 포진된 회사로서는 고객을 쿠팡이나 SSG에 뺏기는 것은 너무 아까운 일이죠. 가격 전략 등을 잘 구축한다면 디지털 세상의 첨예한 다툼에서 살아남지 못할 이유가 없지 않을까요.

Q. 사실 CJ몰이나 CJ온마트를 미디어커머스라고 하지는 않잖아요.

A. 기존 유통에서 나오는 수익이 이미 감당하지 못할 만큼 너무 크다는 이유도 있어요. 회사가 기존 모델을 효율화하는 데 초점을 두는 것이죠. 대기업이 폭발적인 집중력을 발휘할 때를 생각하면, 공격적으로 진행할 때 불가능할 이유는 없다고 생각해요. 블랭크도 플랫폼 구축을 본격적으로 하지 않았을 뿐, 자사몰에서의 매출 비중이 굉장히 크고 쿠팡 등 다른 유통처들을 최대한 줄여 자사몰로 손님을 유입하려는 노력은 했어요.

Q. 미디어커머스, 콘텐츠커머스, 라이브커머스 업계가 굉장히 유망하지만, 그만큼 미래 예측이 어렵다는 이야기도 많은데요. 어떻게 전망하세요?

A. 소비자가 페이스북과 인스타그램 광고 경험을 굉장히 빠르게 축적하다 보니 비즈니스 모델도 급속히 노후화됐어요. 특정 비즈니스 모델이 5~50년까지도 유지되던 시절이 있었다면, 이제는 몇 년도 못 가죠. 블랭크도 1기 비포 앤 애프터 광고 상품이 예전처럼 폭발적 매출을 달성하지 못해요. 그런 점에서 디지털 세상의 미디어커머스 모델은 3년을 채 가기 어려워요.

블랭크의 페이스북과 인스타그램 이후에 유튜브커머스 모

델이 있었어요. 인플루언서 대상의 상품 개발인데 판매에서도 좋은 사례가 있었지만 영속성을 갖기에는 부족하고, 이용자 행태를 계속 추적하면서 전략을 수정해야 한다는 것이 경영자 입장에서 어려운 시장이었죠. 미디어커머스는 경영자도 계속해서 트렌드를 익히고 여기에 따라 전략을 수정하고 조직을 정비해야 하는 난이도 높은 업계가 아닌가 싶어요.

사실 미디어커머스가 가장 각광받았던 시기는 이미 지나갔어요. 다음 단계에서 브랜드 미디어 방향으로 나아갈지, 이전 P&G처럼 우수한 여러 브랜드를 통해 기존 유통 모델 안에서 수익을 확보하는 방향으로 갈지, 아니면 메타버스라는 새롭게 다가오는 미래를 준비할 것인지를 빠르게 그리고 밀도 있게 의사결정해야 하는 시기예요. 그만큼 미디어커머스 업계에서는 어려운 기로에 놓인 회사들이 많아요.

Q. 마케터 입장에서 소비자가 새로운 기능에 익숙해진다는 것은 새로운 시장을 창출해냈다는 좋은 뜻 아닌가요? 소비자가 빠르게 익숙해졌기 때문에 어려워졌다는 것이 무슨 의미인가요?

A. 시장을 창출했다는 측면에서는 맞는 말입니다. 다만 우리의 제품과 콘텐츠에 이미 질려 있는 소비자에게 콘텐츠의 제작과 전달 방식을 똑같이 가져갈 수 없다는 거예요. 상품군 자체도 새로운 상품군에서 다시 한번 소구할 수 있도록 개발해야

하는데, 사실 이런 식의 피보팅pivoting에는 인력이 필수적입니다. 피보팅이란 비전은 유지하되 사업 방향과 전략을 빠르게 전환하는 거예요. 뒷받침해주는 인력 없이 빠르게 적응하고 대응하기는 현실적으로 쉽지 않습니다. 따라서 지엽적인 측면에서 콘텐츠의 발화 방식과 상품 유형에 소비자가 익숙해질 경우, 위기가 찾아온다고 이해하는 것이 더 적절할 것 같습니다.

MZ세대의 등장과 미디어커머스의 미래

Q. 미디어커머스의 미래에 대한 개인적인 전망은 어떤가요?
어느 쪽으로 가는 것이 맞을까요?

A. 개인적으로는 브랜드의 미디어화가 가속화될 것이라 봅니다. 중국에서 3년 정도 일했을 때, SNS 콘텐츠 초기부터 구매 기능이 열려 있었다는 점에서 중국의 미디어커머스 모델이 조금 더 미래적이라고 생각했어요. 페이스북만 해도 최초에는 광고 없이 콘텐츠를 먼저 소비하다 광고가 추가되면서 소비자의 거부감을 샀던 시기도 있었잖아요.

하지만 중국의 틱톡, 도우인의 사용자들은 구매 기능을 제공해도 거부감을 느끼지 않아요. 한국 시장도 Z세대들은 기존 소비자들에 비해 콘텐츠와 광고를 엄격하게 구분하지 않는다는 연구 결과들이 나오고 있고요. 브랜드가 미디어를 통해 메시지를 전달하고, 그것이 매출로 이어지는 경로가 단순화되고 있기 때문에 브랜드의 미디어도 수익 창출로 연결되는 양상이 나타나지 않을까 싶습니다. 그리고 변화의 속도는 디지털화 이상으로 빠를 것이라 생각해요.

Q. 중국과 한국, 그리고 서양의 미디어커머스 콘텐츠에는 어떤 특성 차이가 있나요?

A. 기존 PPLProduct Placement 기반 광고 외의 또 다른 축을 직접적인 커머스가 담당할 날이 머지 않았다고 생각해요. 중국이나 한국 외에도 서양의 모든 국가들이 콘텐츠와 커머스가 완전히 결합된 모델을 공통적으로 갖고, 중국이 선도적인 모델을 만들어내고 있다면요. Z세대의 콘텐츠 소비 행태인 마이크로 콘텐츠가 메가 트렌드보다 전 세계적으로 나타날 것이라고 봅니다.

Q. 국가별 문화적 특성보다는 세대적 특성이 훨씬 중요하고 Z세대가 보여주는 구매 패턴, 콘텐츠 선호 패턴은 국가 간 별 차이가 없다는 의미인가요?

A.   중국 크리에이터들은 크리에이티브 화법, 작법, 화자가 우리와 달라요. 중국에서는 매출을 일으켜야 하는 브랜드 입장에서 굉장히 솔직한 수준의 커뮤니케이션을 하는 경우가 많아요. 도우인이라는 플랫폼에서는 화장품 브랜드의 생산 공장을 아침 체조하는 장면부터 화장품이 만들어지는 과정까지, 전부 직원에게 보여주듯 공개하기도 해요. 이 정도의 투명성을 바탕으로 커머스 기능을 통해 직접 매출을 발생시키죠. 사람들을 끌어오기 위해 예능화하거나 광고화하는 게 아니라, 회사 자체의 매력 포인트를 통해 사장님 아침 훈화가 재미있다든지 하는 식으로요. 날것처럼 솔직하고, 투명하고, 진정성 있게 보여주는 것이죠. 소비자의 의심을 지워준다는 면에서 마치 5년 이후를 보는 느낌입니다.

"좋은 콘텐츠는 사람을 끌어모은다"

Q.   CJ ENM과 블랭크에서의 시간 중 가장 인상 깊었던 기억이나 순간은 언제였나요?

A.   블랭크를 미디어 채널화하는 중요한 프로젝트로 〈고등학생 간지대회〉라는 서바이벌 패션 오디션 프로그램을 제작

**"저는 알고리즘을
믿었거든요. 지금의
비즈니스 환경이라면
알고리즘이 저를
소비자들에게
데려다줄 수 있을
것이라고요."**

한 적이 있어요. 저와 2명의 PD가 기획했는데, 80명 정도 외부 스탭을 기용하고 세 달 정도 밤을 새워가며 방송했죠. 그런데 회사 직원들 11명이 팔로워인 상태로 시작해서 10억 원을 다 썼는데도 조회수가 안 올라가는 거예요. 전날 잠을 한숨도 못 자고 그날 오후 대표님과 피드백 미팅을 하기 위해 가던 기억이 납니다.

그래도 저는 알고리즘을 믿었거든요. 지금의 비즈니스 환경이라면 알고리즘이 저를 소비자들에게 데려다줄 수 있을 것이라고요. 딱 오후 1시가 됐을 때부터 알고리즘을 타고 1분에 1만씩 조회수가 올라가기 시작했어요. 그 순간의 희열이 생각나네요. 이후로도 계속 행복한 기억이었고요.

알고리즘이 진짜 워킹working할지 기다리며 비용 투자 대신 알고리즘을 기다렸던 그 시간, 그리고 곧이어 1분에 1만씩 조회수가 올라가는 것을 바라보던 그 순간이 지금도 잊을 수 없는 장면 중의 하나입니다. 거의 도박 같은 느낌이죠. 하지만 그 밑에는 "이렇게 만들면 알고리즘이 결국은 우리를 픽업해서 위로 올릴 거야."라는 확신이 있었죠.

Q. 알고리즘에 선택되도록 설계하셨던 것은 아닌가요?

A. 설계했어요. CJ에 재직 당시 다큐멘터리 PD를 했었거든요. 한 시간 러닝타임의 영상을 만들어 내보내면 사실상 그것이 콘텐츠의 메인이고, 나머지는 부수적인 콘텐츠들로 생각하는데요. 디지털 세상에서는 콘텐츠로 보는 모든 유형의 것들이 그 IP를 대변한다고 생각합니다. 그래서 방송국에서 한 번도 시도된 적 없는 데일리 편성을 했어요. 서바이벌 프로그램인데 월화수목금 콘텐츠가 매일 나오는 거예요.

대신 월요일에는 기존 방송에서 볼 수 있는 내용, 화요일에는 출연자들과 연애 예능, 수요일에는 함께 옷 입는 팁을 공유하거나 '하우 투' 영상을 보여주는 것으로 구성했죠. 이런 식으로 총 두 달간 60회차가 넘는 전무후무한 기획을 했는데, 이것이 바로 알고리즘을 자극하는 설계였던 거예요. 저희를 시청자한테 데려다줄 것이라고 생각했고 잘 통했던 것 같습니다.

Q. 알고리즘을 치밀하게 구상했다고 해도 실제 기획을 실현하기란 어려울 것 같은데요?

A. 그래서 더 희열이 있었던 것 같습니다. 기존에는 콘텐츠를 만들 때 "어떻게 띄워야 하지?"에 대한 고민을 굉장히 많이 하잖아요. 채널에 사람이 없다는 것이 방송국에서 많이 댔던

핑계 중 하나인데 그런 핑계도 댈 수 없었고요. '좋은 콘텐츠는 그 자체로 사람들을 끌어모을 수 있구나.'라고 생각하게 된 계기였습니다.

데이터가 바꿔놓은 퍼포먼스 마케팅

퍼포먼스 마케팅의 첫 번째 차별점 :
데이터에 근거한 정교한 세그멘테이션 및 타기팅

> Q. 전통적인 마케팅 회사들은 데이터 드리븐 마케팅을
> 효과적으로 할 수 없나요?

이상길 전통적인 방식의 마케팅 캠페인 프로세스에서는 고객, 그리고 고객이 겨냥하는 시장과 소비자, 달성하고자 하는 마케팅 목표를 전달받습니다. 데이터 드리븐 마케팅에서는 어카운트 플래너Account Planner라고 하는 AP 전략가들이 큰 틀에서 커뮤니케이션 전략 방향과 콘셉트, 소비자에게 효과적인 커뮤니케이션 메시지 틀을 잡고요. 전략의 프레임에 따라 크리에이티브 디렉터와 아트 디렉터, 디자이너, 카피라이터 등 크리에이터들이 전략에 맞춰 크리에이티브 결과물을 어떤 콘텐츠 형태로 기획하고, 집행할 것인지 협업하죠.

중요한 캠페인에서 다루는 데이터 양은 적으면 5,000만 개, 많으면 몇 억 개 수준입니다. 따라서 어카운트 플래너의 머리에서 감으로 나오는 방식으로 전략을 수립하는 것이 아니라 각 시

장, 소비자, 제품군별로 고객이 원하는 바에 관한 통찰을 데이터에서 도출하는 것입니다. 그것을 바탕으로 경험과 전략을 결합해서 큰 전략의 프레임을 만들기 때문에 전통적 마케팅 회사의 초기 마케팅 캠페인 절차와는 아주 다른 방식이라고 할 수 있습니다.

Q. 퍼포먼스 마케팅에 대해 조금 더 자세하게 설명 부탁드립니다.

장덕수 온오프라인 채널에서 인지도를 높이고 관심을 끌어 구매를 일으킨다는 마케팅의 큰 틀은 유사합니다. 하지만 변화된 매체 환경 아래에서 효과를 극대화할 수 있는 것이 바로 퍼포먼스 마케팅입니다. 초기에는 네이버 메인 배너 같은 온라인 디스플레이광고도 시간당 과금을 했어요. 그 시간에 접속한 전 국민이 볼 수 있기 때문에요. 결과는 좋았지만 삼성전자 갤럭시처럼 전 국민을 타깃으로 하는 제품이 아닌 이상 적절한 방식이 아니었죠. 초등학교 학부모를 대상으로 하는 상품 같은 경우에는 전 국민에게 노출할 필요가 없거든요.

구글, 페이스북 퍼포먼스 마케팅의 핵심은 다양한 기법을 활용해 학부모 중에서도 연령, 지역으로 타깃을 좁힐 수 있는 거예요. 네이버와 카카오도 퍼포먼스형 미디어로 광고 플랫폼을 개편하고 있어요. 매체와 광고주의 흐름이 변하다 보니 에이전시, 미디어렙도 그에 맞게 특화하고 있고요.

퍼포먼스 마케팅의 시초인 검색광고는 광고 숫자가 30만 개가 넘었어요. TV광고보다 저렴하면서도 나에게 맞는 사용자들을 유입할 수 있기 때문에 폭발적으로 성장했습니다. 디스플레이광고에서도 타기팅이 정교해지고 노출형이 아니라 클릭당 과금 방식으로 진입장벽이 낮아지면서, 기존 검색광고 중심의 퍼포먼스 광고주들이 디스플레이 영역까지 매체의 흐름을 타고 들어오게 됐습니다. 특히 최근에는 새로운 앱의 광고주들이 상당히 늘었죠. 배달의민족, 마켓컬리와 같은 다양한 업종의 스타트업 광고주들이 대두되면서 퍼포먼스 마케팅 패러다임을 바꿨어요.

결국은 얼마만큼 양질의 사용자들이 내 앱을 설치하도록 활성화시키느냐, 매체 안에 있는 타기팅 기법이나 다양한 활동을 통해 어떻게 구매를 유도하느냐 하는 것이 퍼포먼스 마케팅입니다. 크게 전통적인 마케팅과 다르지 않아요. 또한 퍼포먼스 마케팅을 통해 성장한 광고주들도 브랜딩을 합니다. 마켓컬리도 퍼포먼스 마케팅으로 많은 사용자를 모은 후 한계가 왔을 때, 경쟁사 쿠팡이나 SSG에 대비해서 TV, 신문, 네이버와 같은 메이저 플랫폼을 활용했죠. 전지현 씨를 브랜딩 수단으로 삼아 인지도를 확장시키고 선호도를 신장시켰어요.

퍼포먼스 마케팅은 우리말로 성과 마케팅이라고 하죠. 의미 그대로 광고 성과를 클릭률, 구매율을 통해 알아볼 수 있게 한 것이 퍼포먼스 마케팅입니다. 예전에는 광고 성과를 측정하려면 설문조사를 해야 했고, 그렇더라도 실제 구매 여부는 모델링을 통해 추측했을 뿐이었잖아요. 그러나 디지털 미디어로 전환되면서 배너를 검색하고, 클릭하고, 사이트에서 구매한 것을 모두 측정을 할 수 있게 됐어요. 그런 의미에서 전통적인 마케팅에서 사용하던 타기팅은 퍼포먼스 마케팅에서도 똑같이 시행하고 있죠. 마케팅에서 말하는 STP_{Segementation Targeting Positioning}가 곧 시장을 세분화하고 선택한 후 소비자에게 다가가는 일련의 과정을 거쳐 소비자를 그룹으로 나누는 것이잖아요. 다만 과거에는 세그멘테이션과 타기팅이 큰 그룹으로밖에 안 됐죠. 이제는 훨씬 더 세분화된 타기팅을 하고 있어요.

Q. 결국 우리에게는 그만큼 데이터가 남을 텐데, 퍼포먼스 마케팅의 핵심이 되는 데이터에는 어떤 것들이 있나요?

장덕수 퍼포먼스 마케팅에서 사용하는 데이터는 세 종류로 보면 됩니다. 먼저 광고주 자사 서비스 사이트나 앱의 접속, 다운로드, 구매 등 활동 기록 데이터입니다. 이를 퍼스트 파티 데이터라고 합니다. 다양한 트래커 툴을 활용해 검색, 혹은 네이버, 페이스북 배너 클릭 등 사용자가 어떤 경로로 들어왔는지, 어떤 활동성을 보이는지를 파악해 다양한 정보들을 쌓습니다.

다음은 구글, 네이버, 카카오 등의 매체가 그들의 데이터를 광고 플랫폼을 운영하기 위해 보유하고, 이를 광고주들에게 사용하게 만드는 데이터입니다. 세컨드 파티 데이터 SPDSencond Party Data라고 보면 됩니다. 마지막 서드 파티 데이터 TPDThird Party Data는 데이터 전문회사들이 다양한 방법으로 데이터를 수집한 결과물입니다. 그래서 특화된 데이터가 있죠. 오프라인 체인점의 유통 전문 데이터만 모으는 전문회사도 있고요.

DMPData Management Platform가 바로 서드 파티 데이터를 모아 광고주들에게 사용하게 만드는 플랫폼을 말하는데요. 세계적으로도 있고 국내에도 많습니다. 제가 속한 기업도 DMP에 특화돼 있는 데이터 업체죠. 매체 데이터도 충분하지만 매체에서 모든 데이터를 커버하지는 못하거든요. 또 광고주들은 그들의 사용자 데이터만 갖고 있으니까요. 이런 점을 서드 파티 데이터를 수집하는 회사들이 보완해줍니다.

Q. 광고주는 다른 회사인데도 서드 파티 데이터를 살 수 있나요?

장덕수 네. 살 수 있어요. 물론 활용할 때 대가를 지불하죠. 어차피 개인 정보가 있기 때문에 모든 데이터들은 동의를 받습니다. 기업 사이트에 가입하다 보면 선택 사항이 상당히 많잖아요. 그룹 내 다른 회사, 계열사와 정보 공유를 해도 되는지 동의를 받는데, 모든 업체들이 그런 식의 동의를 받아서 데이터를 활용합니다. 동의를 안 받은 데이터는 비식별 데이터로 처리되죠.

Q. 데이터에서 '비식별'과 '식별'이라는 개념이 흥미로운데요. 비식별 데이터와 관련해 모바일에서의 애드아이디에 대해 이야기해주세요. '식별 값이 주어졌다.'는 것은 어떤 의미인가요?

장덕수 식별 데이터는 이름, 주민등록번호, 나이 등 나를 식별할 수 있는 개인 정보 값을 일컫고요. 비식별 데이터는 안드로이드 휴대전화 기준의 애드아이디라는 유니크한 비식별 코드를 말합니다. 코드별로 어떤 앱을 깔고 활동을 하는지는 알 수 있지만, 나이나 이름 등으로 특정할 수는 없으니 비식별 데이터가 되는 것이죠.

사실 광고주나 마케팅 업계에서는 식별 데이터에서 이름, 생년월일, 주민등록번호 등의 퍼스널 데이터는 중요하지 않아요. 40대 남성이고, 어떤 사이트에서 어떤 제품에 관심을 갖고 구매하는지, 어떤 친구들과 연결되는지는 비식별 데이터로 파악하는 거예요. 이름 뒤에 숨겨져 있는 이 사람의 활동이 재미있는 것이죠.

Q. 이제 마케팅에서 데이터를 수집하고 분석하는 작업은 필수겠네요?

장덕수 결국 퍼포먼스 마케팅의 핵심 목표는 상품을 팔고 서비스를 사용하게 해서 수익을 창출하는 것이잖아요. 유한하고

제한된 예산 안에서 최대한의 효과를 내야 한다는 마케팅의 미션은 시간이 지나도 변하지 않아요. 마케팅 결과를 극대화시키기 위해서는 매체를 알고, 데이터에 근거해 의사 결정을 하는 것이 중요하죠.

데이터상으로 페이스북에서 유입된 사용자의 활동성이 높고 구매가 많다면, 그리고 매체 믹스media mix에 포함된 매체 10개 중 페이스북의 비중이 10%였다면, 페이스북 예산을 늘리는 것이 데이터를 기반으로 하는 마케팅 최적화거든요.

Q. 서드 파티 데이터는 어떻게 활용할 수 있나요?

장덕수 서드 파티 데이터를 활용하면 매체가 제공하지 못하는 영역들에 추가적으로 광고를 할 수 있습니다. 예를 들어 '30대 중반 여성, 소득 얼마 이상, 서울 거주'에 해당하는 사람들에게 광고를 내보내는 것도 가능하고, 더 나아가 이들 중에 예전에 우리 제품에 접근했던 사람들을 골라 광고를 할 수도 있습니다. 한 번쯤 과거 방문한 사이트의 광고가 계속 따라다니는 경험을 해봤을 것입니다.

퍼포먼스 마케팅의 두 번째 차별점 :
애자일한 의사 결정과 실행

Q. 소비자 인사이트는 빅데이터가 아니더라도 소비자
조사에서도 얻을 수 있지 않나요?

이상길 민첩성과 스피드에서 결정적으로 차이가 납니다. 통상의 FGI Focus Group Interview와 같은 면접 조사를 활용하려면, 인터뷰 참여자 섭외, 일정 조율, 인터뷰, 분석, 결과 리포트 작성까지 빠르게는 3~4일부터 길게는 한 달 정도가 걸리죠. 디지털 세상에서는 데이터 양과 관련 없이 한두 시간이면 결과가 나오니까 속도에서 분명한 차이가 있습니다.

또한 한국에 위치해도 한국 시장뿐만 아니라 글로벌 시장을 겨냥할 수 있죠. 한국, 미국, 중국, 유럽 고객의 특징은 모두 다릅니다. 이를 "콘텍스트가 조금 다르다.", "뉘앙스가 다르다.", "느낌이 다르다.", "중요시하는 것이 다르다." 등으로 표현하는데요. 데이터를 많이 다루다 보면 실제 로컬 시장과 글로벌 시장의 콘텍스트와 뉘앙스의 차이를 발견할 수 있는데, 이를 빠른 속도로 포착하고 맥락적 차이 contextual difference를 마케팅 캠페인 기획에 반영하는 것이 아주 중요합니다.

윤상희 유연성과 스피드의 중요성을 블랭크의 성공 요인과 연관 지어 이야기해볼게요. CJ 재직 당시에는 광고 메시지를 정

하고 소비자에게 도달하기까지의 시간이 굉장히 많이 걸렸어요. 그런데 블랭크의 블랙몬스터 립밤을 광고할 때 마케터와 PD 각각이 제시한 다양한 소구점을 하나로 정리하지 않고, "빠르게 모든 메시지들을 담아서 각각의 영상을 만들어보자."라고 결정했죠. 이후 소비자들이 어떤 메시지를 가장 좋아했는지를 클릭률로 파악했어요.

영상 제작에 비용과 시간이 소요되기 때문에, 처음에는 이미지 형태로 상품의 가성비, 효과, 반응에 관한 메시지를 확산시키고 클릭률이 높은 메시지를 골라서 효과가 높은 영상광고를 만들었죠. 기업의 유연성과 속도감 덕분에 이뤄질 수 있었다고 생각합니다.

> Q. 결국 '톡톡 튀는 환상적인 크리에이티브'보다는 백엔드에서 일어나는 여러 가지 시스템, 조직 문화가 성공의 요인인 셈이네요.

윤상희 일반적인 광고는 예쁜, 좋은, 멋진, 소비자가 혹할 것 같은 광고를 찍어서 내보냅니다. 콘텐츠 효율성을 위해 커스터마이즈하며 A/B 테스트로 최적화하는 것이 '에코 마케팅' 등 회사들이 쓰는 방식이고요. 점차 툴이 정교해져서 처음에는 메시지를 던진 후 하루 이틀의 시간을 두고 봤다면, 지금은 한 시간 단위로 메시지들을 최적화하고 광고 효율을 측정하는 방식을 택하는 것으로 알고 있습니다.

퍼포먼스 마케팅의 세 번째 차별점 :
자동화 툴을 활용한 개인화된 콘텐츠

Q. FGI를 통한 소비자 분석 및 조사는 사전에 소비자의
궁금증이나 연령, 지역별 차이를 예상해서 고정된 형태의
질문을 던진다는 아쉬움이 있죠. 이처럼 유동적이지
못하다는 점은 전통적인 마케팅 조사 방법론이 지닌
한계였고요. 여기에 민첩성이라는 요건이 가능해지면 큰
데이터 풀에서 알아서 분석하기 때문에 지역, 연령, 과거
구매 내역 등을 의미 있는 결과가 나올 때까지 즉석에서 바꿀
수 있겠네요. 번거롭고 오랜 시간이 걸리는 조사 과정 없이
교차 분석하며 의미 있는 인사이트를 뽑아낼 수 있고요.

이상길 사용자들이 주로 인터랙션하는 SNS 채널은 국가별
로 다릅니다. 미국은 레딧이나 스포티파이, 한국은 카카오와 네
이버 같은 식이죠. 특정 회사가 글로벌 10개국 마케팅 캠페인을
계획할 때는 이들 10개국의 대표 SNS를 분석해야 합니다. 10개
국이니 10개를 분석한다고 가정해볼게요.

고객을 저희가 분류할 수 있겠죠. 앞서 '개인화', '맥락 타기
팅'으로 표현한 것처럼, 모든 고객이 똑같은 생각을 하지는 않잖
아요. 단순히 통계학상의 연령대나 사는 지역뿐만 아니라, 소비
자의 여러 가지 심리적 행태에 따른 분류도 가능하겠죠. 바꿔 이
야기하면 10개국에서 고객이 가장 많이 접속하고 인터랙션하는
10개 곱하기 10개의 고객군, 즉 1,000개의 콘텐츠가 필요합니

다. 이를 S4캐피털에서는 하루 안에 만들 수 있습니다.

인스타그램, 페이스북, 트위터 등의 플랫폼은 각각 고객의 특성이 모두 다릅니다. 따라서 과거에는 2~3개 크리에이티브 결과물을 제작해서 노출시켰다면, 이제는 개인에 맞게 콘텐츠를 전부 '쪼개서' 어떻게 믹스앤매치mix&match하면 가장 효과적인 콘텐츠를 만들 수 있는지를 고민하는 것입니다. 이것이 앞서 언급한 Director's Mix 혹은 S4캐피털 표현으로는 'Assets at Scale'이라는 것입니다.

이런 방식을 통해 생산된 콘텐츠는 개인화돼 마치 귀에 속삭이는 듯한 느낌으로, 마치 나의 '부캐'처럼 이야기하는 것 같겠죠. 과거의 방식으로는 불가능했겠지만, 데이터를 어떻게 활용하고 적용하느냐 하는 관점으로 보면 수천 개의 콘텐츠를 만드는 것이 이제 그리 어렵지 않은 것입니다. 기업명을 밝힐 수는 없지만 일주일 동안 5,000개를 만든 사례도 있습니다. 과거의 방식으로는 상상을 못하는 일이죠.

Q. 사람이 만드는 것은 아니겠네요.

이상길 사람이 만드는 것은 아니죠. 물론 크리에이티브 디렉터가 검수는 해요. 중요한 것은 5,000개의 콘텐츠 내용이 고객 유형, 플랫폼, 국가별로 모두 다르다는 것이고, 이것이 S4캐피털의 데이터 드리븐 크리에이티비티data-driven creativity의 핵심이라

는 점입니다. 이제는 TV를 '본방 사수'하는 사람이 거의 없을 만큼 미디어와 콘텐츠의 소비 행태는 이미 상당히 변했어요. 하지만 여전히 수많은 대행사들이 전통적인 방법을 고수하고 있죠. 시장의 변화에 대응하지 못한다는 점에서 안타까움을 느낍니다. 다른 대행사들이 저희 방식을 따라잡으려는 시도를 하고 있지만 이미 격차가 많이 벌어진 상황입니다.

> **Q.** 이제는 나이키에 관심 있는 사람들이 페이스북이나 네이버에 접속한다면, 각자의 라이프스타일에 맞춰 정장에 어울리는 모델과 운동할 때 좋은 아이템 등으로 서로 다른 메시지가 나간다는 것이죠? 이런 과정이 자동으로 이뤄지니 작업의 효율성이 훨씬 개선됐을 것 같습니다.

이상길 맞습니다. 게다가 콘텐츠도 타깃별로 적합하게 제작되죠. 실사 촬영본을 과거와 같은 수작업 방식으로 하나하나 1,000~5,000개 편집했다면, 아마 기업 경영 면에서 매출 대비 손익에 영향을 미칠 정도의 상당한 시간과 인력이 투입됐을 것입니다. 한마디로 비용이 과도하게 지출됐겠죠. 그러나 이제는 자동화된 프로그래밍 시스템과 데이터에 의거해 콘텐츠를 조합하는 노하우가 셀 수 없이 쌓였고 더욱 정교해지고 있어요. 거창하게 이야기하면 미래가 이미 앞에 와 있다는 이야기입니다.

Q. 마케팅이나 전통적인 광고 업계 종사자분들에게는 조금 도발적인 질문을 한번 던져볼게요. 마케팅 크리에이티비티가 미래에도 과연 의미가 있을까요?

장덕수 퍼포먼스 마케팅에서는 기본적으로 감동적인 광고, 박수를 치게 하는 헤드라인 카피, 멋진 영상이나 사진은 별로 중요하지 않아요. 아무리 멋진 것을 만들어내더라도 실제 구매로 이어지지 않으면 의미가 없죠. 오히려 그냥 빨간 바탕에 하얀색 글씨로 "당장 오세요!"이런 콘텐츠가 사람들을 많이 끌어들인다면 좋은 광고입니다. A/B 테스트나 DCO**Dynamic Creative Optimization**라는 개념이 이를 설명해주죠. DCO란 페이스북 같은 곳에서 슬라이딩으로 뜨는 광고를 말하는데요. 이런 광고는 디자이너가 제작하는 것이 아니라 상품 데이터에 있는 상품 이미지와 가격을 조합해서 자동으로 생성된 배너입니다. 그리고 많은 사용자들에게 그냥 보여주는 것이죠.이런 것을 보면 콘텐츠가 자동화가 되고 있는데 '크리에이티비티'가 의미가 있을까 싶죠. 관련 논의는 실제 업계 내에서도 중요하게 다뤄지고 있어요.

Q. 개인적인 견해는 어떤가요?

장덕수 개인적으로 크리에이티비티 영역은 아무리 기계와 솔루션이 좋아지고 발전한다고 해도 대체할 수 없는 가장 중요

하고 항구적인 요소라고 보고 있습니다.

Q. DCO가 광고주나 디자이너 등 누군가 기획하거나 만든 콘텐츠가 아니고, 플랫폼 내에서 자동으로 생성되고 확산된다는 점이 한계로 작용하기도 하나요?

장덕수 배달앱처럼 상품 수가 많은 곳은 아무리 개인에게 최적화된 소재를 주고 싶어도, 하루에 1,000~2,000개씩 서로 다른 콘텐츠를 만들 수 없잖아요. 사람은 200개 정도를 만드는 것도 불가능합니다. 더군다나 매체별로 타기팅을 해서 올리기까지의 일련의 과정들이 굉장히 거칠거든요. 그런 것들을 기계가 제공해주죠. 그런 특성을 가진 광고주들이 가장 잘 맞아요.

하지만 이런 편리함에도 기계는 크리에이티브를 대체할 수 없다고 생각해요. AI 메시지나 소재가 현실적으로 최적화돼 있을지는 몰라도, 사람의 마음을 움직이지는 않거든요. 퍼포먼스 마케팅 측면에서 카피를 최적화하는 기술이 완벽하지는 않아요.

머신이나 플랫폼이 자동화된 기법으로 대체되고 확대되고 있어도, 브랜드 아이덴티티나 색감 등을 잘 정해야 하는 영역, 카피 등은 기계가 대신할 수 없는 영역이라고 봅니다. 매체의 종류와 상관 없이 결국은 사람이 가진 크리에이티브가 계속 중요하게 작용할 거예요. 자동화된 매체들도 광고 운영 등은 AI로 자동화시키겠지만요. 타기팅을 똑같이 해도 무엇을 다루느냐에 따라 클릭률이나 구매율이 달라지기 때문에 매체를 운영하고 전달하는 메시지에 관한 크리에이티브는 기업에서 존속되는 하나의 큰 축으로 계속 남지 않을까 싶습니다.

디즈니와 아기상어의 대결은
결국 디즈니와 구글 알고리즘의 대결

이제 모든 마케팅은 미디어 마케팅이다. 더 이상 미디어 기업과 미디어 기업이 아닌 기업을 구분하는 것은 무의미하다. 콘텐츠 산업뿐만 아니라 가전, 패션, 뷰티, 자동차, 식품 등 모든 산업의 상품은 소비자에게 닿기 위해 미디어 플랫폼을 거쳐야 한다.

넷플릭스의 창업자이자 CEO 리드 헤이스팅스Reed Hastings보다 20여 년 앞서 모든 미디어와의 싸움을 예견한 것은 나이키였다. 나이키는 2000년 전후 매출 하락의 원인을 닌텐도의 부흥에서 찾았다. 사람들은 야외에서 운동을 하는 대신 집안에서 게임 디바이스에 여가 시간을 쏟아부었다. 나이키는 아디다스가 아닌 닌텐도와의 경쟁을 선언했다. 운동화에 사용자의 활동을 측정하는 디바이스를 집어넣어 친구와 운동량을 경쟁하게 만드는 게이미피케이션gamification을 통해 사람들의 운동량을 늘리기 위해 노력했다.

최재붕 교수는 적어도 유튜브 키즈 콘텐츠 시장에서만큼은 한국 스타트업의 핑크퐁이 디즈니를 이길 수 있는 시대라고 설명한다. 막강한 자본력을 바탕으로 제작된 〈마블〉이나 〈스타워즈〉 시리즈가 전 세계인을 사로잡았던 것처럼 '아기상어'는 전 세계 아이들의 마음을 빼앗았다. 오늘날 광고 시스템은 데이터 분석을 통해 개인별 특성에 최적화된 광고가 노출되도록 짜여져 있다. 그런 시스템 속에서 일하는 퍼포먼스 마케터들의 이야기를 들으면 이제 어떤 콘텐츠도 미디어 플랫폼을 움직이는 기술에 대한 이해 없이 성공할 수 없다는 생각이 든다.

첫 글자를 따서 GAFA라고 불리는 구글과 애플, 페이스북, 아마존의 글로벌 IT 공룡들은 사람들이 깨닫기 이전부터 미디어 시장을 점령하고 있었다. 더핑크퐁컴퍼니가 디즈니를 이길 수 있었던 것은 유튜브의 모기업인 구글 알고리즘의 승리라고 할 만하다. 유튜브의 수많은 크리에이터들이 자신의 콘텐츠를 갖고 경쟁하는 사이 구글은 유튜브에서 시간을 보내는 이용자들의 행동 데이터를 체계적으로 분석했다. 이는 콘텐츠 산업뿐만 아니라 비콘텐츠 분야의 제조업 광고 효율을 최적화하는 데도 활용되고 있다.

광고 산업은 전통적인 미디어 산업에서 다른 산업과 가장 밀접하게 연결돼 있다. 그런 만큼 언론과 방송에 비해 데이터에 근거한 퍼포먼스 마케팅으로 업의 성격을 빠르게 변화시키고 있다. 유튜브를 통해 전 세계로 뻗어나간 BTS의 소속사 빅히트엔터테인먼트가 사명을 '하이브'로 바꾸고 플랫폼 기업임을 선언한 것은, 더 이상 전 세계 '아미'들의 데이터를 구글이나 인스타그램과 나누지 않고 온전히 차지하겠다는 의미로 해석할 수 있다.

디즈니와 더핑크퐁컴퍼니의 대결은, 한마디로 디즈니와 구글 알고리즘 간의 경쟁이다.

2장

통제 권력이 사라진 레거시 미디어의 활로는 무엇인가

콘텐츠 시장의 권력이 제작자에서 개인에게
넘어간 시대의 커뮤니케이션 산업

· · ·

이른바 '스타 PD'들의 전성기였던 2000년대 중후반까지만 해도 방송사 간 게임의 목표는 간단했다. 편성표 내 동 시간대 프로그램을 이기는 것. 방송사 복도마다 주간 시청률 순위표가 붙어 있었고, 제작진들은 동 시간대 프로그램들의 출연자나 코너 구성을 살펴보며 대진운에 따라 전략을 짰다.

즉 전통적인 TV나 신문 등 레거시 미디어 시대의 콘텐츠 기획이란 특정한 매체에 속한 전문 인력이, 편성에 따라 정해진 장르, 시간대에 맞는 콘텐츠를, 경쟁사 콘텐츠보다 더 많은 사람들이 시청 및 구독하도록 기획하고 제작하는 일이었다. 신문사의 정치부 기자는 여의도 국회를 출입하며 국회의원들의 주요 발언과 의사 결정 과정을 취재하고, 타 신문사보다 여론을 더 잘 반영해 피드백을 이끌 수 있는 기사 콘텐츠를 만들어내는 데 집중했다. 마케팅 담당자들도 전통적인 방송, 종이 신문, 이벤트나 옥외광고 등 각각의 창구에 맞는 광고를 기획하고 집행하는 전략을 고민했다.

그러나 글로벌 영상 플랫폼 유튜브는 전 세계 누구나 크리에이터가 될 수 있는 시대를 열었다. 영상 콘텐츠의 소비와 유통이 이 플랫폼을 거쳐 일어나면서 절대적인 콘텐츠의 양이 폭발적으로 증가했다. 영상을 저장하고 전송하는 기술이 개선되면서, 좋은 화질의 영상을 빠르게 감상할 수 있는 환경이 안정적으로 마련된 것이다. 유튜브에는 1분 동안 300시간이 넘는 새로운 동영상이 올라온다. 그리고 이용자들의 선택을 받은 영상들만이 생명력을 얻는다.

매스미디어라고 부르던 TV와 신문의 시대에는 PD나 기자, 혹은 편성권을 가진 소수의 의사 결정권자가 우리가 무엇을 보고 들을지를 결정했다. 하지만 이제는 누구나 콘텐츠를 만들어 공개할 수 있으며, 수많은 개인들이 자발적으로 '구독'과 '좋아요'를 통해 화답할 수 있다. 주목을 끌지 못하면 사장되는, 새로운 룰 안에서 경쟁해야 하는 시대다. 2021년 유튜브에 올라온 군부대 위문 공연 영상은 해체 위기에 있던 걸그룹의 운명을 바꿔놓기도 했다. 2017년에 발매했던 싱글 〈롤린〉 공연 영상은 4년 만에 역주행하며 순식간에 조회수 2,000만을 기록했다. '역주행'은 데이터가 주도하는 플랫폼 문화의 대표적인 산물이다.

유튜브 추천 알고리즘은 이용자들의 플랫폼 체류 시간을 늘리기 위해 기존의 영상 이용 데이터를 바탕으로 최적화된 콘텐츠를 추천한다. 영상이 만들어진 시점과 상관없이, 갑자기 특정한 계기로 수많은 사람이 영상을 시청하는 상황이 펼쳐진다. 그러면 순식간에 사람들의 관심이 눈덩이처럼 불어나 큰 주목을 받게 되는 것이다. 〈무한도전〉의 유행어 '무야호'가 온라인 커뮤니티 밈이 되면서, 유재석의 부캐 '유야호'가 만들어지거나, 2000년대 초반에 방영된 SBS인기가요 영상이 '온라인 탑골공원'으로 불리며 유행한 것은 개인들의 집단적 움직임이 콘텐츠 산업에서 새롭게 갖게 된 위력을 보여준다.

미디어에 노출되는 것이 소수에게만 허용되던 시대에는 정보를 공개하고 통제하는 역할을 하는 사람이 권력을 가졌다. 하지만 이제는 사람들이 내 정보에 얼마나 관심과 시간을 기울일 것인가가 그 가치를 결정한다. 따라서 학자들은 지금의 상황은 정보가 아닌 사람들의 시간과 주목이 화폐와 같은 가치를 갖게 된 시대라 정의한다. 즉 '어떤 정보가 생산되느냐.'보다 '어떤 정보가 주목을 끄느냐.'가 더 중요해진 '주목 경제' 시대가 도래한 것이다.[*]

개인들의 자유로운 선택 앞에서, 이제 콘텐츠는 누가 만들었는지보다 누가 좋아하는지가 중요해졌다. 사람들은 더 많은 사람과 함께 시청할 수 있고 즐길 거리를 만들어주는 콘텐츠라면, 그것이 1인 크리에이터가 만든 것이든, 한국 최고의 예능 PD가 만든 것이든 가리지 않고 몰려든다.

이런 변화는 제작자 입장에서도 긍정적이다. 이제 이들은 정해진 편성 시간이나 분량의 제약을 받지 않는다. 자신의 콘텐츠를 소비하기에 적절한 취향의 사람들을 직접적으로 공략할 수도 있다. 콘텐츠에 가장 최적화된 플랫폼을 고민해서 선택적으로 콘텐츠를 공개할 수 있는 새로운 기회가 열린 것이다.

퍼포먼스 마케팅 시장이 사람들의 취향과 선호를 데이터에 기반해 세분화하고, 이를 개인화된 광고로 제작해 수익성을 개선했듯 이제는 영상 콘텐츠 역시 추천 알고리즘에 기반해 보다 세분화된 취향 커뮤니티를 공략한다. 시장의 규칙은 이미 변화하고 있다. 따라서 그동안 제한된 채널, 제한된 신문의 숫자 등으로 과점화된 시장 지배력을 갖고 있던 PD, PR 전문가 등은 더 이상 레거시

[*]   최수진, '저널리즘 · 알고리즘 큐레이션의 교차점에서 AI와 가치 개념', 《AI와 더불어 살기》, 커뮤니케이션북스, 2020.

미디어의 일방적 영향력에 기댄 채 게임의 승산을 볼 수 없게 됐다.

플랫폼 기업들은 일찍이 콘텐츠가 이용자들을 끌어들이는 데 핵심적인 역할을 할 것이라는 판단하에 음원, 뉴스, 영상을 통해 플랫폼 체류 시간을 늘릴 수 있는 전략을 고민해왔다. 카카오의 전신인 다음과 네이버가 뉴스 유통을 장악했고, 방송 사업의 후발 주자였던 CJ ENM은 일찍이 이명한, 김석현, 나영석, 신원호 등 KBS 예능국 출신 프로듀서들을 영입해 자사 케이블 채널뿐만 아니라 디지털 환경에 최적화된 숏폼 포맷을 개발하는 데 힘써왔다.

이 장에서는 스타 PD로서 상징성을 가진 김태호 전 MBC PD와 KBS 〈개그콘서트〉 PD에서 일찍이 CJ ENM으로 이동해 디지털 콘텐츠 분야를 개척해온 김석현 상무와 이야기를 나눠본다. 그들이 지상파에서 가꿔온 기획력을 플랫폼 비즈니스 시대에 어떤 방식으로 탈바꿈하고 있는지에 대한 이야기다. 또한 임성철 콘텐츠 비즈니스 분석가와는 콘텐츠 비즈니스의 오늘을 점검하고 미래를 점쳐봤다. 경향신문 기자 출신으로 저널리즘 스타트업을 창업한 김준일 《뉴스톱》 대표, 새로운 미디어 환경에서 PR의 미래를 고민하는 강함수 에스코토스컨설팅 대표와는 지금의 플랫폼 환경에서 어떤 방식으로 대중과 소통해야 하는지에 대해 함께 고민했다.

콘텐츠 시장의 권력이 제작자에서 개인으로 넘어간 상황에서 2022년 초 MBC 예능의 간판이었던 김태호 PD는 넷플릭스에서 공개된 〈먹보와 털보〉를 마지막으로, 20년간 몸담았던 지상파 방송사를 떠나 티빙에서 신작 리얼리티 프로그램을 공개했다. 당대 최고의 인기 프로그램 〈무한도전〉은 시청자들에게 문화적인 영향력을 행사했었다. 2010년대 방송 제작 시스템의 변화 속에서 새로운 제작 관행을 고민했던 김태호 PD가 연출자로서 어떤 다양한 시도를 했는지 돌아본다. 변화된 플랫폼 환경 안에서 한국 방송계를 이끌어온 스타 PD들은 이제 어떤 방식으로 자신의 콘텐츠를 만들어가고 있는가?

뿐만 아니라 주목 경제 시대에 방송, 언론, 홍보와 같은 전통적인 산업의 창작자들은 새로운 게임의 룰에 어떻게 적응하고 있는가? 광고와 방송 프로그램 사이의 칸막이가 없어진 시대, 웹툰과 디즈니 애니메이션이 이용자의 24시간을 두고 함께 경쟁하는 시대에 영상 콘텐츠, 저널리즘, 광고, PR과 같은 전통적인 커뮤니케이션 산업은 어떻게 생존을 모색하고 있는지 살펴본다.

"플랫폼을 넘나드는 콘텐츠의 핵심은 확장성과 개방성"

유튜브와 넷플릭스 시대의 방송과 영상 콘텐츠 비즈니스

김태호

전 MBC PD

2001년 MBC 예능국에 입사, 2005년부터 2018년까지 〈무한도전〉을 연출했다. 2019년부터 〈놀면 뭐하니?〉를 연출했고, 2021년 12월을 기점으로 20년 만에 MBC를 떠났다. 2021년 넷플릭스에서 〈먹보와 털보〉, 2022년 4월 티빙에서 〈서울 체크인〉을 선보였다. 현재 제작사 테오(TEO)를 설립하여 프로듀서로 일하고 있다.

방송사의 위기가
프로듀서들에게 새로운 기회인 이유
···

많은 사람들이 오래전부터 김태호 PD가 언젠가 MBC를 떠날 것이라고 예측했다. 지금으로부터 무려 10여 년 전 〈무한도전〉의 라이벌이던 〈1박 2일〉을 성공시킨 나영석 PD가 일찍이 KBS를 떠나 CJ ENM으로 자리를 옮겼고, 이명한, 김석현, 신원호 PD 등 KBS 출신 예능PD들은 tvN이 현재 위상을 가지는 데 크게 기여했다. 뿐만 아니라 그보다 앞선 2011년 MBC 예능국의 여운혁, 임정아, 오윤환 PD 등이 종합편성채널 출범과 함께 JTBC로 대거 이적한 이후에도 김태호 PD는 수년간 계속해서 MBC에 남아 〈무한도전〉을 연출했다.

결국 MBC를 떠난 김태호 PD는 방송사 바깥에서의 길을 택했다. 그의 영향일까? 2022년은 드라마뿐 아니라 예능PD들이 독립스튜디오나 OTT 등으로 이적하는 흐름이 만들어진 해로 기억될 것이다. 2022년 4월 나영석 PD의 웹예능 시리즈 〈출장 십오야!〉 tvN PD편에 출연했던 〈대탈출〉, 〈여고추리반〉의 정종연 PD, 〈유 퀴즈 온 더 블럭〉의 김민석 PD, 〈놀라운 토요일-도레미마켓〉 이태경 PD 등이 일제히 CJ ENM을 떠났다.

이 시점에서 김태호 PD는 현재 시점이 플랫폼으로서 방송사에게는 위기일지 몰라도 콘텐츠를 만드는 PD, 크리에이터에게는 상당히 좋은 기회라고 말한다. 방송사 소속의 연출자들이 채널의 색깔이나 40~50대 주시청층에 맞춰서 제작하는 제약이 있었다면, 앞으로는 크리에이터들이 나의 색깔에 맞는 플랫폼에 찾아가는 것이 가능해질 것이라는 예측을 내놓았다.

〈놀면 뭐하니?〉의 키워드 : 확장성과 개방성

Q. 시청자로서 〈무한도전〉과 〈놀면 뭐하니?〉 사이의 공백이 짧지 않게 느껴졌는데요. 〈놀면 뭐하니?〉는 어떻게 탄생했나요?

A. 〈놀면 뭐하니?〉는 유재석 씨의 말버릇이었어요. "놀면 뭐해, 뭐라도 해야지." 유재석 씨는 무한도전이 끝나고 1년 동안 목요일 시간을 계속 비워뒀어요. 이때 "놀면 뭐하니, 뭐라도 하자."라는 의미로 시작했는데, 오히려 그 자체가 미션이든 직업 체험이든 의무감을 주는 것 같았죠. 그래서 "놀면 뭐하니?"의 의미를 "넌 놀 때 뭐하니?"와 같이 유희의 의미로도 사용했어요.

2019년 1월에 PD들, 작가들과 모여서 프로그램 구성에 대해 논의하고 딱 6개월 쉰 뒤에 다시 출근해서 2~3개월은 왜 다시 〈무한도전〉을 못 하는지에 대해 설득하는 시간이 필요했어요. 후배들은 연출이 돼서 본인 프로그램을 해야 할 타이밍이었고, 저는 해보고 싶었던 것들이 많은 상태였죠. 13년을 〈무한도전〉만 하며 참신함보다 데이터가 많아졌어요. "이것 어떨까요?"라는 의견에 "재미없어.", "하면 망해." 그런 순간 꼰대가 되잖아요.

각자 성향이나 하고 싶은 것이 잘 정리가 안 되던 타이밍에 코드를 정리했어요. 일단 방향성부터 정리하자. 무엇을 할까는 나중에 정리해도 되는데 '왜' 하는지에 대해 조금 고민해보

자. 그렇게 "2019~2020년을 쭉 이어갈 만한 코드로 무엇이 있을까?"를 논의했죠. 그러다 보니, '멀티 페르소나'가 나왔어요.

새로운 프로그램을 시작할 때 저는 항상 '독창성'이 중요하다고 강조해요. 하지만 이번에는 그보다 '확장성'을 더 확보하고 싶었죠. 확장성이라는 단어가 사용하는 사람마다 의미가 다르기 때문에 시스템화를 위해서는 시행착오가 필요했어요. 초반 '릴레이 카메라'도 어떤 것이든 찍어볼 겸, 유재석 씨에게 카메라를 줬죠. 유재석 씨는 원래 무엇이든 혼자 하는 것을 싫어하거든요. 그 모습을 관찰하는 스타일이다 보니 한 시간 만에 못 하겠다고 했어요. 그러자 제가 "배터리 다 닳을 때까지 누구 맡겼다가 주세요."라는 멘트를 했고, 즉흥적으로 릴레이 카메라가 됐어요.

몇 년 전부터 방송가에서는 기획회의 때마다 '케빈 베이컨의 법칙'이 회자됐어요. "케빈 베이컨의 법칙대로라면 오바마도 만날 수 있잖아."라고 이야기하면서도 형식이 고민됐었죠. 그런 상황에서 릴레이 카메라로 모르는 사람까지 자연스럽게 연결되는 관계가 생기며 가장 심플한 확장성 실험이 이뤄졌어요.

1~5화는 유튜브에서의 확장성 시스템 실험을 위해 만들었는데, MBC에서 편성을 재촉해서 방송으로 보기 힘든 포맷으로 나갔죠. 욕을 많이 먹었어요. 다행히 다섯 번의 실험에서 시청자 데이터 중 가장 와닿았던 것을 꼽을 수 있었는데, 유일한 출연자 유재석이 안 보인다는 것이었어요. 유재석 씨는 관찰 시스템을 어려워하고, 정통 예능을 고수하는 인간문화재 같은 철학을 가진 사람이거든요. '부캐'는 시스템을 찾느라 너무 유재석 씨를 방

치했다는 생각에, 어떻게 '착붙'하게 할까 고민하다 나온 것이었어요. 이렇게 멀티 페르소나를 소화하기 시작했습니다. 이후 '유 플래시'라고 유재석 씨가 처음 접하는 드럼을 세 시간 연습하고, 그중 쓸 만한 비트를 잘라 일곱 개 새로운 음악이 탄생하는 과정을 담았죠. 그 특집이 프로그램의 성격을 확실하게 보여줬습니다.

Q. 무엇인가를 계속 바꾸고 싶은 열망이 느껴집니다. 보통 사람들이 보기에는 조금 더 해도 될 것 같은 시점에서 새로운 것을 시도하니까요. 〈놀면 뭐하니?〉에서 '부캐' 신드롬을 만든 후에도 마찬가지고요.

A. 그런 이야기를 제일 많이 들어요. "왜 오래 가지를 못하니?" 〈무한도전〉 때는 6~7명이 함께하다 보니, 컨디션에 따라 주축을 이루는 사람이 누구든 있었거든요. 그런데 유재석 씨만 고정으로 출연하니까 유재석 씨가 콘셉트를 납득하지 못하면 진행을 못 하는 경우가 생겼죠. 그렇게 2년이 지나다 보니 아이템의 폭이 좁아지고, 스스로도 힘드니 "차라리 무한도전 때처럼 멤버십으로 가자."라는 이야기를 계속하게 되고요.

하지만 이 경우에는 〈놀면 뭐하니?〉의 색깔이 없어지게 되니까요. 조율하는 과정에서 부제를 달아 출연자 시스템을 바꾸는 식으로 유연성을 많이 첨가했습니다. 위기 상황에서도 '이렇게 틀어볼까? 저렇게 틀어볼까?' 끊임없이 고민했어요. 계속 살아 있어야만 다시 어느 순간 위로 치고 올라오는 것도 가능하잖아요. 절망하는 순간 끝이니까요.

Q. 확장성에 대한 개인적인 정의는 무엇인가요?

A. 콘텐츠가 MBC나 유튜브에만 나가는 것이 아니라, 멀티 윈도우를 이용할 수 있다면 상당히 재미있는 방송 소재가 되지 않을까 생각했어요. 콘텐츠가 일정 플랫폼에 속해 있는 것 자체가 크리에이티브한 생각들을 가두는 것 같았죠. 끊임없이 타 방송, 타 플랫폼에 협업 제안들을 많이 했습니다. 오히려 상대방이 경계해서 못 했던 것들이 많아요. 제일 크게 친 사고라고 하면 유산슬이 KBS 〈아침마당〉에 나갔던 것입니다.

기존 보고 체계를 통해 진행하면 방송이 안 될 것 같았거든요. 저도 〈아침마당〉 팀도 회사에 보고 없이 저지른 거예요. 마침 그때가 사장님, 제작 본부장님이 대회의실에서 MBC 이사회를 하는 시간이었거든요. "어, 잠깐만. KBS에 유산슬이 나오는데?" 하고 30분간 회의를 멈추고 함께 시청했다고 전해 들었어요.

2019년 당시 MBC의 최고 히트 프로그램이 〈놀면 뭐하니?〉였기 때문에, 광고 매출이 올라가고 있는 상황이었거든요. '우리가 아끼는 IP가 왜 갑자기 KBS에 나오지?'가 된 것이죠. 저는 KBS에 있어서 당장은 못 혼났고, 트위터, 인스타그램 새로고침을 하면서 "뭐야! 아침마당에 유산슬 나와!" 이런 리액션들을 보고 있었어요. 이것이 시청자들에게 줄 수 있는 즐거움이잖아요.

"저희 프로그램만 본방사수하면서 즐기세요."가 아니라 저희 브랜드를 통해 어느 시간대든 어느 장소에서든 즐거움을 느낄 수만 있다면 다 저희 콘텐츠라고 생각했어요. 〈아침마당〉과의 콜라보는 상당히 신선한 충격이 됐죠. 이후 다른 방송에서도 그런 콜라보들이 진행됐고요. 그때 회사에는 "해사 행위는 하지 않겠다. 유산슬이 다른 방송사에 나왔다고 MBC로 올 돈이 저쪽으로 간 것은 아니지 않느냐. 오히려 유산슬이라는 브랜드 화제성도 더 커지지 않았느냐."고 이야기했어요.

저는 〈무한도전〉 때부터 KBS, SBS 프로그램 이름까지 다 이야기해왔거든요. 하지만 아직까지도 방송사에서는 'K본부', 'S본부'로 표현해요. 사규에 있는 것도 아니고 단순한 의례예요. 그냥 편하게 이야기하면 되잖아요. 유재석 씨와 '인생라면' 편을 한다고 발표했을 시기, 나영석 PD가 강호동 씨와 〈라끼남〉을 한다는 소식을 듣고 바로 나영석 PD에게 전화했죠. 서로 누구 만나는지 말하지 말고 만나게 해서 콜라보하려고 했어요. 결과적으로는 스케줄 때문에 무산됐지만, 그런 시도들이 재미있다고 생각해요. 〈맛있는 녀석들〉 같은 경우는 알아서 편집해서 내보내라고 찍은 소스를 아예 줬어요. 방송가에서 최초로 일어난 일이거든요. 사실 그쪽에서도 굉장히 유연하게 생각한 것이고요.

Q. MBC가 아니라 완전 다른 회사 코미디 채널 프로그램에

MBC의 콘텐츠 소스를 그냥 건넨 것인가요?

A. '원 소스'를 '멀티 유즈'할 수 있는 방법을 직접 찾으려고 하니 인력에 한계가 있고, 그래서 다른 팀과 콜라보해보면 재미있는 결과가 나오지 않을까 했어요. 하고 싶은 아이템은 많은데 주어진 인력은 적다 보니까 생각했던 것들이 3개월, 6개월 뒤에나 방송에 나오는 경우도 있거든요. 현실 탓을 할 수밖에 없죠.

결국 지금 콘텐츠들이 가고 있는 방향의 핵심은 이 사람과 우리 영역 밖의 다른 사람을 어떻게 연결시킬까인 것 같아요. 'MSG 워너비' 특집은 심지어 끝날 때 에드 시런Ed Sheeran이 곡을 준다고 연락까지 왔어요. 팝 스타에게도 곡을 받을 수 있는 세상이잖아요. 갇힌 환경 안에서 주어진 인물로만 가는 것 자체가 답답해요. 그래서 현재 제작의 큰 지론이 '조금 더 열어놓고 가자.' 예요.

Q. 확장성과 동시에 개방성도 설명해주는 예시네요. 개방성이 출연자나 주제에서 자유롭게 실험할 수 있는 판을 만들고 새로운 시도를 하는 것이라면, 확장성은 역설적으로 콘텐츠 소유에 대한 단단한 뿌리를 바탕으로 KBS나 넷플릭스에서 '의외성'을 줄 수 있는 것이죠.

A. 확장성은 사실 정체성이 명확해야 가능해요. 우리만

의 색깔과 브랜드가 확고하게 자리 잡아야만 어느 자리에 갑자기 등장해도 사람들이 주목할 수 있어요. 유재석 씨가 최선을 다해 부캐를 소화했잖아요. 프로그램 안에서 주어진 어떤 것도 한다는 것으로 인식됐기 때문에 시청자들도 의외성을 받아들이고 편안하게 즐겼던 것 같습니다. 지금은 부캐를 활용하는 콘텐츠들이 더 많아졌잖아요. 유튜브의 〈피식대학〉이나 '매드몬스터'도 있고요.

"확장성은 사실 정체성이 명확해야 가능해요. 우리만의 색깔과 브랜드가 확고하게 자리 잡아야만 어느 자리에 갑자기 등장해도 사람들이 주목할 수 있어요."

이처럼 메인 스트림을 만든 후에 또 다른 먹거리를 찾아가는 것이 〈무한도전〉 때부터 습관이 된 것 같아요. 〈런닝맨〉의 기본 구성인 추격전도 〈무한도전〉에서 제일 처음 시작한 것이었어요. 그렇다고 〈런닝맨〉이 "우리도 추격전을 할 거야."라고 했을 때 막을 방법은 없거든요. '그래, 그러면 너희도 해. 대신 1년에 한 번씩 우리도 꼭 추격전을 할 텐데, 너희가 1년 동안 했던 것보다 훨씬 더 재미있는 추격전을 보일 거야.'라고 생각하는 수밖에 없어요.

예능의 메인 스트림은 5년마다 스튜디오 버라이어티, 리얼리티 버라이어티, 오디션, 힐링, 관찰 예능 등으로 꾸준히 바뀌어왔거든요. 중간에 트로트라는 코드가 휘몰아치다가 잠잠해졌고요. 이처럼 하나의 소재에 달려드는 경향이 있다 보니 영속할 수 있는 우리의 땅이 되기보다 지나가는 땅처럼 돼버리는 경우가 많아요.

유재석 씨와 지난 2년 동안 부캐를 충분히 재미있게 해왔거든요. 그러면 더 디테일한 것들 유튜브나 디지털 콘텐츠에 맞는 성격의 콘텐츠들은 또 다른 분들이 하게끔 하는 것이죠. 이런 방식이 오히려 자극도 되고요. 솔직히 개인적으로는 무엇인가를 만들어서 시스템화하고 계속해서 가져갈 수 있는 것을 해볼까 하는 고민도 하고 있어요.

지상파 예능 프로그램의 제작 환경 변화

Q. MBC가 한국에서 가장 큰 방송사 중 하나이고, 그 안에서도 다양한 장르와 포맷을 시도해왔는데요. 그러면 〈무한도전〉에서 인기를 얻은 콘셉트를 팀을 따로 꾸려 활용하는 등의 리소스가 있지 않았을까요.

A. 쉽지 않아요. 왜냐하면 PD라는 집단 자체가 자신이 만든 IP를 하고 싶지 누가 만들어놓은 것을 하고 싶은 습성이 없거든요. 항상 MBC 인력이 조금 부족했던 것 같고, 사실 〈무한도

전)에서 멀티카메라 시스템을 도입하면서 인력 부족에 원인 제공을 한 면도 있어요.

예전 예능 프로그램들은 PD 1명, 조연출 1명이 만드는 시스템이었다면, 〈무한도전〉은 멀티 카메라 시스템 때문에 필요한 인력이 상당히 많아졌죠. 〈놀면 뭐하니?〉 팀에는 조연출만 14~15명이 있거든요. PD까지 합치면 거의 20명이 하나의 프로그램을 만들다 보니 예전보다 훨씬 더 노동 집약적인 분야가 됐어요.

그래서 최근에는 아예 'IP 기획안만 생산하는 스튜디오를 만들까?' 하는 고민을 하고 있죠. 저와 메인 PD, 작가님들이 구성안을 계속 만들면 방송사가 사가거나, 실제 제작물을 원하면 외부에 뛰어난 외주 프로덕션과 협업해서 만들 수 있는 분업화가 충분히 마련돼 있어요.

Q. 노동 집약이라는 개념이 나와서 떠오른 질문인데요. 〈무한도전〉은 출연자만 6~7명이었는데, 만약 100분짜리 콘텐츠를 녹화한다면 시간이나 분량이 얼마나 되나요?

A. 아이템마다 편차가 큽니다. 일반적으로 거의 하루 8시간 동안 9~10대 카메라가 촬영을 하죠. 계산해보면 80시간 분량이네요. 심지어 몇 달씩 연습하는 장기 프로젝트는 연습 과정도 촬영해요. 어차피 다 못 쓸 텐데 왜 이렇게까지 찍느냐는

불만들도 생기죠. 반대로 찍는 사람 입장에서는 언제 어떤 그림이 나올지 모르니까 계속하고요. 이 문제가 항상 대립됐던 것이 장기 프로젝트 현장이었던 것 같아요. 여기에 거치 카메라, CCTV까지 포함하다 보면 거의 100~200시간이 넘는 경우도 많았죠. "우리가 1시간짜리 만드는 데 200시간을 봐야 돼?"라는 이야기를 항상 했던 기억이 나요.

Q. 200시간을 촬영하는 멀티 카메라 예능이 예전에도 있었나요?

A. KBS나 SBS에서도 쭉 시도는 있었고요. 〈무한도전〉은 멀티 카메라 시스템 회사를 아예 밖에서 꾸리게 해서 그들과 함께했어요. MBC도 예전 〈동고동락〉 당시에는 15명의 출연자를 두고도 카메라는 4~6대만 설치했어요. 기본적으로 회사에서는 카메라가 2대밖에 배정이 안 돼요. 멤버별, 그룹별로 묶어 찍는 경우는 거의 없었죠. 제가 조연출 때 카메라 2대로 계속 편집했던 기억이 나니까요.

그때는 그림을 머릿속에 다 외우고 있었어요. 그래서 가끔 편집실이 부족할 때는 장면을 떠올리면서 로비에 혼자 쭈그려 앉아 자막을 쓰던 기억이 나요. 지금은 동시에 컴퓨터에서 10대 화면을 멀티로 보면서 끌어다 쓰죠. 200시간을 다 보지는 않지만 확인할 분량이 많으니까 더 시간이 오래 걸리는 상황이 되기는 합니다.

Q. 과거에만 하더라도, 예능은 콘텐츠 자체에 담긴 슬랩스틱코미디적 요소로 재미를 찾았어요. 하지만 〈무한도전〉은 '편집의 마술'이라고 할 정도로 편집으로 캐릭터를 부각하고, 재미있는 자막으로 좋은 평가를 많이 받았죠.

A. 사실 카메라가 2대 있다고 해도 1대는 크레인 카메라 거든요. 카메라 감독님이 들고 있는 나머지 1대로 출연자를 커버해야 해요. 약속되지 않은 애드리브는 사실상 현장에서 잘 허용되지 않았어요. 유재석 씨가 진행 멘트를 열심히 하고 있는데, 갑자기 누군가 이야기하려고 하면 제작진들이 입을 막던 시절이었죠. 그러다 보니 기존 방송 화법에 맞지 않는 캐릭터를 가진 출연자들은 매력이 잘 드러나지 않았어요. 이들이 자연스럽게 떠들게 하기 위해 카메라도 늘리고, 스튜디오형 오디오 장비를 갖고 나와서 오디오를 각자 채널로 다 받았어요.

편집의 개념도 바꿨어요. 과거에는 기본적으로 4시간짜리 녹화를 줄거리 그대로 1시간으로 줄이는 것이 편집이라고 생각했어요. 하지만 〈무한도전〉은 다양한 소스를 바탕으로 주어부터 목적어, 서술어를 선택해서 놓는 글쓰기 개념으로 이해했죠.

자연스럽게 제작진의 생각이 많이 들어가면서 자막도 더욱 강조하려고 했어요. 자막을 쓰는 데만 이틀 밤이 걸리거든요. 누가 이야기하는 것만 받아 적으면 너무 단순하고 크리에이티브하지 않다 보니, 작업에 의미를 부여하기 위해 고민했어요. 예능이 보통 집중력이 떨어진 시간대에 편성되거든요. 집중력을 높이기 위해 '시청자들의 속마음을 자막으로 옮길까?' 해서 궁서 자막도 시도하고, '시청자들은 어떤 생각을 하고 있을까?', '시청자들이 뭘 좋아할까?'를 계속 고민하면서 봤던 것 같아요.

> **Q. 대성공을 거둔 〈무한도전〉을 종영하고 6개월간 쉴 때 스트레스가 엄청났을 것 같아요. 계속 새로운 것을 성공적으로 해왔으니, 재미 이상의 흐름도 읽고 있었을 것 같고요.**

A. 〈무한도전〉이 2005년 10월에 들어가서 방향을 잡았던 것이 2005년 12월 정도예요. 당시에 다른 예능 프로그램과 다른 화법을 찾고 싶었거든요. 오프닝은 무조건 5분 안에 끝내야 한다는 고정관념에 가득 차 사람들을 룰에 맞추고 싶지 않았어요. 안 맞는 룰을 버리고 출연진들이 잘하고 편한 것을 해보고 싶었어요. 어차피 봄이면 방송이 끝날 것이라 생각하고 마음껏 해보자고 생각했죠. 열심히 해도 시청률은 안 오를 것이라 생각했고, 방송국 내에서도 예능은 일은 제일 많이 하는데 대우를 못받는다는 서러움도 있었고요. 그런데 예능 PD, 예능인으로 해보고 싶었던 것은 다 해보자고 했던 것이 오히려 장점이 돼 터진 거예요.

물론 2014년 이후 〈무한도전〉 멤버들은 계속해서 하차하고 투입되는 과정이 있었고, 그때마다 6~7명이 예능을 바라보는 눈도 다를 수밖에 없었죠. 의견을 구하면서 함께한 공동체의 결과물이다 보니 균형이 무너지면서 휘청하는 순간이 왔고요. 10년 전에 '댄스 신고식' 하지 말자는 새로운 생각을 한 것처럼, '우리는 무한도전처럼 하지 말자.'라는 프로그램들이 생길 것 같은 느낌이 들었어요. 그러면 이름도 〈무한도전〉인데 유지될 이유가 있을까 싶었죠. 이럴 때 멈춰야겠다는 생각이 들었어요.

Q. 수익 면에서 〈무한도전〉은 MBC뿐만 아니라 지상파 방송 전체에서 상징적인 프로그램이었어요.

A. 〈무한도전〉이 시작했을 때만 해도 프로그램 하나가 잘되면 방송국 전체가 먹고살 만한 수익이 생기던 시절이니까요. 〈무한도전〉 앞뒤로 붙는 광고가 48~52개 정도, 7억 정도의 매출이 나왔죠. 대부분의 광고주가 MBC 광고에서 〈무한도전〉을 원했기 때문에 MBC에서 5~10개를 1억에서 1억 5,000만 원까지 패키지를 만들어서 판매했죠. 주중 〈무한도전〉과 관련된 광고 매출이 70억 정도 되니까 1년으로 따지면 3,500억 원 정도라고 저희끼리 예측했어요. 〈무한도전〉 가요제 때는 수요가 커지니까 가격도 더욱 올랐고요. 기록이 아직 안 깨졌을 것 같은데, 나이키가 1분 45초짜리 광고를 붙였는데 7억이었다고 들었

거든요.

〈무한도전〉이 끝날 때쯤에는 광고주들이 케이블, 인터넷, SNS로 나눠지는 상황이 왔고, 지표상으로 알게 된 바로는 콘텐츠 유통을 통한 수익도 생겼고요. 〈무한도전〉이 끝났던 2018년 광고국과 대화를 하다 새삼 공중파의 위치를 생각하게 됐어요. 〈무한도전〉이 다른 프로그램 코너에서 시작해 독립 편성된 2006년, MBC서울 광고 매출이 5,200억 원이었어요. 그때는 광고 매출이 MBC 전체 매출의 95% 이상을 차지했죠. 당시에는 공중파의 위력이 영원할 것이라 생각하던 시기예요.

저 또한 그랬어요. 2001년 1월 2일 사장님께 사령장을 받을 때 '난 한국에 200명도 없는 직업을 갖게 됐다.'는 생각을 했죠. 예능 PD가 KBS에 80명, MBC에 50명, SBS에 50명 있던 시절이니까요. 지금은 상암동 횡단보도에서 어깨 스친 사람들만 봐도 플랫폼, OTT에서 콘텐츠 제작이나 마케팅에 종사하는 사람들이 많거든요. 희소성이 떨어진 직업이 됐죠.

2006년과 2018년 사이 MBC서울의 광고 매출이 2,600억 원 정도로 반토막 났어요. 정확한 수치를 듣기 전까지는 항상 "어떡하지? 광고 매출이 이렇게 안 나는데."라는 말로만 들어왔거든요. 2001년 입사 이래 2020년까지 매해 올해가 작년보다 힘들다는 이야기를 들어왔는데, 모두 광고 기준이거든요. 2018년은 광고 매출이 전체 매출에서 50% 이하로 떨어진 첫 해였어요. 광고 매출이 절반으로 떨어졌다면 나머지 절반이 무엇이냐를 봤을 때, 결국은 유통 수익이거든요.

지상파 광고 수익 하락이
창작자에게 새로운 기회인 이유

Q. MBC에서 만든 콘텐츠를 유통한다는 이야기네요. 어디로 유통하죠?

A. MBC에서 방영한 프로그램을 IPTV, 케이블TV, OTT로 유통하고, 이들로부터 재전송료 같은 유통 수익을 거둬들입니다. 이것이 광고 외의 매출을 차지하죠. 2010년 이후에는 포맷 판매 수익도 늘었어요. 광고 매출의 하락은 문제여도 반대로 상당히 늘어난 이 파이, 결국 콘텐츠 제작사로서의 역할도 조금 강조해보면 좋지 않을까 하는 생각이 들었던 거예요.

Q. 〈복면가왕〉 포맷 사례가 해당될 텐데, 〈무한도전〉이나 〈놀면 뭐하니?〉 같은 프로그램은 수많은 포맷이 시도되는 것이군요.

A. 다른 수익에 비해 적지만 외국에서는 포맷 산업 비중이 상당히 커요. 방송 제작 환경의 여러 변화를 접하면서, 프로그램 제작 아카이브를 매뉴얼화해 지적재산으로 남기는 것의 중요성을 꽤 오래 생각해왔죠. 영국 방송사의 전체 매출 절반은 포

맷 판매에서 발생한다고도 들었어요. BBC는 PD 업무 자체가 6개월간 제작하면, 6개월은 매뉴얼화하는 기간으로 정한다고 해요. '앞보다 뒤가 더 중요할 수 있다.'는 생각에서 나온 시스템이죠. 반면 한국 방송은 끝나면 뿔뿔이 흩어지는 환경이 아쉽죠.

Q. **어떤 프로그램을 만들어도 특정 방송국에서만 방영된다는 것이 의욕을 떨어뜨리는 것이 아닐까요? 더구나 지상파 시청률도 낮아지고 있으니까요. 차라리 유튜브, 넷플릭스로 가서 만들자는 생각이 들 것 같은데요.**

A. 아직까지 지상파의 파급력은 세요. 물론 젊은 인력들은 콘텐츠 제작에 대한 목마름 때문에 적지 않게 유출됐죠. 이들을 모아서 작은 디지털 스튜디오 같은 것을 만들면 어떨까 하는 생각을 갖고 있었거든요.

제가 요즘 고민하는 것도 플랫폼보다 콘텐츠예요. 좋은 콘텐츠가 있으면 지상파에서 나오든 케이블이나 유튜브에서 나오든 찾아보거든요. 오히려 지상파 예능 PD들도 시청률에 대한 부담을 조금만 내려놓는다면 정말 재미있는 콘텐츠를 만들 수 있을 것 같아요. 다른 플랫폼을 위해서 콘텐츠를 만드는 식의 비즈니스 모델도 충분히 가능해요. 노홍철과 비 씨가 출연한 로드 리얼리티 〈먹보와 털보〉가 좋은 예죠. MBC가 60년 역사상 최초로 타 플랫폼인 넷플릭스를 위한 콘텐츠를 만든 상황이 됐죠.

Q. MBC가 넷플릭스의 외주사가 된 것인가요?

A. 그렇죠. MBC는 기술적·인적 인프라는 여전히 두터우니, 이를 활용해서 글로벌 스탠다드에 맞는 콘텐츠를 만들어 보자고 생각한 것이죠. 물론 유튜브용으로 기획한 아이템을 넷플릭스로 방송했기 때문에 콘텐츠 자체가 작아 보이기는 하는데요. 정말 재미있는 시간이었어요.

비 씨가 몸을 유지하기 위해 하루 한 끼만 먹는데, 그 한 끼는 무조건 제일 맛있는 것을 먹으려고 하거든요. 맛집 데이터와 맛있게 먹는 방법을 상당히 보유하고 있더라고요. 처음에는 맛집 투어를 활용해서 두 사람의 서로 다른 여행 스타일을 간단히 유튜브로 담으려고 했어요. 그러던 것이 이상순 씨 음악까지 들어오면서 재미있게 마무리됐어요.

MBC 입장에서는 다른 플랫폼을 위해 콘텐츠를 만들어주는 것이 이전까지 해본 적 없던 혁명적인 발상이잖아요. 내부에도 외부의 새로운 환경에 맞춰 새로운 프로그램을 하고 싶은 사람이 꽤 많다는 것을 알게 됐고요. MBC 내부 편집실, CG실, 음향팀의 인재들을 활용하면, 그 비용이 MBC 수익이 되는 구조로 진행했어요. 내부에서는 '왜 굳이 이걸 해야 돼?' 하는 불편함을 가진 사람들도 있었지만, 원하는 사람들로만 따로 TF를 만들어서 작업했어요.

다른 한편으로는 MBC가 글로벌 스탠더드에 맞춰 콘텐츠를 제작하는 것이 쉽지 않다는 것을 깨닫기도 했죠. 작업 과정을 보니 KBS나 MBC가 8K라고 하고서는, 4K로 작업해서 업스케일링하는 식으로 때워온 민낯을 봤어요. 반대로 외주 업체로만 생각했던 분들과 작업해보니 더 앞서서 글로벌 스탠더드에 맞게 작업하고 있었고요. 함께 일하며 배우는 것이 많았어요.

Q. MBC 소속의 PD가 넷플릭스, 나아가 쿠팡 플레이, CJ ENM과 같은 다른 방송사들을 위해 프로그램을 제작하는 일이 생길 수도 있을까요?

A. 앞으로는 특정 플랫폼을 위해 콘텐츠를 만드는 시장은 점차 사라지지 않을까 생각이 듭니다. PD 입장에서는 좋은 콘텐츠를 만들어 유통사를 찾는 것이죠. 오히려 경쟁을 붙여도 되는 거예요. 방송사가 몇 군데 없을 때는 외주 제작사들이 방송사 편성을 받는 일 자체가 너무 힘들었어요.

하지만 지금은 편성표 자체에 의미가 없어지고, 아카이브 형태의 OTT 사이 경쟁이 되다 보니 끊임없이 콘텐츠 수요가 있을 거예요. 소비자에 맞춰, 콘텐츠를 사가는 사람에 맞춰 콘텐츠를 만들 능력만 있으면 반드시 MBC 플랫폼에서 방송될 필요가 없죠. 시리즈로 포장해서 넷플릭스에도 팔고 디즈니에도 파는 방식이 또 다른 수익 모델이 될 것이라 생각해요.

"작은 시장을 나눠 먹는 것이 아닌, 거점을 만드는 고민에서 출발해야"

방송 및 디지털 콘텐츠 비즈니스와 수익성

김석현

CJ ENM 상무

KBS 예능국에서 〈개그콘서트〉를 400회가량 연출했다. tvN로 자리를 옮겨 〈코미디 빅리그〉를 제작하고, 예능총괄국장을 역임했다. 현재 CJ ENM 디지털 콘텐츠 사업부장을 맡고 있다. TV, 디지털 콘텐츠 비즈니스의 현재와 업계가 준비해야 할 방향을 고민한다.

디지털 플랫폼을 통한
방송과 광고의 경계 변화

....

CJ ENM 디지털 사업의 미션은 크게 3가지다. 첫 번째, CJ ENM의 IP를 디지털 콘텐츠로 재가공해서 유통한다. 유튜브 〈디글〉, 〈디글 클래식〉, 〈스타골프 빅리그〉, 〈사피엔스 스튜디오〉 등 오리지널을 기반으로 비즈니스를 확장하는 업이다. 두 번째, '브랜디드 콘텐츠'라고 부르는 콘텐츠 시장을 확장시킨다. 광고 시장에서 신문광고가 거의 사라지자 TV광고 시장을 중심으로 콘텐츠와 광고가 결합된 광고 시장이 생겨나고 있다. 세 번째, CJ ENM 콘텐츠뿐만 아니라 정부 단체, 학교 등 다른 회사가 원하는 콘텐츠 제작을 대행하고, 유튜브나 SNS 등 디지털 채널 운영을 대체하는 일로 업을 확장한다.

지난해 '뒷광고'라는 세 글자는 국내 유튜브 크리에이터들을 휘청이게 했다. '뒷광고'라는 말이 성립할 수 있는 이유는, 오랫동안 광고는 방송 프로그램이나 기사와 같은 콘텐츠와 분리돼 존재하는 것이라는 통념이 있었기 때문이다. 지상파가 가장 많은 시청자들에게 광고 전달의 창구였던 시절, '15초의 예술'이라 불리던 영상광고 역시 디지털 플랫폼을 통해 근본적인 변화를 겪고 있다. 시청자들이 방송사의 편성표에 따라 선형적으로 방송 프로그램을 시청해야만 했던 시기의 광고는 인기 프로그램을 보기 위해 피할 수 없던 콘텐츠였다. 당시 기업 마케팅의 핵심적인 창구로서의 TV광고는 지상파 방송의 큰 영향력에 힘입어 당대 최고의 스타가 최고의 제품을 만나는 장면을 보여주는 장이었다. 또한 시대정신을 대변하는 카피 문구 등을 통해 유행을 선도하며 대중문화의 큰 축을 담당해왔다.

하지만 디지털 플랫폼들이 생기며 채널별로 하루 24시간 이내로 할당됐던 편성 시간의 한계는 사라졌다. 크리에이티브를 펼칠 수 있는 환경이 도래한 것이다. 변화된 환경은 무엇보다 광고업의 속성을 변화시켰다. 정해진 시간 안에 압축적으로 표현하되, 크리에이티브한 내용으로 시청자들의 눈을 사로잡아야 한다던 기본 공식은 깨졌다. 어떤 플랫폼에, 어떤 콘텐츠에 광고를 녹여낼 것인가를 근본적으로 고민해야 하는 시기가 도래했다.

CJ ENM의 디지털 사업 :
방송 IP를 활용한 디지털 광고 대행업으로의 영역 확장

> **Q.** 과거에는 인기 프로그램을 만들며 PD로서 자원, 자산,
> 경험, 명성을 쌓아왔다면요. 지금은 디지털 분야라는
> 새로운 영역에서 경영자의 역할을 하고 있는데요. 작업의
> '사이즈'로만 보면 지금의 규모가 작다고 느낄 것 같은데
> 어떤가요?

A. 서로 다른 감정이 명백하게 공존하죠. '디지털이란 무엇인가.'에 아무도 답을 정할 수 없으니까요. TV 콘텐츠를 만들던 뇌를 씻어내고, 개척자들이 서부의 황야에는 무엇이 있을까 달려가며 깃발 뽑던 심정으로, 시스템도 만들고 수익도 내고 의사 결정권자에게 결재도 받고요. 새로운 시도를 위해 배우들이나 작가들도 설득해요. 좋게 말하면 피 흘리지 않는 전쟁터, 나쁘게 말하면 모두 뒤엉킨 아수라장과 같아요. 아직 상상한 것의 실체도 없고 모든 것이 어수선하지만 설명을 해가며 시스템을 하나하나 만들어가는 것이죠.

사실 학생들도, 직원들도 가장 잘나가는 것을 선호해요. PD

> **"아직 상상한 것의 실체도 없고 모든 것이 어수선하지만 설명을 해가며 시스템을 하나하나 만들어가는 것이죠."**

면접을 보면 대부분 김태호의 〈무한도전〉이나 나영석의 〈삼시세끼〉, 신원호의 휴먼 드라마처럼 현재 정점에 있는 PD들을 롤모델로 삼고 있어요. 이런 상황에서 디지털 사업을 위한 인재를 모으고 설득해서, 새로운 사업을 하는 것은 굉장히 어려운 일이에요. 하지만 이런 상황에서도 여러 노력들이 모여 어느 정도 규모를 갖춘 시스템이 만들어지고 있고, 업계에서는 탄탄한 조직이 되고 있죠.

시스템을 만드는 일도 생각보다 흥미 있는 일이었어요. 생각해보면 〈무한도전〉이나 〈1박 2일〉이 멤버십 프로그램이었다면, 〈개그콘서트〉는 무한경쟁 프로그램이었어요. 끊임없이 아이디어를 내고 출연자와 코너를 공정한 룰에 따라 바꿔가는 시스템이었으니까요. 디지털 사업부를 맡으며 '내가 시스템을 만드는 것에 흥미 있어 하는 사람이구나.'라는 것을 깨닫게 됐어요. 그래서 즐겁게 열심히 하려고 노력하고 있죠.

콘텐츠란 크고 작고의 문제는 아닌 것 같아요. 이번에 〈스타 골프 빅리그〉라는 프로그램을 기획하게 됐는데, 예전처럼 회의부터 편집까지 전부 할 수는 없어도 큰 맥락의 기획을 할 수 있었어요. TV는 시간이나 형식이 한정돼 있는데 디지털은 정해진 틀이 없다거나, 그래서 더 많이 상상할 수 있다는 점도 재미있는 영역이었고요.

Q. 디지털을 서부의 황야, 전쟁터, 아수라장으로 표현하신

것이 재미있네요. 전통적인 TV에서는 광고가 주요
수익원이었는데, 지금 디지털 콘텐츠의 경우 어떤
수익원들이 있을까요? 또 어떤 수익원을 개발하면 좋을까요?

A. 플랫폼을 기반으로 한 회사와 저희처럼 콘텐츠를 기반으로 한 회사가 디지털로 수익을 내는 방식은 다릅니다. 콘텐츠를 기반으로 한 회사의 기본 수입원은 첫 번째, 유튜브 광고 수입이고요. 두 번째, 콘텐츠 안의 숨은 광고예요. 일반 광고와 PPL 수익에 해당되는 것이고요. 더 나아가면 콘텐츠들을 재가공해서 다른 플랫폼에 팔거나, 혹은 묶어서 TV 플랫폼에 방영해 별도로 광고 수익을 얻고요. OTT 티빙이나 네이버, 쿠팡에 판매할 수도 있죠. 멀티 플랫폼에 판매하거나, 해외에 포맷 판권을 팔 수도 있고요. 해외에서도 인구 많은 나라들에서는 다 각자 플랫폼들이 있으니까요. 우리가 글로벌적인 콘텐츠를 만들면 팔 수 있겠죠.

〈사피엔스 스튜디오〉를 예로 들면요. 강연자들을 따로 모아 삼성연구소가 해왔듯 '사피엔스 스튜디오' 브랜드하에 기업에 필요한 전문 강연을 해줄 수도 있고요. 종이책과 오디오책 출판을 할 수도 있겠죠. 자동차 내비게이션에 여러 가지 서비스들이 개발되고 있잖아요. 그 안에 음성이나 영상 서비스를 넣을 수도 있고, 비행기 내에 엔터테인먼트 콘텐츠를 공급할 수도 있고요. 이상의 내용 중에는 실제 추진하는 것도 있고, 앞으로 해야 할 것도 있어요. 더 나아가 앞으로 메타버스 세계가 생기면 그 안에 얼마든지 서점을 만들 수도 있을 거예요.

디지털이 재미있는 게 뭘까요? 일단 한번 해보는 거예요. 잘 될 수도 있고, 잘 안 될 수도 있지만 해보는 것이죠. 생각보다 시도하는 데 큰돈이 안 들어요. 상상력이 좋은 사람들과 이를 실행에 옮길 수 있는 사람들만 뭉치면 할 수 있는 일이 그만큼 많죠.

**Q. 미래에는 콘텐츠의 판매처들이 굉장히 무궁무진하네요.
아이디어가 곧 현실이 된다는 말이 생각나요.**

A. 지금은 'TV나 영화 시장에서 대작을 만들자.'는 접근에서 벗어나 상상력과 실천력이 결합된 사람들이 모여 '이것저것 해보자.' 하고 시도하고 있는 단계예요. 생각보다 잘되는 것도 있고 상상에 그치는 것도 있고 그렇죠. 생각한 것에 비해 시장이 작기도 하고요. 함께 공부하면서 진행하고 있어요.

편의점이나 맥도널드 키오스크, 버스에 설치되는 광고 모니터에 들어가는 영상을 누가 선점할지 싸움인 것 같아요. 플랫폼을 가진 사람들이 이길 것인지, 아니면 이 세상을 다 플랫폼이라고 생각하고 콘텐츠를 만드는 사람들이 이길 것인지는 잘 모르겠어요. 몇 년 전까지만 해도 플랫폼을 가진 사람들이 무조건 이긴다고 했지만 이제는 온 세상이 다 플랫폼이 됐죠. 어떻게 변할지는 아무도 알 수 없어요. 독점은 아니더라도 중앙에서 플랫폼을 통제하는 업체가 굉장히 큰 힘을 가질 것 같아요.

방송 산업에서 디지털 플랫폼 수익의 중요성 변화

Q. CJ ENM 디지털 부문의 경쟁사는 어디일까요?

A. 냉정하게 비즈니스적으로만 생각하면, 이제 김태호, 나영석 PD보다 더 재미있는 프로그램을 만든다는 생각은 못해요. 제가 직접 연출하는 것이 아니라 후배들의 역량에 달려 있으니까요. 제가 경영진이라면 사업 영역이나 수익을 빼앗고 싶은 영역은 광고 회사들이에요. 예를 들어 제일기획, 대홍기획, TBWA, HS애드, 이노션 같은 회사들이요.

디지털은 거간이 없어지는 구조예요. 콘텐츠를 원하는 사람과 콘텐츠를 만드는 사람, 온라인이라는 망만 있으면 다 해결되기 때문에 중간 단계의 유통이 파괴되는 세상이죠. 어느 시장에서 돈을 가져올 것인가 고민하다가, 기존 광고회사들이 유통 마진을 벌어들이고 있던 디지털광고 시장을 재밌는 콘텐츠로 흡수하자고 생각했어요. MBC, KBS, 네이버 등 재밌는 콘텐츠를 만드는 회사는 많지만, 광고회사를 경쟁사로 삼고 사업 영역을 파고 들어가려고 하는 거예요.

Q. 콘텐츠 제작업보다는 마케팅업 분야를 경쟁자로 꼽으신

거네요.

A. 재미있게 만드는 것은 디폴트 값이에요. 김태호 PD 가 콘텐츠를 재미있게 만드는 데 목적을 두면, 그 안에서 어떤 비즈니스가 발생할지는 주변에서 알아서 해주겠죠. 그런데 저는 어디에서 수입을 발생시켜야 할지를 고민해야 하는 입장이니까 요. 그렇다 보니 기존 광고 대행사가 하던 일들을 끌어오는 방향 이 가장 포지션이 커지지 않을까 생각하는 것입니다.

Q. 규모는 조금 다르지만 디지털 콘텐츠 스튜디오들이
존재하잖아요. 오리지널 콘텐츠나 브랜드 콘텐츠를
만들어내는 딩고, 블랭크, 와이낫, 그리고 MCN 회사들의
비즈니스 모델도 크게 다르지는 않고요. 콘텐츠를 만드는 데
브랜드를 끌어들인 회사들을 어떻게 보나요?

A. 스타트업이나 디지털 콘텐츠 스튜디오는 기업 상장 을 위해서, 즉 기업 가치를 높일 수 있다면 적자를 봐도 된다는 마음으로 콘텐츠를 계속 만들고 있어요. 하지만 저희는 무엇인 가를 만들고 싶으면 먼저 수익을 창출해야 했죠. 즉 미래 투자에 필요한 콘텐츠를 만드는 구조 속에서 일해왔어요. 웹드라마, 인 플루언서를 활용한 커머스, 광고 등 각각의 회사들이 업무 영역 을 깊게 파고 들어가고 있지만, 저희는 어떻게 해서든 사업 영위 를 위해 모든 영역을 다양하게 시도해봤죠. 그중에서 안 되는 것

을 버리고 취사 선택한 것이 3개의 영역인데, 건강성, 확장성 면에서 우리가 더 우월해지지 않았나 하는 건방진 마음이 생겼습니다.

성공한 콘텐츠를 따라가지 말고
새로운 판을 만들어라

Q. 디지털 콘텐츠와 레거시 미디어는 성공 방식이 다른가요?

A. 웹드라마라는 장르를 예로 들어볼게요. 의외로 히트작을 내기 어렵거든요. 라면 같은 거예요. 라면 신제품도 처음 나올 때는 획기적이니까 많이 소비되지만, 100가지 라면이 나온다고 다 잘 팔릴 수는 없죠. 특정 방송 프로그램 포맷이 인기를 끌면 똑같은 것들이 양산돼서 약 1년 후에는 막장 드라마든 트로트든 모두가 같은 것을 만들고 있잖아요. 웹드라마도 그런 길을 걷고 있는 것 같아요. 플레이리스트나 몇 가지 잘되는 사례를 분석해서 러닝타임은 18분 내외, 러브 라인은 단순하면 좋고 등의 분석을 통해 만드는 것이죠. 웹드라마가 잘되니까 투자자들 입장에서는 '왜 시장이 안 커지지?'라고 반문하겠지만, 과거의 자료들을 귀납적으로 분석했기 때문이죠.

개척되지 않은 서부에서 천만금이 나온다고 해도 많은 사람들이 나눠 먹으면 시장은 작아지거든요. 금이 나올 만한 지형을 유추해서 다른 땅을 찾아가든지, 혹은 금을 찾아 몰려 있는 사람들을 네트워크로 연결해 그 중심에 서서 거간을 하거나 다른 장사를 할 궁리를 해야죠. 지금 미국에서 스타트업으로 시장을 선점하고, 또 상장하는 사람들을 보면요. 사실 새로운 영역은 굉장히 많아요. '택시를 모아서 연결해주는 회사를 차려볼까?' 이런 아이디어가 우버가 된 것이죠.

콘텐츠도 마찬가지예요. 〈개그콘서트〉가 없어지자 개그맨들이 〈피식대학〉도 만들고 여러 가지를 콘텐츠를 쏟아내고 있죠. '이런 것들을 다 모아서 무엇을 해볼까?', '어떤 시스템을 만들어야 중심에 설 수 있을까', '순위를 매기거나 리그를 만들어볼까?' 이런 질문을 할 수 있습니다. 기존 관념대로라면 〈김구라의 뻐꾸기 골프 TV〉가 잘 되니까 나는 올빼미 골프를 만들어야지.'라고 생각했겠죠. 이 정도가 분석적인 사람들

-

"개척되지 않은 서부에서 천만금이 나온다고 해도 많은 사람들이 나눠 먹으면 시장은 작아지거든요. 금이 나올 만한 지형을 유추해서 다른 땅을 찾아가든지, 혹은 금을 찾아 몰려 있는 사람들을 네트워크로 연결해 그 중심에 서서 거간을 하거나 다른 장사를 할 궁리를 해야죠."

의 기본 생각이에요. 골프 방송의 흥행 요인을 분석해서 따라가니까 우후죽순으로 생기는 거예요.

'따라하면 한 편에 1,000만 원밖에 못 버는데 1,000만 원밖에 못 버는 사업을 굳이 해야 하나? 1억을 벌려면 어떻게 해야 하지?' 생각을 전환해야 해요. 과거 분석에 기반해 비슷한 것을 계속 만들면 후발 주자만 될 뿐이에요. 큰 사업은 못하겠죠.

> **Q. 콘텐츠에 해당하는 서부 금광으로 몰려갈 것이 아니라, 그 몰려든 현상을 이용해야 돈을 벌 수 있다는 이야기네요. 콘텐츠의 중요성과 제작에 밀착된 답을 들을 것이라 생각했는데, 더욱 인상 깊은 인사이트를 얻었습니다.**

A. 콘텐츠 비즈니스에 대한 틀을 깨야 해요. 시청자나 콘텐츠가 모여드는 상황을 활용하는 것도 콘텐츠 비즈니스라고 할 수 있어요. CJ ENM, MBC, KBS가 콘텐츠 제작을 주업으로 하고 있지만, 그것만으로 돈을 벌 필요는 없잖아요. 처음에 디지털 사업부에 왔을 때 많은 사람들과 인터뷰를 했어요. 그런데 너무 정형화된 답을 주는 거예요. 디지털은 짧아야 된다는 식의 이야기였죠. 기존에 잘된 것의 공통분모를 뽑아서 분석한 것이었어요. 디지털은 정해진 형식이 없잖아요. 3박 4일 분량이 2초짜리 분량이든 통제하는 사람도 없고, 미풍양속을 해치는 범죄만 아니면 모두에게 상상이 열려 있는 곳이에요. '지금까지 10분 이내의 깊이 없이 시시콜콜한 스낵 콘텐츠만 잘됐다고 계속 이것

만 만들어야 할까?' 하는 의문이 들었어요.

디지털 플랫폼에 올라갔다고 모두 디지털 콘텐츠라고 할 수 없어요. 기존의 콘텐츠를 광고나 강연 등 필요에 따라 복제나 변형을 통해 재가공한 후 디지털 환경에 맞춰 마음껏 변형할 수 있는 것이 디지털 콘텐츠의 재미죠. 똑같은 콘텐츠를 디지털TV에서도 보고, VOD로도 보는 식으로 유통 창구만 달라지는 것은 디지털의 끝이 아니에요. 사실 고정관념을 바꾸기 힘든 것도 작가, 작곡가, 저작권자 모두 지난 50년간 이런 생각에 꽉 잡혀 있었거든요. '내가 만든 작품을 왜 훼손해? TV 방송으로만 계약했는데.' 이 경우 계약 형태부터 바꿔야 할 게 너무 많은 거예요. 합의가 필요하죠. 디지털 콘텐츠를 만드는 것 자체는 쉬울지 몰라도 유통하고, 관련 사람들을 설득하는 것은 굉장히 어려운 일이에요. 그래서 생각보다 이 업이 굉장히 심플한데, 또 깊이 들어가서 수익을 발생시키려면 너무 어렵다는 것입니다.

"크리에이터와의 관계성이
성장의 여부를 결정하는 시대"
플랫폼의 성장과 영상 콘텐츠 소비 방식의 변화

임성철
콘텐츠 비즈니스 분석가

SK커뮤니케이션즈에서 네이트온, 싸이월드 플랫폼 마케팅 업무를 거쳐, 제일기획, CJ ENM, AB InBev 마케팅을 거쳤고, 현재는 페이스북에서 업계 트렌드 분석 페이지를 운영하고 있다.

콘텐츠 플랫폼의 소비자 시간 점유를 위한 전략

콘텐츠 사업은 결국 소비자를 사로잡기 위한 각각의 이해관계자 사이의 경쟁이다. 디지털 기술과 시청 습관이 변하면서 시간을 점유하는 방식도 달라졌다. TV 채널이 많아지고 유튜브, 틱톡, 인스타그램 등의 플랫폼이 늘면서 시간 점유 정도는 파편화됐고 방식 또한 달라졌다. 이제 시청자는 린백의 형태로 주어진 콘텐츠를 수동적으로 시청하지 않는다. 플랫폼이나 콘텐츠 사업자는 시청자가 콘텐츠에 관여하고 개입할 수 있도록 이용자를 에워싸는 immersive 요소를 강화했다. 향후 콘텐츠의 시간 점유, 독점의 중요한 요소는 콘텐츠에 대한 소비자의 개입 여지를 어떻게 높일 것인가가 될 것이다.

소비자 점유율을 높이려는 기술 진보도 중요하다. 아프리카TV의 별풍선이 대표적인 사례다. 소비자가 직접 큐레이터에게 리워드를 제공할 수 있는 기술이 적용되며, 시간 독점과 점유가 늘어났다. 유튜브도 다른 플랫폼에서 시간을 빼앗아 오기 위해서 쇼츠나 라이브 등 다양한 기술로 콘텐츠를 다변화하고 있다. 사용자를 플랫폼과 콘텐츠에 계속해서 록인lock-in시키고 결국 그 콘텐츠가 IP화되는 흐름이 강조되는 상황에서 콘텐츠 비즈니스 회사들은 궁극적으로 소비자의 재미를 극대화해야 한다.

이제 재미의 가치는 상대적이다. 웹툰과 TV도 경쟁 관계 속에 있다. 비즈니스 관점에서는 매체별로 제공할 수 있는 재미를 어떻게 정의하느냐에 따라 사업적 관점에 변화가 생긴다. 예를 들어, TV에서는 MC와 게스트가 존재하고 여러 명이 등장하는 콘텐츠가 주였다면, 오픈 플랫폼 중심의 디지털에서는 〈워크맨〉, 〈와썹맨〉, 〈로또왕〉처럼 개인의 매력에 더욱 집중한 콘텐츠가 출연자 1명으로 400~500만의 조회수를 만들어내고 있다. 매력적인 개인이 선보이는 콘텐츠에서 재미를 느끼는 것이다.

'거실의 TV 앞에 모여 다 함께 감상하는 것이 재미있을까?', '타기팅을 통해 세분화해서 제공하는 것이 재미있을까?' '공유 화면shared screen과 방에서 혼자 감상하는 전용 화면exclusive screen 속의 콘텐츠는 재미의 가치가 어떻게 다를까?' 모두 고민해야 하는 요소다.

논란을 추적하며 콘텐츠를 소비하는
커뮤니티의 성장

Q. 플랫폼별 콘텐츠 소비 방식은 어떤 특징이 있나요?

A. 점차 크리에이티브가 중심이 되는 IP뿐만 아니라, 그로부터 파생된 소비자들의 활동도 콘텐츠의 일부가 되고 있어요. 크리에이터와 직접 소통하고 나아가 시청자끼리 커뮤니케이션하면서 콘텐츠를 소비하는 방식도 익숙해지고 있고요. 가족과 TV를 볼 때도 대화를 하지만, 가족과 할 수 없는 이야기도 있죠. 요즘은 이슈형 팬덤이라는 영역이 생성되고 있다고 말해요.

리얼리티 프로그램 〈머니게임〉을 예로 들어볼게요. 웹툰 IP를 기반으로 하는 프로그램인데, 8회까지 감상한 후에 크리에이터 출연자들의 리뷰 영상까지 소비하는 현상이 생기고 있어요. 프로그램 내용을 두고 출연자들끼리 의견을 나누고 주장이 부딪치는 것을 보면서, 이슈 자체의 팬이 되는 것이죠. 이처럼 이슈의 맥락을 따라가면서 콘텐츠를 재생산하는 현상이 더욱 활발해지고 있어요. 사람들

—
"점차 크리에이티브가 중심이 되는 IP뿐만 아니라, 그로부터 파생된 소비자들의 활동도 콘텐츠의 일부가 되고 있어요."

이 특정 관심사를 가진 그룹과 대화하는 데 익숙해진 것이죠. 가족이나 친구보다 그 이슈가 어떻게 전개되는지 잘 아는 팬들과 더 풍부한 이야기를 나눌 수 있으니까요. 이에 따라 이슈형 팬덤이라는 카테고리가 커지고 있고, 그 극단에 안 좋은 표현이지만 '사이버 렉카' 콘텐츠가 있고요.

콘텐츠 비즈니스 모델의 변화 추세

Q. 콘텐츠 비즈니스 수익 모델은 어떤 추세로 변화하고 있나요?

A. 콘텐츠에서 나올 수 있는 비즈니스 모델은 결국 광고 협찬, 콘텐츠 유통, 커머스, 광고의 일종인 유튜브 RS Revenue Share 와 같이 플랫폼과의 수익 분배라는 큰 틀 안에 머물러요. 저는 비즈니스 모델의 종류보다 판매 모델이 어떻게 다각화되는지에 주목하고 있어요. 콘텐츠 판매를 예로 들면, 유튜브와 같은 광고 기반을 A advertising 바드, 넷플릭스와 같은 구독 모델을 S subscription 바드, 웹툰처럼 콘텐츠 건별로 개별 결제를 T transactional 바드라고 부릅니다. 똑같은 콘텐츠 판매인데 방식이 다른 거예요.

예를 들어 티빙 플랫폼에 티빙티비라는 채널에서 〈응답하라 1988〉 같은 콘텐츠를 TV처럼 스트리밍하거든요. 중간에 광고를 넣는 등의 방식으로 콘텐츠 소비 방식에 따라 판매 형태를 다변화하고 있어요. 사실은 웹툰에서는 '기다리면 무료' 모델이 크게 한 획을 그었죠. 일종의 T바드 형식이지만, 마케팅적으로는 소비자들의 트래픽도 필요하니까요. 트래픽과 유료 수익을 동시에 얻기 위해 만든 모델이 '기다리면 무료'라고 생각해요.

기업별로는 자신들의 특성에 맞춰 유형화된 비즈니스 모델을 변주하기도 해요. 디즈니는 기존에 넷플릭스나 TV 채널을 통한 유통을 정리하고, 디즈니플러스로 유통을 집중시키는 도박에 가까운 큰 결정을 했죠. 기본적으로 IP에 대한 믿음과 디즈니가 보유한 유니버스의 팬덤 덕분에 가능했다고 생각해요.

근래에는 콘텐츠 번들링bundling, 즉 일괄 판매가 점점 강해지는 것이 아닌가 하는 생각도 들어요. 멜론 가입, 카카오TV 콘텐츠 구매, 네이버 웹툰 구매 등이 개별 유료 모델로 존재하지만, 소비자들의 시간을 많이 가져오려면 하루 동안 어떤 유형의 콘텐츠를 즐기는지 분석한 뒤 수직계열화vertical integration하고 대형화하는 것이 이득이니까요. 전반적인 추세인 것 같아요.

Q. 수직계열화에 대해서 추가 설명 부탁드려요.

A. 일반적인 수직계열화는 나무를 베어 목재를 만들고, 연필용으로 깎고, 흑연을 만들어서 연필에 끼워서 파는 유통업, 그리고 알파문구와 같은 소매점까지 가는 라인을 전부 하나의

회사가 담당하는 것을 일컬어요. 콘텐츠로 이야기하면 웹소설-
웹툰-영상-영화-커머스로 이어지죠.

Q. 웹툰, 웹소설, 영상, 음악은 수평으로도 볼 수 있지 않나요?

A. 수평으로도 볼 수 있지만, 수직계열화로 표현하는 이
유는 콘텐츠업에서 웹소설은 콘텐츠 스토리텔링에서 가장 기초
가 된다고 보기 때문이에요. 웹소설 플랫폼에서 가능성 있는 것
을 웹툰이나 영상으로 발전시키기 때문에 스토리의 가장 기본
형태의 구성이라고 생각하거든요. 보통 〈마블〉 시리즈도 웹툰을
기반으로 영상을 계속 쌓아가며, 전체 IP 유니버스를 확장하는
개념이라고 표현하고요. 결국 콘텐츠가 웹툰, 영상, 영화로 계속
확장되고, IP에서 파생된 제품이 〈마블〉 커머스 제품이 되거나,
삽입된 음원에서 파생되는 콘텐츠를 하나로 묶는 것이죠. 훌륭
한 IP를 중심으로 소비자의 시간을 가두리로 집어넣는 것이 디
즈니의 전략, 넷플릭스가 시도 중인 전략, 국내에서도 네이버나
카카오가 갖고 있는 전략이라고 할 수 있고요.

이 비즈니스 모델은 유튜브의 전략과는 다를 수밖에 없는
것 같아요. 유튜브의 목적은 시청 시간을 늘려서 광고를 더 많이
보게 하는 것이기 때문에, 광고를 계속 보게끔 전체 콘텐츠나 시
청 습관을 만들어왔어요. 콘텐츠 IP를 한 번에 소비하고, 한 번
에 즐길 수 있는 디즈니, 네이버 등은 콘텐츠 카테고리별로 존재

했던 비즈니스 모델이 아니라, 이종 간의 콘텐츠를 일괄 판매해서 내놓는 수직계열화, 즉 통합 모델이 강화되고 있어요.

글로벌에서도 NBC 등이 이와 같은 방식이에요. 해외 방송사들은 자사 OTT를 스포츠, 드라마, 오픈 플랫폼 등 버티컬별로 만들어서 구독 기반의 서비스를 하는데, 각 장르별 OTT를 묶은 가격 제도가 나오고 있죠. 사실 아주 새로운 모델은 아니에요. 예전 케이블TV 구독 시 패키지 요금제가 OTT로 옮겨간 거예요.

> **Q.** 역사를 반복하는 것이군요. 소비자 입장에서도 할인된 가격으로 여러 종류의 콘텐츠를 즐길 수 있고, 플랫폼 입장에서도 소비자를 록인해서 시간 점유를 할 수 있고요.

A. 국내의 재미있는 사례는 아마존과 비견되는 쿠팡이에요. 쿠팡플레이 유료 가입료가 2,900원이에요. 로켓와우 회원에게는 무료고요. 넷플릭스에 비해 매우 저렴하죠. 궁극적으로 커머스 비즈니스인 쿠팡을 키우기 위해 로켓배송과 영상 콘텐츠를 계속 밸류 체인으로 묶고 있는 거예요. 쿠팡이 글로벌 진출을 통해 커머스와 콘텐츠를 결합한 모델을 확장할 것이라는 것은 모두의 예상이고요. 밸류 체인 통합은 계속되리라 봅니다.

Q. 굉장히 중요한 포인트네요. 커머스와 콘텐츠를 번들링하는 것은 미국에서도 일어나고 있거든요. 미국은 한국에 비해 배송이 오래 걸리죠. 그러나 아마존 프라임에 가입하면 배송을 단 3일 만에 받아볼 수 있도록 서비스하고 있어요. 결국 이베이 등 다른 쇼핑몰이 아닌 아마존에서 더 장시간 쇼핑하는 록인 효과를 가져오죠. 그리고 아마존은 OTT 서비스도 해요. 손흥민의 토트넘 훗스퍼 다큐멘터리 등 오리지널 콘텐츠도 많아요. 넷플릭스에 필적하는 규모예요. 아마존프라임TV 서비스만으로 수익이 난다고 보기는 어렵지만, 이미 커머스에서 발생하는 수익이 대단하니까요. 많은 사람들이 쿠팡이 아마존과 같은 비즈니스 모델을 가져왔다고 보고 저도 동의합니다. 쿠팡플레이는 티빙, 웨이브 같은 OTT에도 의미 있는 경쟁자인가요?

A. 지극히 개인적인 의견으로는 의미가 있다고 봅니다. 쿠팡이 E-커머스 업계에 던졌던 화두가 몇 가지 있어요. 첫 번째, 로켓배송 중심의 배송의 혁신을 이뤘죠. 두 번째, '머니게임'을 가장 앞서 시작하고 이끌었습니다. '배달의민족'도 마찬가지인데요. 업계에서는 콘텐츠나 커머스뿐만 아니라 한두 회사가 남을 때까지 끝까지 버티면 결국 과점을 통해 승자가 될 수 있다는 인식이 존재해요. 그 인식이 쿠팡이 큰 적자에도 비전펀드 등의 투자를 유치해 회사를 계속해서 끌고 올 수 있는 원동력이었다고 보거든요.

이와 같은 현상을 글로벌 OTT의 현재를 통해 이해해봅시다. 케이블TV 이용료가 한국보다 2~3배 비싼 해외에서는 구독 기반 OTT가 나오면서 유료 방송을 끊고 OTT를 보는 코드

커팅cord-cutting, 혹은 케이블TV를 전혀 본 적이 없는 코드 네버 cord-never 세대가 나오면서 OTT 시장으로 트래픽이 계속해서 모였어요.

하지만 넷플릭스, 디즈니플러스, 피콕, 플루토, ESPN플러스 등 OTT 플랫폼들이 계속 생기면서 경쟁이 치열해졌죠. 콘텐츠 수급 비용을 회수하기 위해서는 가입비도 높여야 했기 때문에, 다시 광고 기반 OTT 플랫폼이 나오기 시작했어요. 사용자들을 록인 하기 위해 가격 정책들을 다양화시키는 쪽으로 가고 있죠.

결국 쿠팡플레이의 4,900원 요금제만으로는 자생 가능한 수익을 창출하는 비즈니스가 불가능해요. 하지만 국내에도 유료 가입형 OTT 숫자가 늘면서 좋은 콘텐츠를 싸게 볼 방법을 찾다 보면 쿠팡플레이로 사용자가 몰릴 가능성도 물론 높다고 생각하고요. 그러면 좋은 콘텐츠를 싸게 보기 위해 모인 사람들이 E-커머스로 전환될 가능성이 분명히 있어요. 요즘 쿠팡플레이가 콘텐츠를 쓸어 담는다고 표현하는데, 위협이 될 수 있다고 생각해요.

Q. 넷플릭스는 데이터 기반으로 콘텐츠를 기획한다고 하는데요. 이용자들을 상황별, 조건별, 취향별로 장르, 국가, 연령 등으로 더 세분화해서 분석하는 것이죠. 카카오나 네이버도 콘텐츠 비즈니스에서 파생된 커머스 영역을 키울 수 있을 것 같은데요. 사용자 동의하에 모이는 데이터의 활용법이 궁금합니다.

A. 데이터는 콘텐츠 비즈니스에서 상당히 중요합니다. 데이터 활용 방식은 커머스를 함께 갖고 있는 카카오와 쿠팡, 콘텐츠에 집중한 왓챠, 넷플릭스 등과 같이 보유하고 있는 비즈니스 형태별로 달라지죠. 요즘은 취향이 세분화되고 파편화되면서 소비 형태도 많이 변했어요. 종합 쇼핑몰 한 군데에서 모든 것을 구매하던 방식에서, 우유는 쿠팡 로켓배송, 옷은 29cm, 음식은 마켓컬리 등으로 다변화됐죠.

결국 데이터 활용 전략에서 자체 데이터를 보유하는 것만큼, 퍼스트, 세컨드, 서드 데이터를 어떻게 모아서 수집하고 분석 및 활용할 것인가가 중요해질 것 같아요. 많은 플랫폼이 종국에는 라이프스타일 플랫폼을 지향하는 이유도 자체 데이터만으로는 어려운 싸움이 되고 있기 때문이거든요. 넷플릭스도 커머스나 게임 쪽으로 비즈니스 모델 확대를 예고했는데, 넷플릭스의 메타 데이터가 커머스에도 유용할지는 의문이기도 해요.

Q. 일반적인 콘텐츠 비즈니스에서 미래를 대비하기 위해 갖춰야 할 역량은 무엇일까요?

A. 톱크리에이터 확보라고 생각합니다. 그들이 함께 하고 싶도록 만드는 것이 중요하죠. '스튜디오드래곤'이 만들어낸 모델을 떠올려볼 수 있어요. 앞서 해석한 수직계열화 형태로 이들을 계속 끌고 가기 위해서는 핵심크리에이터들이 곧 심장이고

역량이죠. 기존의 미디어 기업들은 크리에이터들과 기업간 사업, 고용 구조를 근본적으로 변화시키려는 고민이 필요해요. 그렇지 않으면 생존이 어려운 시대라고 생각합니다.

메타버스의 등장과 콘텐츠 산업이 맞이할 대격변

Q. 최근 메타버스에 대한 논의가 나오는데요. 10년 후 콘텐츠 비즈니스의 미래는 어떤 모습일까요?

A. 앞으로는 콘텐츠 산업과 XR, VR처럼 메타버스 환경의 기술 영역과의 결합이 더 강해질 것이라고 단언합니다. 새로운 형태의 콘텐츠를 소비하기 위해서는 디바이스와 데이터 속도가 관건이거든요. 데이터 하드웨어가 계속해서 개선되면서, 결과적으로 메타버스 같은 기술 집약적 콘텐츠 소비가 늘어나고 있어요.

그러나 이동통신사들이나, 페이스북처럼 메타버스로의 진화를 선언하고 하드웨어 개발까지 직접 하는 몇몇 기업을 제외하고 대부분의 콘텐츠 제작사들은 적극적인 대비를 못 하고 있죠. 지금 변화 속도로는 근시일내에 그 영역이 활성화 될 거예요. 과거에는 콘텐츠 산업이 좋은 PD 몇 명이 의기투합해서 진입할 수 있었던 영역이었다면, 이제는 진입장벽의 차원이 달라지면서 격차가 발생하지 않을까 생각합니다.

지속성과 확장성이라는 측면에서 버추얼 IP의 사업성이 크다고 예상하고 있어요. 예를 들어 아티스트 IP들을 콘텐츠 IP화하는 것이 중요한데 아티스트 IP는 사업권이 계약 기간에 한정돼 있거든요. 버츄얼 IP는 매력적인 개인 IP를 계속 보유할 수 있게 하죠. 오타쿠 문화가 강한 일본에서 이미 많이 활성화됐고 사례들도 나오는데, 메타버스 기술과 결합된 영역이라 아직은 적극 시도하지 못하고 있어요.

Q. 버추얼 IP는 앞으로 어떤 방식으로 활용될까요?

A. 기술의 발전으로 유니티 같은 게임 엔진 덕택에 버추얼 IP의 움직임이나 시나리오를 구현하는 제작 비용이 저렴해지고 있어요. 아직은 비용이나 기술 문제로 동영상보다는 정지된 인스타그램 이미지 콘텐츠로 만들어 팬덤을 구축하는 방식으로 활성화되고 있고요. 사실 애니메이션 캐릭터도 버츄얼 IP잖아요. OSMU 차원에서 기존의 애니메이션 캐릭터를 활용하는 방향으로 사업화되고 있지만, 비용과 기술의 임계점을 넘으면 궁극적으로는 버추얼 셀러브리티 분야가 확장될 것이라 예상합니다.

Q. 버추얼 IP가 사업적으로는 위험부담이 적고 제작 비용이 줄어든다고 해도, 소비자들의 반응은 계속 의문이에요. 그래도 인간에게서 느끼는 진정성이 더 가치 있지 않을까 싶은 것이죠. 인스타그램의 버추얼 인플루언서가 보여주는 멋진 라이프스타일이 실제 아이돌을 보고 환호하거나 친구를 맺는 상황에 비해 얼마나 효과적일까요?

A. 어느 정도는 공감하지만, 진정성을 기반으로 한 실제 만남과 버추얼 교류는 서로 다른 개념 같아요. 디지털카메라는 언제든 원하는 형태의 사진을 편하게 찍어서 업로드할 수 있는 데서, 필름 카메라는 그 자체 감성과 기다리는 데서 가치를 느끼니까요. 아티스트들은 오프라인 팬미팅이나 공연이 핵심이니까 그 가치를 온라인에 그대로 적용하면 못 미치겠지만요. 다른 차원의 비즈니스 모델이나 콘텐츠라면 나름의 가치를 갖고 있지 않을까요.

디즈니가 유튜브 환경에서만 1인 크리에이터와 경쟁한다면 경쟁을 지속할 수 없을 거예요. 하지만 소비자마다 플랫폼에서 기대하는 경험의 종류가 다르니까요. 팝콘을 먹거나 데이트를 하며 설렘을 얻으러 가는 극장에서 굳이 미드폼의 드라마를 만 원 내고 보지는 않겠죠. 이미 아이들은 디스코드로 대화하면서 마인크래프트를 하고, 그 안에서 동급생끼리 엄마, 아빠, 아이 역할을 부여해서 각자 역할에 맞게 적을 물리치거나 집을 깨부수는 상황극을 하면서 재미를 느끼더라고요. 오프라인에 근간하기는 하지만 이미 자신들이 속해 있는 세계관이 어디인가에 따라서 그곳에서 또 다른 관계 설정을 하고, 재미를 찾고, 이야기를 나누며 시간을 보내고 있는 거예요.

"결국은 신뢰가
생존의 도구가 되어줄 것"

저널리즘 콘텐츠의 비즈니스 모델

김준일

《뉴스톱》 대표

2001년 《경향신문》에 입사해 2011년까지 재직했다. 미국 오클라호마대
학교에서 저널리즘 박사과정을 마친 후 한국 사회 저널리즘 생태계에서는
전문성 있는 팩트체킹이 중요하다는 생각하에 팩트체크를 전문으로 하는
《뉴스톱》을 2017년 설립했다. MBC 〈100분 토론〉, CBS 〈김현정의 뉴스
쇼〉, KBS 〈최경영의 최강 시사〉를 비롯해 다양한 시사 프로그램에 출연해
왔다. 《뉴스톱》의 대표이자 대표 기자로서 취재, 데스킹을 담당한다.

한국에서 뉴스구독모델 실험이 중요한 이유

·················

오늘날《뉴욕타임스》,《이코노미스트》등은 플랫폼 경제 시대에 맞춰 온라인 유료 구독 모델을 성공시키고 있다. 그러나 한국은 네이버와 다음 등 포털에서 뉴스를 소비하는 패턴으로 뉴스에 비용을 지불하는 문화가 형성되지 않는다. 한국처럼 포털에서 뉴스를 보는 비율이 높은 일본의 경우에도 핵심 언론사《요미우리신문》,《아사히신문》,《주니치신문》의 기사는 야후 재팬 등의 포털에서 서비스하지 않는다. 유료로 자사 홈페이지에서 기사를 봐야 하는 시스템이다. 결국 포털에 헐값에 뉴스를 넘긴 것이 한국 언론사의 큰 패착이었다.

현재 한국 언론사들은 저널리즘적으로 상당히 비루하게 생존하고 있다. 비즈니스 측면에서 전통 언론사는 여전히 지면광고에 의지하거나 기후 위기, 코로나19 팬데믹 포럼 등을 열어 해외 유명 인사를 섭외하고, 기업 협찬을 받는 식의 비즈니스를 하고 있다. 또는 궁금증을 유발하는 낚시성 기사를 써서 클릭을 유도한다. 광고 시장이 감소하고, 부가 사업도 한계가 있기 때문에, 저널리즘은 느리지만 구독 시장을 지향할 수밖에 없다. 한국 언론사들은 언론사의 영향력이 개별 기사가 아니라 편집권에서 나온다는 점을 사업적으로 포기했다. 이런 척박한 환경 속에서 후원, 구독 등 새로운 비즈니스 모델을 시도하는 일은 쉽지 않다.

저널리즘 시장의 유료 모델은 지금 과도기 단계에 있다.《뉴스톱》은 팩트체킹을 바탕으로 후원 모델을 골자로 한 비즈니스 모델을 구축하고 있다. 구독 모델을 실험하는 단계의 작은 언론사로서 후원자가 대단히 많지는 않지만 꾸준히 늘고 있고, 신뢰를 받고 있다. 약 1~2년 뒤면 성공이나 실패를 가늠할 수 있지 않을까? 성공 가능성이 높은 좋은 모델이라 믿고 긍정적인 예측을 하고 있다. 긍정적인 것은 나이가 젊을수록 뉴스에 비용을 지불하는 비율이 높아지고 있다는 점이다. 젊은 층에게는 넷플릭스 구독과 언론사 구독이 정기 결제를 하고 콘텐츠를 본다는 면에서 동일하게 여겨진다.

구독 시장 : 한국 언론의 위기를 극복할 새로운 판로를 찾다

Q. 《뉴스톱》의 생존 모델은 무엇입니까?

A. 《뉴스톱》은 구독 기반의 새로운 비즈니스 모델을 실험하고 있습니다. 구독은 이익과 신뢰가 결합했을 때 활성화될 수 있습니다. 특히 저널리즘 영역에서는 효용보다 신뢰가 더 중요해요. 영국의 《가디언》이 투명한 저널리즘을 만들기 위한 노력을 통해 후원자 100만 명을 모은 것이 좋은 예입니다.

《가디언》은 편집회의를 모두 공개했어요. 기사를 내보내거나 강조할지에 대한 가치판단 과정은 일종의 영업 기밀인데도요. 회사에서 각 기사에 관해 결정을 내린 이유를 후원자뿐만 아니라 전체에게 공개했어요. 투명성을 강화한 소통을 통해 신뢰를 키운 것이죠. 한국 사회에서는 이런 시도가 잘 통하지 않았지만, 여기에 도전하는 것이 《뉴스톱》의 전략이에요. 사실상 저널리즘에서 구독은 후원과 구별이 어렵습니다. 특정 언론사에 투자하고 구독해서 얻는 효용가치가 다른 상품에 비해 낮으니까요.

Q. 언론사 구독을 하는 목적은 무엇인가요?

A. 경제 분야에 특화된 《월스트리트저널》 같은 몇몇 사

례를 제외하면 언론사 구독은 언론사를 좋아해서, 혹은 신뢰해서 후원을 하는 형태입니다. 《뉴스톱》은 기사량이 많지 않아도 정확한 보도를 하고, 진영이나 이념, 진보나 보수에 상관없이 모두가 수긍할 수 있는 콘텐츠를 만드는 것을 기본으로 삼았고, 이를 강조하는 전략으로 신뢰를 얻고 있습니다.

> **Q.** 언론사 구독자의 내면에는 후원이라는 심리가 깔려 있다는 점이 흥미롭네요. 넷플릭스나 다른 OTT, 앱 구독을 할 때와는 다른 양상인데, 이에 대해 더 설명 부탁드려요.

    A. 구독이 후원이나 신뢰와 이어지는 것은 저널리즘 분야의 특성입니다. 한국어로 하면 정기 결제라고 표현하는 것이 더 정확할 텐데요. 최초의 구독은 1617년에 영국의 존 민슈John Minsheu라는 언어학자를 기원으로 해요.* 존 민슈는 사전 편찬을 해야 했지만 당장 먹고살 돈도 부족할 만큼 형편이 좋지 않았습니다. 그래서 미리 돈을 지불하면 출판 후 완성본을 주겠다고 제안했죠. 그를 믿은 사람들이 실제로 돈을 냈고, 이것이 구독의 시작이었습니다. 구독료subscription의 어원도 여기에서 왔어요. '밑(sub-)'에 '쓰다(script)'라는 의미가 합쳐져 '지원해주겠다.',

---

* 이성규, "18세기에 유행했던 구독이 저널리즘 영역에서 다시 뜬 이유", 《뉴스톱》, 2018.4.10.

'후원해주겠다.'라는 의미로 서명한 것이 구독의 시초입니다. 이처럼 구독은 처음부터 후원으로 시작했어요.

Q. 존 민슈의 사전 편찬 같은 경우는 구독이라기보다는 크라우드 펀딩에 가깝지 않나요?

A. 그렇죠. 구독의 시작은 이와 같은 형태였어요. 당시에는 정기적인 결제 개념은 아니었고요. 돈을 지불한 뒤 약속을 이행하기까지 믿기 위해 신뢰 관계가 필요했던 것이죠. 이처럼 신뢰 관계를 기반으로 시작했던 언론이 자본주의가 발전하면서 여러 콘텐츠를 통한 효용을 중시하다가, 다시 신뢰가 중요해지는 흐름으로 변화하고 있는 것입니다.

Q. 현재 언론사의 비즈니스 모델을 나눈다면 클릭을 유도하는 낚시성 기사로 광고 수익을 얻는 모델, 구독 혹은 신뢰를 바탕으로 후원을 받는 모델이 있잖아요. 전자는 그마저 있던 신뢰도 없애는 방식 같아요.

A. 그렇습니다. 신뢰 쌓는 것을 포기하는 것이죠. 한국 언론사가 대부분 클릭 경쟁에 경도돼 있어요. 미국 등 다른 국가는 체류 시간이나 재방문율을 종합적으로 보는데, 한국 언론의 광고 단가는 클릭 수가 기본이기 때문에, 기사를 쪼개고 내용이

없어도 일정 시간마다 종합 1보, 2보의 업데이트 종합을 쓰는 부작용이 있어요. 신뢰와 역행하는 방식을 택한 것이죠.

Q. 신뢰를 얻는 것이 항상 수익으로 연결이 되나요?

A. 무조건 신뢰가 높다고 해서 바로 돈으로 연결되지는 않아요. 신뢰가 돈으로 연결될 수 있는 방법을 업계에서 고민해야 하는데 여전히 관심이 부족하고요. 신뢰를 기르고 신뢰를 키우고, 그리고 신뢰를 어떻게 수익으로 만들 것인가에 대해서 머리를 맞대야 해요. 그동안은 정부 지원금이나 기업 광고비에 익숙해져 있었지만, 이제는 점점 광고비의 포션이 줄어들고 있으니까 할 수밖에 없는 상황에 몰릴 거예요.

한국 언론의 현재를 점검하다

Q. 적절한 예일지 모르겠습니다만, 《오마이뉴스》가 "모든 시민이 기자다."를 모토로 기사 후원 모델을 갖고 왔었죠.

A. 《오마이뉴스》도 2000년 창간 후 20년이 지나면서 기

성 언론사에 가까워졌어요. 시민 기자들도 있지만, 기존 언론사와 마찬가지로 정치부, 경제부 등 출입처 시스템으로 내부 기자들이 더 많은 기사를 쓰고요. 개인적으로는 초창기에 오연호 대표가 그렸던 모델과는 멀어졌다고 평가합니다. 돈을 버는 방식에서는 기성 언론사처럼 광고 중심에, 기사 건별 후원 방식을 하고 있죠. 건별 후원 방식은《프레시안》,《한겨레》등 다른 언론사에도 많이 도입돼 있어요.《한겨레》는 후원 모델로 변화를 시도했고요.

Q. 〈가로세로연구소〉같은 한국의 정치색이 굉장히 강한 유튜브 채널들은 유튜브가 제공하는 슈퍼챗super chat을 통해 큰 수익을 얻고 있는데요. 일종의 후원 모델로 볼 수 있나요?

A. 후원 모델의 일종이에요. 아프리카TV의 별풍선에서 시작됐잖아요. 후원을 빌미로 생산자의 자유를 제약하는 부작용이 있었기 때문에 구글에서는 도입하지 않으려고 했어요. 그러다가 별풍선이 너무 잘되니까 슈퍼챗을 도입했고, 수수료를 약 30% 가져갑니다. 후원에는 편의성도 중요하거든요. 마케팅에서 소비자가 취해야 하는 액션이 추가될 때마다 이탈률이 굉장히 높아지는데, 슈퍼챗은 상당히 쉽게 할 수 있거든요. 한국의 독특한 특성에 유튜브 생태계가 저널리즘의 한 영역으로 들어오면서, 해당 비즈니스 생태계가 상당히 커졌어요.

유튜브 시사 채널은 정파성이 분명할수록 사람들이 더 지갑을 여는 구조예요. 약간 주술적인 것이 있거든요. 듣고 싶은 이야기를 해주는 곳으로 사람들이 쏠려요. 〈가로세로연구소〉나 〈김어준의 다스뵈이다〉처럼 정파성이 분명할수록, 채널 정지에 걸리지 않을 정도로 적당히 선을 타는 능력도 운영상 중요한 테크닉이죠.

Q. 《뉴스톱》의 사명이 뉴스 TOF News True Or Fake**인데요. 가짜 뉴스가 너무 많으니 이것들을 하나하나 체크하겠다는 의미인가요?**

A. 팩트는 회색이거든요. 빨갛지도 파랗지도 않습니다. 누구의 유불리를 위해서 존재하는 팩트가 아니예요. 그래서 국민들이나 언론사들도 정파적인 성향이 강한 한국에서 《뉴스톱》 같은 매체는 전형적으로 모두에게 외면받거나 비난받는 일이 굉장히 비일비재해요. 로이터저널리즘연구소에서 전 세계 40개국을 대상으로 매년 「디지털뉴스리포트」를 조사해 발표하거든요. 2020년 한국의 저널리즘 신뢰도는 4년 연속 최하위로 평가됐어요. 관점이 없는 뉴스 대비 나와 같은 관점의 뉴스를 선호한다는 응답에서, 한국은 터키, 필리핀, 멕시코에 이어 4위였어요. 진보면 진보 뉴스만 본다는 거예요.

기자, PD 등 동종 업계나 정치권에서는 《뉴스톱》의 팩트에 대한 공신력을 인정받고 있지만, 지지자들은 인지 부조화를 겪기 때문에 불편하죠. 내가 지지하는 정치인과 언론 사이에서 저울질을 하면 언론을 버립니다. 2019년 미국의 퓨리서치 센터 조사에 따르면 팩트체크를 통해 지지하는 정치인에 대한 부정적인 보도를 하면, 팩트체크가 편향됐다고 믿는 사람들이 대부분이라고 해요.

'포털'과 '공짜 기사'와 '기레기'의 상관관계

> **Q. 돈과 저널리즘 주제로 다시 돌아가죠. 《뉴스톱》의 비즈니스 모델은 무엇인가요?**

A. 기사 건별 후원을 받지는 않습니다. 한국 저널리즘 시장이 개별 콘텐츠를 판매하기에는 여건이 굉장히 안 좋거든요. 앞서 인용했던 로이터저널리즘연구소의 연구 결과를 보면 한국은 네이버, 다음이라는 뉴스 전문 포털에서 기사를 보는 비중이 73%예요. 전 세계에도 유례가 없는 압도적 1등이죠. 다른 국가는 구글, 야후 재팬 등이 평균 30% 정도 비중이에요. 다른 나라는 그래도 대가를 지불하는 습관이 있지만, 한국에서 뉴스는 다 공짜예요. 언론사들의 패착이죠.

Q. 스스로의 선택한 결과라는 것이네요. 한국 언론사의
비즈니스 환경이 미국의 《뉴욕타임스》, 일본의
《요미우리신문》처럼 자리 잡을 수 있을까요? 포털을 통한
뉴스 제공을 최소화하고, 편집권을 다시 가져와서 개별
언론사에서 과금을 하는 식으로요.

A. 포털 입장에서도 트래픽 유지를 위해 뉴스 서비스를
포기할 수 없어요. 한국에서 《뉴욕타임스》의 페이월 방식은 쉽
지 않습니다. 《한겨레》가 10만 명의 후원자를 모으겠다는 시도
를 했죠. 창간 당시는 주주를 모집한 것이었고요. 안타깝게도 결
과는 좋지 않았습니다. 한국 언론사는 합종연횡도 불가능해요.
회사를 합치면 광고가 줄어드니까 인력을 감당하기 어려워져요.

Q. '기레기'라는 표현이 등장할 정도로 기자들에 대한, 언론인에
대한 사람들의 평가와 기대, 그리고 신뢰가 더 떨어진 것이
아닌가 싶어요.

A. 기레기가 기자와 쓰레기를 합친 말이잖아요. 세월호
참사에서 오보를 한 이후 본격적으로 사용된 것으로 아는데요.
'방송국 놈들' 같은 느낌이죠. 그런데 이런 표현이 한국에만 있
는 것은 아닙니다. 일본에 마스고미マスゴミ라는 단어가 있습니다
마스가 매스미디어의 마스マス고요. 고미ゴミ가 쓰레기예요.
　저널리즘에 대한 신뢰 하락은 한국뿐만 아니라 전 세계적인

현상이기도 해요. 로이터저널리즘연구소의 조사에 따르면 신뢰도 평균치는 매년 떨어지고 있습니다. 그 이유로는 매체와 미디어 환경 변화가 굉장히 크다고 보는데요. 뉴스인 것과 아닌 것에 대한 구분이 이제는 잘 안 되죠.

사람들은 유튜브에서 보는 시사 콘텐츠를 뉴스라고 받아들여요. 한국의 경우 유튜브로 뉴스를 보는 비율이 45%인데, 유튜브 뉴스는 콘텐츠 질이 들쑥날쑥하잖아요. 그러면 뉴스에 대한 만족도가 기본적으로 떨어질 수밖에 없죠. 특정 매체의 콘텐츠 퀄리티가 일정하지 않다기보다는 예전에는 언론이 아니었던 곳을 사람들이 언론으로 받아들이면서, "왜 이렇게 기레기 같은 기사를 써?" 하는 식으로 흘러가는 경우가 굉장히 많아요.

그래서 한국의 저널리즘 신뢰도가 꼴찌를 한 이유 중의 하나로 포털을 꼽기도 해요. 포털에서는 클릭 수 경쟁을 하거든요. 아무리 좋은 양질의 기사도 자극적이지 않으면 노출이 안 돼요. 결국 자극적으로 강조된 기사만 접하다 보니 한국 기자들은 그리고 기사들은 다 '쓰레기'라는 인식이 강해지는 것이고요.

Q. 중점이 됐던 키워드 중 하나가 신뢰였고, 그 핵심이 신뢰가 수익으로 연결되는 과정을 어떻게 만들어낼 것인가에 대한 것이었는데요. 신뢰가 수익으로 연결되는 분야는 어디일까요? 의료, 법처럼 전문성이 담보되는 경우 외에 신뢰에 대한 지갑을 열게 하는 분야가 무엇일까요?

A. 기본적으로 브랜드라고 생각해요. 브랜드에 대해 호오의 감정이 있잖아요. 자신만의 취향이 있을 테죠. 개인도 브랜드화되고, 변호사도 브랜드화되는 시대에 언론사도 조금 더 브랜드화가 돼야 한다는 거예요. 여기에서 신뢰라는 테마를 잡은 것이고요. 다른 것보다 조금 더 신뢰가 중요하게 작용을 하니까요. 한마디로 언론도 브랜드화가 필요해요. 쉽게 말하면 열혈 팬을 만들어내는 것인데, 이때는 꼭 신뢰가 아니어도 돼요. 누구를 좋아해서 팬덤으로 갈 수도 있는 것이니까요. 물론 저널리즘은 기본적으로 신뢰가 더 중요하게 작용하죠.

브랜드화를 수입으로 창출하는 것은 각자의 방식일 거예요. 따라서 이런 방식의 연구가 더 이뤄져야 한다고 생각해요. 지금은 정보 과부화 상태이고, 이럴 때일수록 무엇이 맞고 틀린지에 대한 정확한 정보를 주는 언론, 신뢰할 만한 매체나 개인의 존재가 굉장히 중요해지거든요.

"관념을 전복하는 것이 성공적인 PR의 핵심"

플랫폼 환경 변화와 PR 비즈니스

강함수

에스코토스컨설팅 대표

1998년부터 미디어홍보, 명성 및 위기관리, 리더십 및 조직 커뮤니케이션, 디지털 전략 컨설팅 서비스를 수행하고 있다. PR 및 전략커뮤니케이션의 리서치 방법론 모델을 바탕으로 500건 이상의 대기업과 정부 부처 프로젝트를 수행했다. 위기관리 전략가로서 기업 대상 이슈관리 자문, 위기 시뮬레이션, 미디어트레이닝, 온라인 위기 대응, 리더 커뮤니케이션 전략 코칭 등을 연간 300시간 이상 진행한다. 메타커뮤니케이션즈와 청와대 공보실에서 PR 실무를 경험하고 에델만코리아의 이사를 거쳐 2009년 '에스코토스컨설팅'을 설립했다. 성균관대학교 신문방송학과에서 박사과정을 수료하고, 동대학교 미디어융합커뮤니케이션 대학원 겸임교수를 맡고 있다.

PR의 정의와 범위

....

PR의 주 업무는 기업의 정보나 제품 정보를 주로 보도자료 형태나 대면 커뮤니케이션으로 기자에게 전달해 뉴스 구성의 기초를 제공하는 것에서 시작했다. 무엇이 뉴스 가치가 있는지를 검토하고 그것을 증명하거나 인용될 수 있는 객관적 자료를 개발해 매스미디어의 뉴스 생산과정에 참여하는 것이었다.

국내의 경우 1980년대 후반 매스미디어가 발전하면서 취재 과정 중에 정보를 제공하는 기능과 역할이 필요했다. 당시에는 '홍보팀'이 별도로 조직되어 있기보다는 총무, 재무, 기획 등이 조직 안에 기능적으로 포함되어 있었다. 미디어와 기업 간 정보의 흐름을 관리하는 차원에서 PR 비즈니스가 형성되고 PR 에이전시 산업이 태동했다. 보다 능동적으로 미디어 관계를 맺으면서 자료를 바탕으로 설명하고 설득하는 활동에서부터 미디어 보도 분석과 기업의 커뮤니케이션 메시지 관리까지 업무가 확대되어 왔다.

소비자의 관심사를 분석해서 기업 정보 중 뉴스 가치가 있는 스토리를 발굴하고 미디어에 제공하는 일은 PR의 핵심적 기능 중 하나다. 미디어의 관심을 유도하는 다양한 PR 활동을 통해 뉴스 가치를 만들어내는 것이다. 설득이라는 관점에서 PR과 광고는 유사하다. 하지만 광고는 매체에 직접적으로 비용을 지불해서 광고 지면을 얻지만, PR은 영향력과 맥락과 상황을 통해서 기자들이 직접 취재하고 보도할 수 있도록 뉴스 가치를 만든다. 편집 과정에서 뉴스 가치를 결정하는 것은 미디어이므로, 그 과정에 영향을 주는 것이 중요하다. 따라서 PR의 역할은 기업이 전하고 싶은 메시지를 데스크나 편집자가 원하는 방향에 맞춰 전달하는 것이고 이를 위해 메시지 생산에 다른 방식으로 초점을 맞춰야 한다.

PR, 사회의 관점을 변화시키다

Q. PR이란 무엇인가요? 개인적인 정의도 좋습니다.

A. 한국말로 번역할 때는 홍보라고도 하고, 공공적인 관점에서는 공보라는 말을 쓰기도 하는데요. 어떤 표현을 쓰든지 PR이 갖고 있는 어원에 기반해 이해하는 것이 중요해요. 퍼블릭, 즉 공중public과의 관계relations라는 측면에서 이야기하는 것이거든요.

그런데 상호 간의 관계란 서로를 바라보는 관점이에요. 서로를 바라보는 관점은 상당히 가변적일 수밖에 없죠. 사회적인 상황에 따라, 또 경제적인 교환에 따라 끈끈해지기도 하고 아니기도 하고요. 또 때로는 그냥 마음을 다 터놓고 줄 수 있기도 하고요. 궁극적인 PR은 전략적으로 이 상호관계성을 유지하고 개선하고 강화하는 것인데, 그렇게 하기 위해서는 결국 그 시선과 관점을 전환시켜야 가능합니다. 그것이 바로 PR의 힘이 아닐까 생각합니다. 어떤 상황에 변화가 생겼을 경우 그동안의 생각을 바꿔야 행동이 변하게 됩니다. 기업이 빠른 대내외 환경, 이해관계자의 인식 등 변화에 긴밀하고 효과적으로 대응하기 위한 의사결정 기준을 제시해주는 것도 PR의 본질이라고 생각합니다.

Q. 콘텐츠를 만들어낸다는 측면에서, PR에서 조금 더 중점을 두는 부분은 무엇인가요?

A. 한마디로 콘텍스트Context에 대한 고려죠. 제품과 서비스를 판매하는 기업의 마케터, 의사 결정자가 생각하는 '좋다.'와 PR 관점에서의 '좋다.'는 다를 수도 있습니다. PR에서는 해당 조직의 생각, 소비자의 생각, 이해관계자의 생각, 여기에 사회적 맥락까지 모두 고려했을 때, 이것이 이슈나 반작용이 없을 것인지에 대한 전체적인 판을 봐야 해요. 이런 접근을 할 수밖에 없는 이유는 미디어를 포함해 이해관계자들이 직접적으로 이슈를 제기할 수 있기 때문입니다. 그래서 정말 좋은지, 무엇보다 좋은지를 질문할 수밖에 없어요. 이 모든 것들을 고려해 '좋은 점 중 더 좋은 강조 포인트talking point'를 맥락을 고려해서 선정한 후 콘텐츠를 조성하죠. PR은 접근 방식 자체가 조금 달라요. 다른 한편으로 PR은 그 콘텍스트를 형성시킬 수 있는 힘을 가지고 있죠. 사람들이 제품이나 기업을 조금 더 이해할 수 있도록 여론을 미리 조성한 후에 알리는 장치도 할 수 있고요. 기존에 관습적으로 해왔던 행동을 바꾸거나 우리가 미처 생각하지 못했던 문제를 공론화해서 변경하는 기회를 얻는 것도 PR이 가진 맥락 관리의 힘입니다.

Q. 캠페인을 통해 사회적 맥락을 만들어낸 사례가 있을까요?

A. 사회적 맥락을 조성한 사례로 저는 역사적으로 PR 실무를 태동시킨 에드워드 버네이스Edward Bernays를 자주 언급합니다. 국내에 그의 저서 《프로파간다》가 번역되어 있습니다. 선전-선동이라는 관점에서 비판하는 관점도 있지만, 동의를 이끌어내는 과학적인 설득이라는 관점의 PR을 실현한 사람입니다. 그는 바나나 수입 회사의 홍보를 맡아 진행한 적이 있었습니다.

과거에만 하더라도 바나나는 열대 과일이라는 생각에 따뜻할 때 먹는다는 고정관념이 있었어요. 그런데 뉴욕의 겨울은 대단히 춥죠. 버네이스는 바나나를 겨울에도 많이 팔 수 있도록 해달라는 의뢰를 받습니다. 이때 버네이스는 열대 과일이 건강에 어떤 영향을 미치는지를 증명하려고 해요. 소아과 의사들에게 테스트를 시켜 바나나가 감기에 좋다는 근거를 만들죠.

여기에서 중요한 것은 바나나뿐만 아니라 열대 과일을 모두 의뢰했다는 사실인데요. 왜 그랬을까요? 바로 신뢰도를 높이기 위해서였습니다. 그렇게 열대 과일의 영양소를 강조하고 바나나가 감기나 소화에 좋다는 근거를 만들어 미디어에 알리는 작업을 합니다. 도서관에도 그런 자료들을 공급하고요. 또 소아과에 온 아이들에게도 그런 내용들을 전달했죠. 이처럼 자연스러운 방식으로 바나나의 소비를 촉진할 수 있는 사회적 맥락을 만들었어요.

이런 접근은 지금도 많이 하고 있어요. 어떤 제품을 제공할 때 소비자들의 행태 변화나 트렌드를 파악해서, 그 트렌드를 조금 더 강화시킬 수 있는 캠페인을 먼저 벌이거든요. 이후 자연스럽게 제품에 관심을 갖게 하는 것이죠.

Q. PR과 크리에이티비티, 즉 창의성은 어떤 관련이 있나요?

A. 설득 커뮤니케이션의 전반전인 크리에이티비티는 감성적이라기보다 대단히 이성적이라고 생각해요. 물론 각각 요소가 다 포함되기는 하죠. 하지만 PR에서 이야기하는 크리에이티비티는 대단히 논리적이고 체계적이고 이성적인 접근을 통해, 전체적인 구성을 만드는 과정이라고 생각해요. 한마디로 정리하면 생각의 전환을 이뤄내는 것이죠. 사람들이 어떤 이슈, 사건, 제품, 기업을 바라보는 시선을 전환시키는 작업을 하는 것이니까요. 다시 말해 '도안적 창의성Conceptual Creativity'이라 하겠습니다. 결국 PR을 비롯해 전략 커뮤니케이션이라는 것은 사람들의 생각을 전환시키는 것이고, 이를 위해서는 창의적인 측면에서의 접근이 필요하다고 이야기할 수 있습니다. PR에서 요구되는 창의성을 북돋우기 위해서는 대상을 바라보는 관점을 변화시키는 활동 즉, 관념을 뒤집어보거나 남의 생각을 표현해보는 일과 함께 영상과 텍스트를 넘나드는 생각표현법을 키워야 한다고 생각합니다.

PR에서 테크놀로지의 발전이 의미하는 것들

Q. PR에서는 콘텐츠, 테크놀로지는 어떤 의미인가요?

A. 저희 에스코토스컨설팅은 리서치 기반의 전략 커뮤니케이션이라는 정체성을 강조합니다. 그래서 리서치가 무엇이냐, 데이터를 어떻게 다룰 것이냐, 증거 기반의 커뮤니케이션 전략과 실행을 어떻게 해나갈 수 있느냐는 측면에서 궁금증을 해결하기 위한 접근을 많이 해왔어요. 온라인에 표출된 고객의 니즈, 의견, 감성 등을 수집하고 분석하는 과정에서 기술은 매우 중요합니다. 고객 인식 및 행동 데이터, 데이터와 데이터 간의 관계 분석, 수십만의 텍스트에 대한 내용 분석, 의미 분석 등에 필요한 기술(언어 네트워크 분석, 담론 분석, 의미망 분석 등등) 등 전략을 수립하기 위한 환경분석, 타깃 오디언스 분석, 미디어의 매커니즘 분석 등에 테크놀로지는 필수적으로 필요한 시대에 있습니다. 그런데 여기서 더욱 중요한 것은 단순 공학적 기술에 머무는 것이 아니라 그것을 활용해 어떠한 인사이트를 도출하는가가 관건이라는 사실입니다. 유기적인 활용이 필요한 부분이고요.

다음으로 콘텐츠 또한 PR에서 상당히 중요해요. 콘텐츠 PR이라는 개념은 나온 지 꽤 오래됐죠. 디지털 시대의 방향성을 이야기하면서 기업이 미디어를 구성해서 미디어적 역할을 해야 한다고 하거든요. 전통 미디어 취재기자를 대상으로 하는 정보 제공과 설득 행위로는 분명한 한계가 있으니, 기업 자체가 일종의 뉴스룸 체계와 기능을 갖춰야 한다는 주장까지 나옵니다. 그런 측면에서 PR이 콘텐츠를 어떻게 구성하고 형태적 다양성을 어떻게 적용할 것인지, 또 사람들에게 어떻게 도달하도록 하고 참여를 유도할 것인지 하는 일련적인 과정에 PR이 깊이 개입되고 있다고 생각해요. 앞으로 그 영역은 점점 더 커질 것이고요.

Q. 앞으로 PR 업계에서 주목해야 할 이슈들이 있을까요?

A. 이제 경쟁의 판이 바뀔 것이라는 점을 유념해야 할 것 같아요. 이제 전략 컨설팅 회사, 리서치 회사, 디지털 마케팅 회사, 전통적인 PR 회사 모두와 경쟁을 해야하는 시대가 됐어요. PR 영역의 관점에서 살펴보면, 기업 조직 내부의 커뮤니케이션 문제를 해결하는 내적 위기Internal Risk 관리에 주목해야 합니다. 내부 구성원 간의 조직 커뮤니케이션 전략에 관련된 서비스는 비즈니스 환경의 불확실성, 모호성, 애매함이 커질수록 중요해집니다. 기업 간 인수합병이나 새로운 비즈니스 모델의 신생회사도 증가할 것입니다. 해당 기업의 조직문화 변화, 내부 조직 커뮤니케이션 전략 등은 기업의 성장력이나 회복탄력성과도 연결이 되는 문제입니다. 앞으로 조직 내부 커뮤니케이션 이슈는 매우 중요해질 것입니다.

Q. PR에서 중요하게 생각하는 데이터는 무엇인가요? 제품을 사용한 후기나 기업에 대한 평가, 또 다른 관심사들은 온라인상 이미 많이 표출돼 있잖아요.

A. 생각, 인식에 관한 데이터라고 해야 할까요? 결국 PR은 '인식perception'을 다룹니다. 지금 당장의 생각, 과거로부터 생각의 변화를 매번 추적해왔습니다. 전통적으로는 구조화된 설문을 설계해 대상을 선택하고 조사·진단하는 방식에만 의존했다면, 지금은 비정형 데이터이지만 사람들이 온라인에 표출한 의견, 감성, 아이디어, 표현 내용 등을 활용할 수 있습니다. 온라인 데이터가 인사이트를 직관적으로 파악할 수 있을 만큼 정확한 것은 아닙니다만, 데이터는 데이터 한 종류만으로는 인사이트를 얻을 수 없어요. 여러 데이터를 비교 교차해서 살펴보는 접근이 필수적이에요.

Q. 개인적으로 얻고 싶은 데이터가 있다면요?

A. 생각하고 있는 모든 것이죠. 우리가 원하는 것은 사람들의 인식이니까요. 또 하나 행동 데이터도 중요해요. 어떤 인식에 대한 행동의 연결성을 살펴보는 것은 매우 중요하다고 봅니다. 어떤 인식이 있다면 종속인지 동인인지는 몰라도 그 인식과 연결돼 상호 간에 영향을 미치는 데이터가 필요하거든요. 그

때 가장 중요한 것이 행동 데이터예요.

성장하는 PR 비즈니스를 위한 성공 모델

Q. PR에서 수익을 만들어내는 방법과 그 중 가장 중요하다고
생각하는 수익원은 무엇인지 설명해주세요.

A. PR 비지니스의 기본적인 수익원은 수임료예요. 투입
된 시간에 관련된 비용을 받는 것이죠. 미디어를 만나 설득하고
보도자료를 쓰고 자료를 분석하고 스토리를 개발하고 이벤트를
진행하는 등 일련의 시간에 대한 비용을 청구합니다. PR회사의
AE와 컨설턴트는 회사별로 고객사에게 공급할 수 있는 고정된
시간과 회사운영비, 판매비, 수익 등을 고려해 직위마다 시간당
단가를 설정해놓습니다. 제공하는 서비스 업무의 수임료 형성을
통해 일정한 수익을 확보합니다. 다른 한 축은 어떤 문제를 해결
했을 때 얻는 가치를 기반으로 서비스 예산 범위를 만듭니다. 단
순히 투입 인력에 따른 수임료 외에 우리가 문제를 해결하기 위
해 개발한 방법론, 솔루션에 대한 기대 및 활용 비용을 적용하는
것입니다. 이 부분이 가장 중요한 수익원이기 때문에, 서비스에
고도화된 컨설턴트를 투입해서 문제를 해결했을 때 발생하게 되

는 가치를 규정해놓는 것이 중요합니다.

Q. PR 비즈니스는 현재 성장 중인 산업입니까? 10~20년 후 PR 비즈니스의 미래는 어떤 모습일까요?

A. PR 비즈니스는 계속 성장해 왔고, 앞으로도 성장 모멘텀이 크다고 생각해요. 한국의 국제적 위상이 올라가면서 글로벌 비즈니스 기회가 많아지고 있습니다. 기업이 이해관계자의 관계에 따라 비즈니스 성장성, 지속가능성에 영향을 받게 되면서 PR의 가치를 경험하고 이해하는 경영자가 늘어날 것입니다. 장기적으로 PR 회사는 기업이 성장하고 변화하고 위기에 직면했을 때, 전략적으로 함께해야 할 파트너로서 자리 잡을 것입니다. 그에 따라 PR 비즈니스는 조직 내외부, 위기관리 등 커뮤니케이션 상황이나 특화된 세부 영역별로 진단 및 전략 수립, 실행, 대행 역할을 아우르면서 전문화되고 진화될 것이라 예측해봅니다. PR 비즈니스는 '기업과 비즈니스에 대한 지적 자산이 응축돼 있는 산업'으로 성장할 것이라고 생각합니다.

플랫폼 변화에 따른
레거시 미디어 시장의 변화

변화 1 : 대작 콘텐츠와 무료 콘텐츠 시장의 양극화

Q. 앞으로 콘텐츠 시장은 어떻게 변할까요? 스타트업보다는 대기업에 소속되면 더 다양한 시도를 할 수 있을까요? 오히려 수익화에 대한 책임을 많이 느끼시는 듯합니다.

김석현 학생들에게 "재미있는 콘텐츠 만들어봐." 하면 별의 별 아이디어를 다 낼 테지만요. 사업계획까지 짜오라고 하면 숨이 턱 막힐 거예요. 재미있는 것만 하는 것은 콘텐츠 독점 시장일 때나 가능했죠. 방송을 위해서는 수십억 원대의 장비를 써야 했고, 대학에서 제일 공부 잘하던 사람들이 고시 공부하듯 해야 방송사에 들어갈 수 있었던 시대였으니까요. 어떤 것을 만들어도 광고가 붙었고, 그 수익으로 방송국 사람들 모두가 잔치를 하고 인센티브를 받아도 남을 정도로 돈을 많이 벌었어요. 하지만 이제 거장들을 제외하고 잔치는 끝났어요.

이제부터는 방송사도 고민해야 합니다. 콘텐츠의 품질을 높여서 넷플릭스에 비싸게 파는 것만이 정답일까요? 그렇지는 않아요. 결국 양극화가 찾아올 거예요. 게임 중에서도 수십만 원을 주고 구입해서 계속 '현질'을 해야 하는 비싼 콘텐츠가 있는 반면, 광고 하나 보면 하트를 주는 게임이 있잖아요. 콘텐츠도 〈왕좌의 게임〉, '슬기로운 생활' 시리즈처럼 돈을 내고 봐야 하는 콘텐츠들이 흥행에 배팅하는 시장과 광고를 보면 공짜로 볼 수 있는 광고와 꼬마 콘텐츠 시장, 이렇게 양분될 거예요.

세상은 냉정해요. 이런 공식은 중세 시대 때부터 존재했어요. 우리가 아는 위대한 화가들은 후원자가 있었죠. 대작들은 모두 그렇게 만들어졌어요. 단순하게는 재능이 있으면 기회도 있다고 생각할 수 있지만 투자는 걸작으로 다시 돌려줘야 하죠. 결국 검증된 사람은 점점 더 대규모의 콘텐츠를 만들고, 검증되지 않은 사람은 콘텐츠인지 광고인지 헷갈리는 시장에서 이전투구하듯 버텨야 할 거예요. 아수라장에서 돋보인 사람들 중에 대작 쪽으로 넘어가는 사람이 종종 있겠지만, 예전에는 수백 명이 경쟁했다면 이제 수십만 명과 싸워야 하니 더욱 힘들죠.

Q. 어디를 가도 콘텐츠가 쏟아지는 세상입니다. 눈이 쉬는 꼴을 못 보는 것 같아요. 아파트 엘리베이터에도 포커스 미디어사의 스크린 광고를 틀잖아요. 중소 규모 스튜디오나 스타트업이 디지털 분야의 늘어난 수요에 맞춰 유니크하고 재미있는 콘텐츠와 브랜드로 성공하기도 하고요. 현재 지상파나 전통적 영상 사업자에 디지털 부문의 수익원은 어느 정도의 중요성을 지니나요? 예를 들어 CJ ENM의 음원 제작, 공연, 콘서트, TV, 케이블 PP 등 기존에 중요성을

차지하던 사업군과 비교한다면요?

김석현 디지털 사업부가 생긴 지 2년 반 정도 됐는데요. 처음에는 진짜 아무것도 없었어요. TV에서 벌어들이는 수입의 1,000분의 1은 됐으려나요. 그런데 지금은 10분의 1까지 좇아갔어요. 디지털 사업부 매출만 700억~800억까지 올라갔죠. 부서에 직원도 몇 명 없는데 매출 규모가 굉장히 빠르게 올라간 거예요. 국내 경쟁사와 비교했을 때도 급속도로 커져서 현재 1등이에요.

몇 년 후면 TV와 비슷해지지 않을까 싶어요. TV는 정체되거나 떨어질 텐데, 그 돈을 잘 흡수한다면 더 올라갈 것 같기도 하고요. 작년 임원회의 들어갔을 때와 느낌도 굉장히 달라요. 황당해 보이는 이야기도 다들 경청하기 시작했거든요. 과거 저희 예측과 상상이 거의 정확히 맞아떨어지고 있어요.

하지만 한편으로 사람들의 생각은 쉽게 바뀌지 않아요. 그리고 생각이 변해도 실천은 어렵고요. 코닥이 망했잖아요. 디지털 카메라가 나오는데 대리점들을 지키려고 필름 시장을 고수하다가요. 기존 한국 콘텐츠 광고 시장도 우리 생활 습성에 맞게 만들어지고, 산업도 그에 맞춰서 30년~50년간 지속돼왔죠.

전문 제작자 외에 일반 시청자, 광고주, 마케터에게도 완성도 높게 기승전결이 명확한 프로그램이 익숙하고, 업계 사람들의 머릿속은 관련 부수 사업으로 꽉 차 있어요. 이런 방식으로 명성을 쌓으려고 하죠. 방송사의 카메라들도 모두 디지털이고 유통 체계나 기술은 이미 변했는데 사람들의 생각은 아직도 과거의 채플린 시대 영화를 찍던 시절에 멈춰 있어요. 결국 우수한 인력들이나 예산들을 디지털에 쏟아붓는 배팅을 하기 힘들죠.

　　신생 업체가 아닌 기존의 탄탄한 조직은 더해요. 한쪽이 커지려면 다른 한쪽이 작아져야 하는데, "미래 사업이 잘 돼야 하니까 우리가 스스로 기득권을 줄이겠습니다." 하는 사례는 전 세계 어디에도 없어요. 내 조직과 후배들이 피해받을까 봐 함부로 동의해줄 수가 없는 것이죠. 지상파 등 조직이 탄탄한 기업들은 동의가 어렵기 때문에 디지털 분야를 확장시키지 않는 거예요.

　　그런 면에서 CJ ENM은 가장 빠르게 동의해주고 미래로 가고 있는 회사죠. 과거에 비해 독립적인 조직으로 인정받기 시작했어요. 그전에는 TV, 영화, 음악 사업이라는 큰 사업을 보조해주는 역할 정도로 요식적인 조직으로 여겨졌다면, 지금은 성장 가능성이 있는 독립 조직으로서 인정받고 있죠. 어떻게 하면 디지털 부문이 더 커질 수 있겠냐는 질문을 최고경영진들에게 받기 시작했다는 것이 달라진 위상을 증명해줍니다.

변화 2 : 콘텐츠 발견 가능성을 높이기 위한 고민

Q.　한국 콘텐츠 업계가 당면한 이슈나 위협은 무엇인가요?

임성철 콘텐츠의 발견 가능성에 관한 것입니다. 전체 유튜브 소비 시간이 늘고 있지만 광고 규모는 한정돼 있거든요. 그런데 콘텐츠가 많아지다 보니 유튜브는 시청자가 선호하는 콘텐츠에 광고를 몰아줍니다. 그래서 일주일에 3개 콘텐츠를 만들던 유튜버들도 이제는 5~6개를 만들어야 예전만큼의 유튜브 RS를 가져올 수 있는 상황이에요. 유튜브와 같은 오픈 플랫폼에 기반한 비즈니스를 가진 회사라면 플랫폼의 알고리즘에 따라 비즈니스가 휘청거릴 수 있는 여지가 커졌죠.

Q. 10년 전 페이스북에서도 봐왔던 현상 아닌가요?

임성철 문제는 점점 더 심해지고 있다는 거예요. 유튜브와 같은 오픈 플랫폼에만 의존하는 사업자들에게는 점점 어려운 게임이 되고 있다고 할 수 있습니다. 특히 시간 점유 차원에서는 크리에이터와 미디어가 동일한 시간을 놓고 같이 경쟁하는 구조거든요. 크리에이터들은 콘텐츠 제작 비용이 0에 수렴하는 경우가 훨씬 더 많아요. 반면 미디어 사업자들은 콘텐츠 퀄리티를 높이기 위해 투입 비용이 계속 높아지고 있죠. 제작비당 수익률 면에서는 시장의 큰 위기라고 할 수 있어요.

또 하나는 안전성 이슈예요. 광고를 비롯한 콘텐츠 업계 공통의 고민일 텐데, 웬만한 자극에도 흔들리지 않는 구독자의 경우 시선을 사로잡기 위해 점점 더 선을 넘는 것이죠. 그런 크리에이터들이나 콘텐츠 사업자들이 많아지고 있어요. 유튜브를 비롯한 콘텐츠 플랫폼에 광고 비즈니스의 수익이 50~90%까지 차지하거든요. 이제 광고주들이 성적 수치심을 유발하거나 모욕적인 즉 안전성이 담보되지 않는 콘텐츠에서 광고를 빼고 있어요. 플랫폼, 광고주, 크리에이터 입장에서 기존의 뷰어 숫자를 유지하면서도 브랜드 세이프티를 지켜가야 한다는 것이 가장 큰 도전이라고 생각합니다.

콘텐츠 안정성을 이유로 광고 비즈니스가 유튜브나 페이스북 같은 오픈 플랫폼에서 광고 기반 OTT로 이동하기도 해요. 광고주들이 안전성이 담보된 OTT 중 구독이 아닌 광고에 기반한 훌루Hulu, 피콕Peacock 같은 플랫폼, 혹은 유무료 형태의 플랫폼과 페이월을 적용하는 콘텐츠 플랫폼 등을 선호하는 경향이 나타나죠.

변화 3 : 플랫폼 의존에 따른 콘텐츠 제공사 수익 악화

Q. 포털 등장 이후 저널리즘 분야에 어떤 변화가 일어났나요?

김준일 2000년 즈음 네이버, 다음 등 닷컴 붐 시기에 언론사들도 홈페이지를 만들었어요. 당시 중앙일보 조인스닷컴 값어치가 네이버보다 컸죠. 거의 아시아 1위였어요. 당시 네이버가 언론사들에게 기사를 유료로 산다고 제안했고, 홈페이지 운영 경험은 없고 적자가 나던 언론사들이 콘텐츠가 얼마나 중요한지 알지 못하는 상태로 다 팔아넘겼죠.

그렇게 뉴스를 네이버로 소비하는 습관이 생긴 후에는 네이버에 노출되지 않으면 매체 파워 자체가 떨어지게 됐죠. 4분의 3 이상이 네이버에서 뉴스를 보는데 자사 홈페이지에서만 기사를 제공하는 것으로는 운영이 불가능하죠. 결국 완벽하게 종속 관계가 형성된 것입니다. 네이버는 엄청난 이득을 얻고 있죠. 네이버가 뉴스 콘텐츠에 쓰는 비용이 3,000억 원 정도인데, 네이버 페이지뷰 절반은 뉴스에서 나와요. 말도 안 되게 남는 장사죠.

> Q. 해외 언론사들은 한국에 비해 닷컴 붐 초기 상대적으로 구독자들을 묶어놓는 데 성공했네요. 사실상 신문을 본다는 경험은 언론사의 관점으로 취사 선택한 정보의 패키지를 구독하는 것이잖아요. 그런데 한국 뉴스가 포털로 가면서 더 이상 '조중동', KBS, MBC가 아니라 네이버가 어떤 뉴스를 봐야 하는지 선택하는 시대가 된 것이고요. 언론사 영향력의 원천이 어젠다를 정해주는 것이었는데 이를 잃으면서 사실상 무장해제된 거잖아요. 반면 네이버는 언론으로서의 영향력을 줄이는 방식의 개편을 하고 있지만, 여전히 큰 것 같아요.

김준일 네이버에서는 언론사 사이트로 직접 연결되는 아웃링크 방식, 뉴스 스탠드 등을 시도했고, 2017~2018년에 AI Airs를 도입했어요. 수익 분배 방식도 클릭 수 기반으로 바꿨죠. 네이버와 다음은 언론사가 아니라 인터넷 서비스 사업자라 청탁 금지법도 적용받지 않아요. 사실상 언론이지만 언론사로 규정돼 있지 않아서 그 무책임에 대한 문제 제기가 계속되고 있고요. 네 이버가 언론사들과 함께 구독 시스템을 구축하고 있는데, 저는 높은 확률로 실패할 것이라 예측합니다. 언론사마다 유료 콘텐츠를 만드는 인력이 2~3명에 그쳐요. 돈을 주고 뉴스를 보는 습관이 없는 상태에서 구독 모델은 어렵고, 결국 언론사들이 신뢰를 올려야 한다는 결론으로 갈 수밖에요.

전망 1 : 비콘텐츠 기업의 미디어 기업화

Q. 미래에는 '모든 브랜드가 미디어화 될 것이다.'라는 전망을 어떻게 생각하나요?

윤상희 동의합니다. 미디어커머스의 형태가 개별 브랜드들이 각자 미디어를 소유하는 방식이 되지 않을까요. 블랭크에도 "우리 브랜드 채널, 우리 브랜드 미디어화 해줘."라는 제안들이 많이 들어왔었어요. 블랭크의 '바디럽'의 채널에는 제품 광고뿐만 아니라 〈윤식당〉 같은 〈스테이 바디럽〉이라는 체험 예능 콘텐츠가 있었거든요. 소비자에게 전달하고자 하는 가치를 각 브

랜드가 미디어화해서 소비자들을 일종의 팬으로 만들려고 노력하는 거예요. 각 브랜드에서 이런 작업을 하고 있기 때문에 개별 브랜드의 미디어가 콘텐츠 제작사보다 더 발전한 형태로 나아갈 것이라 예상합니다.

Q. 브랜드도 팬을 만들고 충성도를 높이기 위해 다양한 포맷의 콘텐츠를 제공하고 있군요. 현대차도 HMG TV라는 채널을 운영하고 있던데요. 이런 방식의 실제 성과가 궁금합니다.

윤상희 광고 효율 면에서는 광고 노출 1,000건당 비용을 의미하는 CPM Cost Per Mille 면에서 〈스테이 바디럽〉이 오가닉으로 100만 조회수를 달성하는 성과가 있었어요. 유사하게 〈홈킷리스트〉라는 채널에서는 3개월 전 제품 정보를 제공한 상품 중 실제 출연자가 고른 제품에 한해 풋티지 광고를 제작하는 방식을 시도해요. 예를 들면 출연자가 모도리 냄비를 쓰고 있는 장면을 실제 광고로 만들고, CJ, 샌드박스와 연결해서 유튜브커머스 기능으로 구매할 수 있는 모델을 구축해놓는 것이죠. 업계에 없던 방식인데 블랭크가 콘텐츠 제작비를 상회하는 매출 발생 구조를 만들었어요.

대부분의 미디어커머스는 콘텐츠 제작사와 기존 브랜드를 연결하는 방식이에요. 블랭크처럼 자사 제품을 콘텐츠화, 광고까지 연결해 매출을 일으키고, 콘텐츠 제작비를 회수하는 형태는 도전적이고 새로운 시도죠. 현대자동차의 경우 광고를 보고 바로 구매로 이어지는 것은 아니니까 저가형 제품 측면에서 충분히 리쿱recoup할 수 있는 구조가 콘텐츠 미디어를 통해 발생할 수 있다고 봅니다. 미디어커머스에서 구매 가능한 상한선이 어느 정도냐 했을 때, 재미있는 사례가 있어요. 구찌가 거스 반 산트Gus Van Sant 감독과 단편영화를 제작해서 유튜브로 공개했는데, 미디어커머스에서 구매할 수 있는 가격에 대한 소비자들의 심리적인 장벽이 가방을 구매할 수 있는 정도로까지는 올라갔다고 생각해요.

Q. CJ ENM 디지털 사업부의 업무 영역은 광의로 보면 광고 대행사나 디지털 마케팅 대행사와 같아 보여요. 사실상 광고 대행사는 특정 광고주의 소셜미디어나 유튜브 채널을 운영해줄 때, 촬영이나 콘텐츠 제작은 외주를 주거든요. 하지만 CJ ENM은 기존의 사업 구조 안에서는 광고 대행 비즈니스를 갖고 온 것이기 때문에 콘텐츠의 기획부터 실제 촬영, 제작도 원스톱으로 가능하고요. 동시에 CJ ENM의 다른 콘텐츠와도 엮어서 채널 운영까지 할 수 있네요. 광고 대행사 입장에서는 정말 어렵겠어요.

김석현 사실 요즘 광고 회사들 상황이 좋지 않아요. 저희 같은 새로운 부서가 생기고 그것을 사업화시키고 있으니까요. 기획부터 제작까지 하니까 보유한 IP도 결합할 수 있고요. NH 농협 유튜브 계정을 저희가 수주했는데, 〈어쩌다 어른〉, 〈책 읽어 드립니다〉 프로듀서가 직접 제작해서 콘텐츠 질이 확 달라지다 보니 NH에서도 굉장히 만족했어요. 이런 방식으로 사업을 확장하죠. 아직까지 수익이 많지는 않지만, 광고 형태를 콘텐츠와 결합시켜서 세상에 없던 것들을 계속 만들어나가고 있어요. 영상 비즈니스가 과거에는 TV나 영화 중심이었지만, 이제 3~4대 카메라만 있으면 콘텐츠가 되고 유튜브에 올릴 수 있으니까요.

전망 2: 레거시 미디어와 디지털 플랫폼의 콘텐츠적 재미

> **Q. 디지털 미디어와 전통 미디어의 제작 공식은 무엇이 다른가요?**

김석현 유튜브 시작 초기에 타깃을 명확하게 세우는 과정에서, 돈이 가장 안 들고 비즈니스가 잘 될 것 같은 분야로 고른 것이 인문학이었어요. 그렇게 〈사피엔스 스튜디오〉를 운영해보니 가설이 맞았죠. 영상 길이가 길어도 사람들이 좋아하면 보고, 길이가 길고 위험하지 않은 콘텐츠니까 비싼 광고도 많이 붙었어요. 방송사에서와 달리 디지털 세상은 경험해보지 않은 것이기 때문에 과거의 데이터로 미래를 판단할 수가 없겠더라고요.

〈디글〉이라는 채널도 있어요. 기존 IP를 재가공하고, 뒤섞어서 편집하거나, 촬영을 보강해서 디지털 매시업을 하는 브랜드예요. 드라마 두 개를 섞어서 새로운 이야기를 만드는 것 같은 새로운 실험을 많이 하는데, 허락받지 말고 알아서 하라고 했어요. 과거 경험으로는 재미있는지 판단하기 어려운 영역이 너무 많았거든요. 디지털 세상에서는 재미없는 것은 자연 도태되고 재미있는 것만 살아 남아요.

TV나 영화 시장은 무조건 흥행에 성공해야 하니까 재미없는 것도 마케팅을 해야 하고, 출연자들도 토크쇼에 나가서 홍보에 목숨을 걸죠. 하지만 디지털 세계는 자연의 세계 같아요. 일단 많이 만들면 재미있는 것은 선택받아요. 선택과 집중을 기획 단계에서 하지 않죠. 일단 해보고 선택해요. 서부의 황야라면 한 군데에 '몰빵' 하지 않고 여기저기 가보고 생각하는 것이죠.

Q. **모바일, 태블릿, PC처럼 혼자 보게 되는 콘텐츠와 TV 프로그램처럼 대체로 온 가족이 함께 감상하는 콘텐츠는 각각 어떤 재미를 추구해야 할까요?**

임성철 가족과 함께 보는 콘텐츠는 음악을 소재로 하거나, 감동을 주거나 범용적이면서 감성적인, 공통의 관심사가 엮여 있는 콘텐츠들이 많아요. 반면 휴대전화로 본 콘텐츠의 족적은 들키기 싫은 감성이 강하죠. 자극적이거나, 은밀하거나, 정치 성향 등이 강하게 드러나는 콘텐츠가 주로 유튜브에서 각광받고 있고요. 라이브 방송도 가족과 함께 보지는 않아요. 아프리카TV

를 가족과 보는 것은 이상한 경험일 거예요. 내가 좋아하는 크리에이터와 공유하는 키워드와 단어로 소통하고, 별풍선이나, 슈퍼챗 등 리워드를 주는 것은 함께 시청하는 가족과가 아니라 나라는 개인과 크리에이터 개인 간의 인게이지먼트engagement에 가깝거든요. 콘텐츠 소비 패턴이 개인화되고 1인 가족이 증가하고 있는 만큼, 모바일에서 개인 스크린을 통해 시청하면서 개입할 여지가 있는 콘텐츠에 수요가 생길 것이라 전망하고 있습니다.

Q. 개인용 콘텐츠와 가족용 콘텐츠의 차이 이상으로 재미의 종류가 다른 것이 있을까요?

임성철 디지털 미디어에서는 〈가짜사나이〉, 〈머니게임〉처럼 실제 리얼리티에 중점을 두고 혼란과 이슈를 만들어내는 콘텐츠가 굉장한 인기를 얻습니다. 하지만 이들은 공중파에서 방영하기에는 너무 자극적인 콘텐츠들이죠. 유튜브와 같은 오픈 플랫폼에만 의존하는 사업자들에게는 점점 어려운 게임이 되고 있다고 할 수 있습니다.

앞서 시간 독점을 이야기했지만 젊은 층은 콘텐츠 하나에 긴 시간을 쓰기 어렵기 때문에 여유가 될 때 빠르게 소비하고 이야기 나눌 수 있는, 짧은 시간에 강한 흡입력을 주는 매운맛 콘텐츠에 대한 열망이 높아요. 일방적으로 콘텐츠를 흡수하기보다 크리에이터와 직접 인터랙션하거나 함께 감상하는 사람들끼리 커뮤니티를 통해 개인화된 감정을 나누고 공유할 수 있는 장이 함께 있어야 가치를 느끼는 것 같아요.

과거의 콘텐츠는 처음과 끝이 있는 완성된 드라마와 같은 형태였다면, 콘텐츠 개념 자체가 확장되고 있는 것이죠. 영상이나 웹툰 같은 크리에이티브 콘텐츠에서 끝나는 것이 아니라 그다음 커뮤니티도 중요해요. 댓글도 콘텐츠고, 오픈 채팅방도 콘텐츠로 즐기죠. 젊은 층은 유튜브를 볼 때 댓글을 먼저 본다는 이야기도 있어요. 영상의 앞부분 10~30초를 살펴보거나 썸네일을 보고 댓글이 많이 붙은 영상을 보는 것이죠. 프랜차이즈, 시리즈 콘텐츠는 댓글 흡입력과 참여율이 더 높게 나타나고 있거든요. 결과적으로 콘텐츠 자체뿐만 아니라 사람들이 서로 감성과 이야기를 나누는 커뮤니티 기능에서 더 많이 호응을 얻고 있다고 할 수 있습니다. 나와 같거나 다른 감정을 느끼는 사람들끼리 토론하고 논쟁하며 콘텐츠를 보기 때문에 즐기는 방식 자체도 굉장히 많이 바뀐 것 같아요.

Q. 콘텐츠 측면에서 레거시 미디어의 미래도 궁금합니다. 언론과 AI, 데이터의 활용과 연관 지어 설명해주세요.

김준일 기술의 접목만으로는 바로 수익으로 연결되지 않기 때문에 그만큼 발달이 어려워요. 개념을 조금 정리해야 하는데요. 데이터 저널리즘과 로봇 저널리즘은 완전히 다른 장르고요.

사실상 데이터를 다룬다는 것은 무수한 제반 작업이 필요하잖아요. 빅데이터가 뚝딱 나오는 것이 아니니까요. 데이터 저널리즘도 마찬가지예요. 조작적 정의를 해서 분류를 하면 바로 활용할 수 있도록 도출되는 식이 아니에요.

로봇 저널리즘은 해외에서도 활용되고 있고, 현재 《연합뉴스》의 날씨 기사는 로봇이 쓰죠. 이제는 숫자가 많이 나오는 주식 기사, 날씨 기사, 스포츠 기사도 외국의 경우는 로봇이 많이 작성해요. 자동화가 이뤄지고 있는 것은 맞죠. 하지만 로봇이 쓰는 기사는 돈이 된다기보다 인력 감축이라는 경영 효율화와 비용 절감의 관점이에요. 새로운 이익을 창출해내는 것은 아닙니다. 그러니까 《조선일보》나 《한겨레》에서 로봇이 기사를 작성한다면 차이점을 낼 만한 콘텐츠도 있어야겠죠. 결국 당연히 사람이 작성하는 기사도 있어야 하고요. 어떻게 차별화하느냐가 앞으로 저널리즘에 굉장히 중요한 지표가 될 거예요.

§

파편화된 콘텐츠 포맷이
저널리즘 전반에 미치는 영향

테크 기업과 콘텐츠 기업이 소비자의 24시간을 두고 경쟁을 벌이는 시대, 가장 타격을 입은 것은 신문과 방송으로 대표되는 레거시 미디어 산업이다. 전통적인 미디어 산업의 비즈니스 모델은 광고 수익을 대가로 무료 콘텐츠를 제공하는 것이었다. 길게는 수십 년 동안 지탱돼온 비즈니스 모델은 높은 진입 장벽 덕분에 유지될 수 있었다. 그러나 과점 상태로 유지되던 레거시 미디어의 세상은 새로운 테크놀로지들이 속속 등장하며 균열을 겪어왔다.

지난 2008년 정보통신 정책과 방송 정책을 통합해 다루는 방송통신위원회가 출범한 것은 방송과 통신의 융합에 정책적으로 대응하겠다는 대표적인 시그널이었다. 디지털 미디어의 등장으로 인쇄 광고의 쇠락에 시달리던 신문사들은 종합편성채널을 통해 방송 산업에 진출했다. 하지만 이듬해 2009년 아이폰이 국내에 진출한 이후 소비자들의 손에는 스마트폰이 쥐어졌다. 이후 한국의 미디어 시장은 과거와는 비교할 수 없는 속도와 폭의 변화를 경험하고 있다.

2010년 전후 스마트폰이 대중화되면서 온 가족이 TV 앞에 둘러앉았던 풍경은 역사책 속에서나 나올 듯한 과거가 됐다. 리모컨이라는 권력을 쥔 가족 구성원이 선택한 프로그램을 모두 함께 봐야 했던 문화도 사라졌다. 어느덧 개인이 각자의 스크린에서 보고 싶은 프로그램을 선택해서 시청하는 N스크린의 시대가 열렸다. 한편으로 미디어 학자 헨리 젠킨스Henry Jenkins는 TV의 시대에 라디오가 살아남았듯 새로운 미디어가 등장한다고 과거의 매체가 사라지는 것은 아니라고 이야기한다. 새로운 형태의 매체들이 등장하더라도 시청자가 기대하는 핵심적인 요구들은 변하지 않는다는 이야기다.

하지만 스마트폰이 대중화되면서 방송과 통신의 결합이 평범한 사람들의 삶에 일으킨 변화는 점차 명확해졌다. 이제 방송은 누군가와 함께 시청하는 방식에서 벗어났다. 각자의 손에 스크린을 하나씩 쥔 개인들은 방 안으로 뿔뿔이 흩어져 방송을 소비한다. 스마트폰이 등장하기 전까지만 해도 TV 연출자들은 보다 많은 사람들에게 오랜 시간 공감을 얻는 것이 목표였다. 하지만 유튜브는 누구나 자신의 이야기를 전 세계에 전할 수 있는 창구를 열었다. 유튜브가 가져온 새로운 영상 문화의 시대에 대중을 상대로 하던 레거시 미디어 연출자들의 고민은 깊어졌다.

과거에는 각 매체별로 콘텐츠의 장르, 관습적인 내러티브, 주제를 표현하는 방식 등이 상대적으로 고정돼 있었다. 이런 상황에서 콘텐츠 제작자들은 동일한 매체의 동일한 장르 안에서 콘텐츠 품질을 높이는 방법을 고민하는 것이 주된 역할이었다. 하지만 미디어 융복합이 현실화되면서, 게임의 규칙은 변화했다. 이미 오래전부터 회자돼온 지상파의 위기라는 말은 오늘날 OTT 시장이 활성화되면서 더욱 크게 와닿는다. 광고 수익 대비 유통 수익의 비중이 커지고, 포맷 수출 시장이 열리는 등 지상파 방송사의 수익 구조 또한 새로운 각도에서 바라볼 필요가 있다.

콘텐츠의 융합은 가치 사슬의 각 단계에서 변화를 가져왔다. 전통적인 미디어 산업에서는 예산을 확보해서 기획을 하는 단계와 정해진 포맷 안에서의 크리에이티브를 고민하는 제작 단계, 그리고 이를 수익화하는 배급과 홍보로 가치 사슬이 구분됐었다. 하지만 하나의 플랫폼에서 모든 장르의 콘텐츠가 경쟁해야 하는 시대가 도래하자, 전체 가치 사슬을 통합적으로 이해한 기획이 요구됐다. 이제 콘텐츠를 생산하기 위해서는 예산 조달 방법부터 콘텐츠 구성, 그리고 릴리즈 후 이용자의 참여로 영향력을 확대해가는 모든 성장 과정을 기획에서 함께 고려해야 한다.

3장

디지털 생태계에서 크리에이티브가 갖는 힘은 무엇인가

플랫폼 다양화에 따른
IP 비즈니스의 새로운 국면

· · ·

"넷플릭스의 최대 경쟁자는 디즈니가 아닌 포트나이트다."

2019년 리드 헤이스팅스는 자신들의 경쟁자를 전 세계의 콘텐츠 왕국을 지배하던 디즈니가 아닌 배틀로얄 게임 포트나이트로 꼽았다. DVD 구독 서비스로 시작해 전 세계 드라마와 영화 등 영상 콘텐츠 업계의 새로운 강자가 된 넷플릭스 CEO는 왜 포트나이트를 언급했을까? 그 이유는 바로 전 세계가 주목 경제 시대에 돌입했기 때문이다. 생활의 모든 영역이 플랫폼화되는 시대가 도래하면서 전통적 콘텐츠 제작사뿐만 아니라 모든 플랫폼이 사람들의 24시간을 더 많이 끌어오기 위한 싸움에 임하고 있다.

이 장에서는 플랫폼 기술이 가져온 변화 속에서, 여전히 개인의 창의력으로 빚어지는 콘텐츠 IP의 중요성을 짚어본다. 책의 저자인 이주현 교수는 킬러 IP와 플랫폼의 규모가 콘텐츠 플랫폼의 성공을 위한 필요조건이라고 강조한다. 〈오징어게임〉의 성과는 넷플릭스가 글로벌 플랫폼으로서 가진 구독자 커뮤니티 없이 성립할 수 없었고, 넷플릭스 또한 〈오징어게임〉을 독점으로 제공했기에 새로운 구독자들을 확보하며 영향력을 유지할 수 있었다.

데이터가 이끄는 플랫폼 비즈니스의 핵심은 이용자들을 자신의 플랫폼에 더 오래 머무르게 하는 것이다. 넷플릭스의 무기는 영화나 드라마 같은 콘텐츠다. 플랫폼 체류 시간을 증대시키기 위해 넷플릭스는 콘텐츠의 장르나 특성을 마이크로 태깅micro tagging하는 노하우를 발전시켜 왔고, 나아가 사람들이 지금 원하는 콘텐츠를 직접 제작함으로써 독점 공급하며 플랫폼의 영향력을 키워가고 있다.

한편 플랫폼 경제가 도래하고 미디어 환경이 변화하면서 콘텐츠의 세계는 양극화되고 있다. 다수의 개인 크리에이터들이 방대한 콘텐츠로 이용자들을 확보하는 세계의 한편에는, 회당 수십억 원의 제작비를 투입해 만드는 마블 시리즈나 〈왕좌의 게임〉과 같은 블록버스터 IP 프랜차이즈의 세계가 있다.

1인 창작자들이 스스로 콘텐츠를 만든다는 점에서 유튜브는 넷플릭스의 대척점에 있다. 유튜브는 그 초기부터 평범한 사람들이 콘텐츠를 만들어 공개할 수 있는 플랫폼을 지향해왔다. 그리고 이용자 각각의 취향에 맞는 콘텐츠들이 사람들의 시선을 붙잡을 수 있도록 최근에 감상한 콘텐츠와 유사한 콘텐츠를 추천하기 위해 AI를 활용한 추천 알고리즘을 활용한다.

이제는 소수의 거장이 아닌 평범한 개인들이 크리에이터로서 플랫폼 비즈니스를 견인한다. 이에 따라 '크리에이터 이코노미'에 주목하는 사람들도 늘고 있다. 따라서 이 장에서는 유튜브의 인플루언서, 웹툰 작가, 팟캐스터와 같이 다수의 크리에이터들을 활용해 콘텐츠 비즈니스를 활성화하고 있는 전문가들과 이야기를 나눴다.

MCN 업계의 황상준 CJ ENM 디지털콘텐츠사업본부 팀장, 김덕봉 콜랩코리아 한국지사장을 통해 드라마와 웹툰, 유튜브 등 오리지널리티를 가진 크리에이터들이 만드는 결과물들을 현재의 환경에 맞게 사업화하는 콘텐츠 플랫폼에 대해 살펴봤다. 또한 MCN은 어떤 기준으로 크리에이터들을 발탁하는지, 콘텐츠가 만들어지는 이면에는 어떤 비즈니스 모델이 생태계를 지탱하도록 이끄는지에 대한 생생한 사례도 들어봤다.

한편 IP 비즈니스의 고도화로 주목받고 있는 웹툰 비즈니스에 대해서도 조명해보고자 했다. 〈김비서가 왜 그럴까〉, 〈이태원 클라쓰〉, 〈지옥〉, 〈D.P.〉 등 웹툰에 기반을 둔 드라마들이 성공하면서, 웹툰은 차세대 K-콘텐츠의 원동력으로 주목받고 있다. 매력적인 세계관, 캐릭터, 사건 전개 등의 오리지널 아이디어를 품은 IP가 성공하면, 〈해리 포터〉나 마블 시리즈처럼 영화 스크린, TV, 게임, 웹툰 등 이종의 장르를 넘나들며 부가가치를 생산할 수 있기 때문이다. 하나의 IP를 계속해서 변형하고 확장하는 트랜스 미디어 스토리텔링이 할리우드의 성공 비법으로 회자되면서, 국내에서도 웹툰·웹소설 IP를 드라마·영화로 발전시키는 전략이 일반화됐다. 이소현 카카오엔터테인먼트 웹툰사업실 MD팀 팀장이 국내 웹툰 시장의 비즈니스 모델과 트렌드에 관한 인사이트를 나눠줬다.

"콘텐츠 IP와 플랫폼 쌍끌이 전략이 중요한 이유"

콘텐츠 산업의 게임 체인저 조건

이주현

성균관대학교 글로벌융합학부 교수

고려대학교에서 신문방송학을 전공하고, 미시간 주립대학교에서 디지털 광고로 석사와 박사학위를 받았다. 이후 제일기획을 거쳐 에델만코리아 전무, CJ ENM 상무를 역임했으며 현재는 성균관대학교 글로벌융합학부 부교수로 재직 중이다. 콘텐츠 비즈니스 기획자로 Theorem Media와 Storysmith라는 스타트업을 창업하여 이끌고 있다.

* 이 장은 이 책의 저자인 이주현 교수와 강혜원 박사의 대담 형식으로 구성되었다. 이주현 교수가 만난 국내 최고 플랫폼 기업, 콘텐츠 기업, 광고대행사, 엔터테인먼트 기업 CEO들과 나눈 대화에서 얻은 통찰이 녹아 있다. 해당 CEO들의 요청에 따라 이름은 밝히지 않는다.

콘텐츠 IP와 플랫폼의 상관관계

· ·

콘텐츠 IP란 오리지널 아이디어를 담고 있는, 콘텐츠의 핵심 요소들에 관한 저작권이라고 정의된다. IP라는 개념이 중요해진 것은 디지털 기술과 제작 과정, 2차 생산과 유통의 유연화라는 콘텐츠의 제작과 유통, 소비 환경과 밀접한 관계를 맺고 있다.

이주현 교수가 콘텐츠와 플랫폼 간의 관계에 대해 주목한 것은 소셜미디어가 인기를 끌기 시작한 2000년대 중반이었다. 트위터, 페이스북, 유튜브 등의 플랫폼에서 개인 사용자가 만들어낸 콘텐츠가 소비자의 시간을 붙잡는 동안 전통적인 콘텐츠 기업은 콘텐츠의 대형화와 체계화로 대응했고, 이주현 교수가 몸담았던 CJ ENM에서 설립한 '스튜디오드래곤'은 이같은 전략의 결정판이었다. 스튜디오드래곤이 제작한 작품들은 CJ ENM 계열 채널 사업자들뿐만 아니라 지상파 방송사들, 나아가 넷플릭스를 통해 흥행했다. 최근 국내 OTT 시장 경쟁이 심해지며, 오랜 시간 지상파 방송사의 편성에 기대왔던 드라마 제작사들의 계약 협상력은 역전되고 있다.

스튜디오드래곤의 대형 콘텐츠 전략은 이후 JTBC 등 방송사는 물론 웨이브, 카카오, 쿠팡, KT 등 여러 대형 플랫폼 기업에 의해 도입되었다. 고품질의 IP를 확보하여 사용자 충성도를 확보하고 플랫폼으로서의 입지를 굳히는 전략은 아마존이 아마존 프라임 비디오를 선보인 것이 시초라고 할 수 있으며, 디지털 생태계에서 콘텐츠 산업과 플랫폼 산업이 서로 떨어져 있지 않음을 보여준다.

이주현 교수는 기술과 데이터에 기반한 '콘텐츠와 플랫폼의 더 밀접한 결합'을 고민하고 있다. 콘텐츠는 전통적인 TV 문법에서 더 나아가 시청자의 의견을 어떻게 반영, 확장시킬 것인지, 시청자의 소비 경험은 몰입을 해치지 않으면서 어떻게 더 인터랙티브하게 진화할 수 있는지, 이를 위한 새로운 플랫폼은 어떤 모습을 띨 것인지 등이 그의 화두이다. 이 장에서 그는 그의 경험과 믿음뿐 아니라 CJ ENM, 카카오, 네이버 등의 경영진과 대화에서 얻은 통찰과 깨달음을 소개한다.

영상 콘텐츠 비즈니스의 핵심
: IP, 콘텐츠, 플랫폼

Q. 콘텐츠 산업, 특히 넷플릭스와 카카오엔터테인먼트 등이 영위하는 영상 콘텐츠 산업의 업은 무엇이라고 할 수 있을까요?

A. 플랫폼과 콘텐츠가 서로 상승작용을 일으키며 성공을 만들어내는 구조가 콘텐츠업의 완성체일 것이라고 봅니다. 콘텐츠업의 생태계에는 콘텐츠를 제작하는 일과 소비자를 만나게 하는 일이 모두 포함되어 있어요. 과거에는 제작과 유통이 나뉘어 있었지만 디지털 플랫폼의 시대에서 이를 구분하는 일은 의미가 없어졌습니다. 넷플릭스, 카카오, 웨이브, 티빙은 물론 아마존, 쿠팡, KT도 모두 콘텐츠 IP를 통해 플랫폼의 영향력을 키우고, 높아진 플랫폼 충성도를 통해 수익을 늘리는 구조를 지향합니다. 과거에는 '채널'이라고 불렸지만 이제는 모든 것이 플랫폼이 된 것이죠.

제가 디지털 광고계에 있다가 콘텐츠 산업으로 조금씩 자리를 옮긴 이유도 '소비자를 움직이는 힘'이 임팩트 있는 광고에서 공감을 주는 콘텐츠로 넘어가고 있음을 봤기 때문입니다. 콘텐츠의 힘 역시 처음에는 제작 품질에 있었지만 이를 뒷받침하는 플랫폼의 역량과 플랫폼의 근간을 이루는 데이터가 점점 더 중요해지고 있죠. 콘텐츠 기업들의 현재 목표는 자체적으로 확보한 IP의 가치를 키우고 이를 플랫폼에 전개하는 수준에 머물고 있지만 차차 플랫폼 자체의 가치를 키우는 쪽으로 변화할 것입니다. 그런 면에서 이미 확장성 높은 플랫폼을 보유한 카카오가 티빙·웨이브·쿠팡플레이보다, 유튜브와 아마존이 넷플릭스보다는 유리하다고 생각합니다.

2021년 초 카카오M과 카카오페이지가 합병된 것도 콘텐츠 역량과 IT 역량을 결합시키기 위한 시도였다고 생각합니다. 혹자는 웹툰, 웹소설이라는 IP를 영상 콘텐츠에 적용하기 위한 단순 결합이라고 생각할 수도 있지만 저는 카카오M의 콘텐츠 사업 역량과 카카오페이지의 플랫폼 역량의 결합으로 보는 쪽입니다. 카카오페이지, 카카오웹툰은 이미 플랫폼 운영 역량을 10년 가까이 쌓아둔 곳이었으니까요.

카카오는 카카오톡은 물론 카카오뱅크, 카카오페이 등 플랫폼에 가까운 사업이 다수를 차지하는데 당시 카카오페이지(현재의 카카오엔터테인먼트)만 콘텐츠 비즈니스에 초점을 맞추고 있었습니다. IP에 대한 투자를 굉장히 많이 한 덕분에 카카오엔터테인먼트 매출의 절반 이상이 IP 판매 수익입니다. 국내 시장은 물론 해외시장에서도 매출이 일어나고, 스토리텔링형 콘텐츠 외에 음악 콘텐츠도 다룹니다. 음악 레이블 사업을 하고 있고, 아이돌 분야 경쟁력을 위해 큰 회사들을 인수 합병해야 한다고 보고 있거든요. 더 중요한 것은 국내 3대 기획사 외 많은 기획사들에 초기 투자를 상당히 하고 있습니다.

관건은 이들 콘텐츠 비즈니스의 가치를 콘텐츠 자체의 가치 이상으로 어떻게 확장하느냐, 어떻게 넷플릭스와 같은 외부 사업자에 판매하는 비즈니스 이상으로 확장하여 수익을 안정적으로 늘리느냐인데 아마존, 쿠팡, 유튜브 같은 플랫폼 기업을 참고할 수밖에 없을 겁니다.

Q. 결국 키워드는 IP(콘텐츠)와 미디어(플랫폼)네요. 콘텐츠 비즈니스의 핵심이 'IP'와 '채널'에서 'IP'와 '플랫폼'으로 넘어왔다고 할 수 있을까요? 채널과 플랫폼은 무엇이 다른가요?

A. 엄청난 차이가 있죠. '채널'의 주인이 제작업체와 송출업체라면 '플랫폼'의 주인은 일반 소비자라고 할 수 있습니다. 별 것 아닌 듯 들리는 이 표현이 미디어, 즉 콘텐츠를 접하는 창구로서의 채널과 플랫폼의 미래를 크게 바꿀 것입니다.

전통적인 채널은 그 수가 많지 않고 시장은 이미 형성돼 있는 데다가 기득권도 존재합니다. IP는 채널에 단단히 연결되어 있고 TV 채널 번호는 정해져 있고, 어느 날 갑자기 채널이 없어지진 않잖아요. 소비자의 참여도 제한적이죠. 소비자들은 익숙한 채널 환경에서 수동적으로 콘텐츠를 소비합니다. 이를 일컬어 뒤로 누워서 시청한다는 뉘앙스의 '린백Lean-back' 소비라고 하죠. 반면 플랫폼은 소비자의 참여가 훨씬 쉽기 때문에 사람들을 뭉치게 할 뿐 아니라 이른바 '린포워드Lean-forward' 소비를 가능케 합니다. 뭔가를 검색하는 것을 넘어 콘텐츠의 전개에 영향을 미치기 용이해진 셈이죠. 대신 IP와의 연결고리는 약해졌고, IP를 소비할 수 있는 플랫폼의 대안은 많아졌습니다. 사용하던 플랫폼을 큰 부담 없이 버릴 수 있으니 훨씬 더 고객 주도적입니다. 이들을 붙잡기 위해서는 좋은 IP를 제공하는 것은 물론 고객이 익숙하고 편리하게 여길, 차별화된 사용 환경을 만들어줘야 합니다. 플랫폼에서 좋은 기능을 제공하라는 의미가 아니라, 고객이 떠날 수 없는 환경, 예를 들면 고객이 플랫폼에 만들어둔 자신만의 커뮤니티, 데이터, 콘텐츠, 이를 위해 쏟은 시간과 인터랙션을 축적하는 것이 핵심입니다. 쿠팡과 아마존은 이를 커머스라는 또 다른 기능으로 제공하고 있지만 다른 OTT는 그렇지 않잖아요.

Q. 소비자 주도권 측면에서 미디어와 플랫폼은 어떤 수순을 걷게 될까요?

A. 사용자가 무엇을 얻어가기 위해 서비스를 사용하느냐, 이는 어떻게 변해가느냐를 면밀히 지켜봐야 합니다. 우리가 보는 채널은 결국 플랫폼으로 바뀔 수밖에 없다고 생각합니다. 5G에서 6G로의 진화는 스마트폰과 태블릿이라는 콘텐츠 윈도를 자동차, 안경, 웨어러블 홀로그램 등 상상할 수 없을 만큼 다

양한 일상 속으로 확장시킬 겁니다. 이를 통해 내보내는 콘텐츠는 드라마나 영화에 머물지 않을 거예요. 지금처럼 방송사가 일방향적 콘텐츠를 지정된 스크린에 쏴주는 비즈니스는 오래 갈 수 없을 겁니다. 기술과 사용자의 변화를 수용하여 플랫폼으로 바뀔 것이고 이 과정에서 수많은 이합집산이 일어날 것입니다. 역할의 분화는 남아 있을 겁니다. 콘텐츠 IP 사업자는 다양한 플랫폼에 적용될 수 있는 고품질 콘텐츠, 예를 들면 매력적인 웹툰이나 소설 IP를 기반으로 다양한 형태의 영상 콘텐츠를 만들어 HMD나 고글과 같은 몰입형 고해상도 디바이스에 적용하고, 동시에 메타버스에서 사용자의 참여를 이끌어낼 개방형 인터렉티브 콘텐츠로 제공할 수 있겠죠. 플랫폼 사업자는 몰입형 소비 환경과 개방형 참여 인터페이스를 모두 제공하면서 두 세계를 최대한 매끄럽게 연결하고자 노력할 겁니다. 이를 위해 지금의 OTT 같은 콘텐츠 소비형 플랫폼은 인스타그램, 틱톡, 유튜브, 카카오톡 같은 일상형 또는 참여형 플랫폼의 모습으로 진화하거나 기존 사업자와 합쳐질 것으로 전망합니다. 앞서 말한 '린포워드' 활동을 더욱 활발하게 할 수 있는 환경을 제공해야 하니까요. 문제는 이런 변화가 앞으로 몇 년 동안 일어날 것이냐일 뿐 결국은 이 방향은 피할 수 없을 것이라 생각합니다.

Q. 플랫폼으로서의 강점과 확장성을 갖추고 있으면서 동시에 IP에도 강점을 가진 사업자라면 카카오가 떠오르는데,

카카오가 기존 OTT와 처별화할 수 있는 가장 중요한 지점은 무엇일까요?

A. 카카오가 OTT나 콘텐츠 소비 플랫폼으로서는 아직 선두권이라고 보지는 않지만 일상성에서는 타의 추종을 불허할 강점을 갖고 있죠(적어도 국내에서는요). 하지만 카카오뿐 아니라, 플랫폼으로서의 사업을 강화하려는 모든 콘텐츠 서비스는 '일상성'과 '커뮤니티성'을 강화할 것이라고 생각합니다. 예를 들면 여러 사람이 같은 콘텐츠를 함께 소비하는 커뮤니티 뷰잉Community Viewing이 강력해질 것이라고 생각합니다.

Q. '커뮤니티 뷰잉'의 개념에 대해 설명해주세요.

A. 제가 예전에 CJ ENM에서 일할 때 쓰던 표현인데 완전히 새로운 개념은 아닙니다. 올림픽이나 월드컵 경기를 혼자 보는 것보다 사람들과 함께 볼 때 다른 점을 느낄 수 있잖아요. 콘텐츠 자체는 동일한데 사람들이 모임으로써 새로운 가치가 더해집니다. 콘텐츠와 사람들이 합쳐 만들어내는 가치죠. 온라인에서는 실시간 응원 댓글이 있습니다. 오프라인 응원처럼 강렬하지는 않아도 새로운 가치가 더해진다는 점은 동일하죠. 즉, 함께 소비함으로써 콘텐츠의 가치가 높아지거나 콘텐츠 소비 경험이 좋아질 때 커뮤니티 뷰잉이라고 합니다. 여러 사람이 함께 본

다고 해도 그들 사이에 인터랙션이 없다면 콘텐츠 가치나 경험이 좋아지지는 않습니다. 수백만 명이 〈이상한 변호사 우영우〉를 '본방사수' 한다 해도 각자 시청하기만 한다면 시청률만 올라갈 뿐 시청 경험은 그대로죠. 커뮤니티 뷰잉은 모든 사람이 콘텐츠를 동시에 소비하지 않아도 일어날 수 있습니다. 예를 들어 아마존 킨들 앱을 사용하면 내가 읽고 있는 책에 내가 남긴 메모와 밑줄 친 부분을 내 친구가 볼 수 있습니다. 옥스퍼드나 하버드, 성균관대학교가 마케팅원론이라는 과목에서 동일한 교재를 사용하고 그 책으로 공부하는 학생들이 몇 년에 걸쳐 자신의 생각을 남긴다면 몇 년 후 그 책으로 공부하는 신입생들은 책의 원문은 물론 전 세계 똑똑한 선배들의 생각과 시각을 접할 수 있게 될 것입니다. 여기에서 핵심은 모든 학생들이 킨들이라는 동일한 앱을 사용한다는 점입니다. 아마존, 그리고 카카오가 가진 힘은 여기에서 나오는 겁니다. 이미 수천만 명이 서비스를 매일 사용하며 쇼핑하고 뱅킹 하고 대화를 나누고 있습니다. 콘텐츠 소비 외 수많은 일상의 순간을 기록하고 있는 거죠. 앞서 말씀드린 고객이 익숙하고 편리하게 여길 차별화된 사용 환경, 다시 말해 '고객이 쉽게 떠날 수 없는 환경'을 만드는 데 가장 유리한 셈입니다.

IP 비즈니스의 밑바탕 :
콘텐츠 제작 역량 확보의 중요성

Q. 스튜디오드래곤은 하나의 제작사를 넘어 우리나라 TV와 영화 콘텐츠 제작에 큰 영향을 미친 현상이었다고 생각합니다. CJ ENM에서 '스튜디오드래곤'이라는 시스템을 만든 이유는 무엇인가요?

A. 스튜디오드래곤은 확실한 작가를 확보하고 주요 제작사를 인수 합병한 뒤, CJ ENM뿐 아니라 다양한 외부 채널과 플랫폼을 위한 콘텐츠 제작함으로써 공세적으로 역량과 세력을 확장해왔습니다. 이를 통해 프리미엄 콘텐츠 제작을 위한 경쟁력 있는 틀을 선보였다고 생각합니다. 우리나라 콘텐츠 중 글로벌 시장에서 성공을 거두는 데 가장 유리한 분야는 K팝에 이어 드라마라고 생각했습니다. '한드'가 지닌 압축적인 스토리와 제작 환경이라면 '미드'나 '영드'처럼 세계를 겨룰 수 있으리라고 생각했으니까요. 하지만 지상파 드라마의 힘이 여전히 막강했죠. 과거에는 지상파를 통한 드라마 방영이 대세였고 작가와 감독에게 유리했으며 광고 수익도 많았고 출연 배우들도 지상파를 기준으로 생각했습니다. 이처럼 지상파가 드라마 시장을 독점하고 있는 상황에서 후발 주자인 CJ ENM은 그 구조에 균열을 낼 방법을 고민할 수밖에 없었을 겁니다. 우선 인기 작가들을 한 명씩 설득했을 것이고, 이들이 만든 작품의 시청률이 지상파에는

미치지 못하더라도 최소한의 입소문을 탈 수 있도록 tvN 채널 편성을 늘렸을 겁니다. 〈도깨비〉와 같은 메가 히트작이 나오다 보니 작가와 배우, 또 다른 제작사가 모여드는 선순환이 만들어졌죠. 지상파에는 작가와 감독을 언제든 원하면 쓸 수 있는 자원으로 생각하는 경향이 있었습니다. 워낙 대세였으니까요. 그런데 어느 날 보니까 믿을 만한 작가들과 감독들이 다른 곳과 계약을 해버린 것이죠. 스튜디오드래곤은 콘텐츠 시장의 핵심 장르는 드라마이고, 드라마의 핵심은 작가라는 것에서 시작해서 어떻게 하면 작가를 확보할 수 있을까 솔루션을 찾은 거예요. 작가들과 방송사 사이 기존 계약상의 빈틈을 찾아 공략한 거죠.

Q. 지상파 중심의 시장에서 좋은 작가, 배우, 감독을 끌어들여 제작 역량을 확보하고 tvN이라는 채널의 영향력을 키움으로써 극복한 과정은 마치 넷플릭스가 장악한 시장을 웨이브, 티빙, 쿠팡플레이 등이 좋은 오리지널 콘텐츠로 극복하려는 현시점의 모습과 비슷하게 느껴집니다. 이 같은 전략이 카카오 같은 플랫폼에도 적용될 수 있을까요?

A. 콘텐츠의 품질은 중요하지만 콘텐츠의 품질만으로 모든 경쟁을 이기려는 전략은 디지털 플랫폼 시대에 완벽히 맞아떨어질 것이라고 생각하지 않습니다. 스튜디오드래곤이 극복한 대상은 일방향 콘텐츠를 송출하던 기존 방송 시스템이었습니다. 현재의 OTT와 카카오 같은 플랫폼이 극복해야 할 대상은

일방향 콘텐츠나 수동적 경험이 아닙니다. 카카오는 기존 TV 비즈니스와 다른 형태의 카카오TV를 만들고자 할 겁니다. 더 많은 사용자를 확보해야 하고, 기왕이면 기존 카카오 플랫폼의 사용자를 최대한 카카오TV 사용자로 끌어와야겠죠. 제가 CJ ENM에 재직하던 당시 티빙에 같은 전략을 제시했는데, 커뮤니티 뷰잉 같은 차별화 된 경험, 사용자의 매몰 비용을 늘릴 환경을 플랫폼에 구현하는 것이 중요합니다. 콘텐츠 측면에서는 20~30분 분량의 미드폼mid-form 콘텐츠 강화, 〈가짜사나이〉를 제작한 쓰리와이와 같은 젊은 크리에이터 업체 인수, 〈머니게임〉과 같은 콘텐츠 시도, 유튜브적 성격 강화 등이 카카오의 흥미로운 시도라고 생각합니다.

Q. TV라는 매체가 오늘날 극복해야 할 문제는 무엇일까요?

A. tvN은 TV 채널이었지만, 초창기에만 하더라도 20대를 타깃으로 젊은 채널을 만들려고 했어요. 하지만 이제는 tvN 콘텐츠도 늙어가고 있거든요. 결국 미래에는 MZ세대를 잡는 것이 관건일 것입니다. 그 세대가 나이를 먹어가며 내가 예전에 맛본 콘텐츠에 대한 익숙함으로 브랜드가 커가는 것이거든요. 카카오TV든 티빙이든 쿠팡이든 혹은 지상파든 케이블이든 콘텐츠와 커뮤니티를 젊게 만들어보려는 실험을 계속해야 합니다.

Q. 콘텐츠와 플랫폼의 통합을 줄곧 강조하시는데 이것이 얼마나 진행되고 있는 일인지, 얼마나 가능한 일인지 궁금합니다.

A. IP와 플랫폼을 하나의 통합된 비즈니스로 추진한다는 것은 상당히 어려운 이야기입니다. 할 수 있는 사람도 흔치 않고, 이를 제대로 실행하고 있는 회사도 많다고 생각하지는 않습니다. 우리가 넷플릭스와 웨이브 같은 OTT 플랫폼에 익숙하다 보니 이들이 IP와 플랫폼 비즈니스를 동시에 한다고 생각하는데요. 물론 이 말이 아주 틀린 것은 아닙니다만, 진정한 플랫폼 비즈니스를 하고 있는 곳이 어딘지, 사용자들 사이의 활동이 또 다른 비즈니스 가치를 창출하도록 노력하고 있는 곳은 어디인지는 다른 차원의 문제입니다.

제 경험상 콘텐츠와 플랫폼 이 둘을 한 바구니에 넣는 것이 어려운 이유는, 플랫폼 전문가들의 감성과 콘텐츠 제작자의 감성이 너무 다르기 때문이었습니다. 전자가 효율과 예측 가능성을 본다면 후자는 따뜻한 마음, 울림 등을 보더라고요. 이 집단을 하나의 회사로 합치는 시도를 최근 디즈니가 한 것이고요.

통합의 방향은 두 가지로 나뉘겠죠. IT(플랫폼)가 스튜디오(콘텐츠)를 합병하는 것과, 스튜디오가 IT 기술을 빠르게 적용하는 것. 어느 쪽이 더 빠를까요? 속도로 보면 현재 IT가 스튜디오를 합병하는 구조가 되고 있어요. 디즈니의 밥 아이거**Bob Iger** 회장도 IT 회사를 하나를 사서 5~10년 동안 숙성시킨 후 디즈니 플러스를 만들었어요. 넷플릭스도 당연히 IT에서 콘텐츠를 들여

온 것이고요. 아마존, 애플이 스튜디오를 언제 삼킬 것이냐도 시간 문제라고 봐요.

다만 문제는 물리적 통합을 넘어 '감성'을 섞는 것이 너무 어렵다는 점입니다. 이질적인 회사를 하나로 통합하기 위해서는 이 모든 것을 이끌 리더가 필요하죠. 리더십이 굉장히 중요한 시기가 온 거예요. 한국에서도 카카오TV, 웨이브, 티빙 무엇이 됐든 두 개의 감성을 하나로 만들 수 있는 곳이 승자가 될 거라고 생각합니다. 그 노하우가 있다면 글로벌 경쟁에서도 밀리지 않을 겁니다.

콘텐츠 플랫폼 비즈니스의 미래

Q. 플랫폼 비즈니스에서는 특히 데이터가 중요할 텐데요. 어떤 종류의 데이터나 테크놀로지에 관심이 있나요?

A. 테크놀로지를 비즈니스에 적용해 새로운 현상을 만들어내는 것이 기업의 역할이라면 저처럼 학교에 있는 사람의 역할은 어떤 테크놀로지가 왜, 어떻게 비즈니스에 적용되어야 하는지 인사이트를 제공하는 것이라고 생각합니다. 사실 저는

학교에 몸담고 있지만 사업을 했던 사람이고, 지금도 새로운 비즈니스를 만들어가는 입장이기 때문에 업계와 학계 양쪽에 발을 걸쳐두고 두 가지 역할을 하는 입장인데요. 콘텐츠를 만들어낼 수 있는 데이터와 테크놀로지, 인간의 다양한 측면을 있는 그대로 구현할 수 있는 데이터와 테크놀로지가 저의 관심사입니다. 굳이 딥페이크나 가상 캐릭터 등을 거론하지 않더라도 인간의 외형을 그래픽으로 똑같이 생성해낼 기술은 존재합니다. 관건은 이 캐릭터들이 어떻게 사용자의 의지에 따라 자연스럽게 움직이고, 다른 캐릭터들과 실제처럼 상호작용하느냐인데 이는 게임과 메타버스가 발전하면서 차차 해결될 것이라고 내다보고 있습니다. 버추얼 캐릭터들이 만들어내는 상호작용은 그 자체로 모두 콘텐츠가 될 수 있는데요, 초기에는 캐릭터의 주인인 사용자들이 만들어내는 콘텐츠를 인공지능이 옆에서 돕는 형태일 것이나, 더 많은 데이터가 쌓이고 기술이 발전함에 따라 인공지능이 처음부터 만들어내는 콘텐츠가 등장할 것입니다. 이를 위해서는 인간의 행동과 심리, 동기 등이 데이터로 구비되어 있어야 합니다. 이 시대가 오면 (일반 사용자가 만들어내는 영상을 중심으로 한) 유튜브가 콘텐츠 비즈니스의 판을 바꾼 것보다 더 큰 변혁을 보게 될 겁니다. 그래픽과 디바이스 테크놀로지는 거들 뿐 데이터가 성공적인 IP를 자동으로 만들어내는 시대가 되는 셈이니까요. 콘텐츠 비즈니스와 플랫폼 비즈니스의 경계는 더 모호해질 겁니다.

Q. 카카오엔터테인먼트는 웹툰·웹소설 중심의 카카오페이지와 영상·드라마가 주축인 카카오M을 합친 회사인데요. 이 통합은 플랫폼과 IP를 합친 것이라고 볼 수 있을까요? 카카오페이지는 플랫폼으로서의 역할이 중요했던 것인가요?

A. 카카오페이지나 카카오웹툰, 그리고 이들을 품고 있는 카카오라는 곳이 플랫폼 기업입니다. 그 안에서 보여줄 콘텐츠를 위해 웹툰과 웹소설 등의 IP를 확보해왔지만 이들을 더 큰 비즈니스가 될 수 있는 영상 콘텐츠 비즈니스로 확장하는 일은 카카오의 전문 영역이 아니었죠. 이를 위해 음악 비즈니스에 치중하던 카카오M에 새로운 경영진을 영입했고, 이들을 합쳐 카카오엔터테인먼트를 만들었으니 카카오의 강력한 플랫폼 IT 배경에 콘텐츠 IP 비즈니스의 강점이 더해진 것이었다고 생각합니다. 그런데 플랫폼과 콘텐츠 사업 역량의 결합이라는 점에 더해 글로벌 비즈니스에 유리한 구도를 만들었다는 점을 간과해서는 안 됩니다. 콘텐츠 비즈니스를 하는 입장에서 국내 마켓은 굉장히 제한적이거든요. 카카오는 현재 콘텐츠 플랫폼을 글로벌화하는 중입니다. 일본에서 카카오픽코마를 운영하고 있고, 미국 플랫폼 '타파스', '래디쉬'를 인수했어요. 텐센트와 함께 중국에 플랫폼을 오픈하고 인도네시아, 태국에도 오픈했죠. 이를 통해 웹툰 서비스와 콘텐츠를 글로벌화할 수 있는 강점을 갖는 것입니다. 카카오와 라인의 글로벌 비용 대비 마켓은 상당히 큽니다. 웹툰은 동영상에 비해 비용이나 리스크가 크지 않기 때문에 카카오엔터 중에서도 카카오웹툰의 플랫폼을 글로벌하기 위해 가

장 서두르고 있는 거예요.

Q. **글로벌 시장에서도 카카오의 기존 이용자를 바탕으로 시너지를 낼 수 있을까요?**

A. 만일 카카오톡의 기존 이용자를 의미하는 거라면 이는 조금 다른 이야기입니다. 글로벌 시장에서의 소셜미디어는 국가마다 주력 서비스가 거의 자리를 잡았습니다. 일본이나 동남아에서 라인이 주력 서비스이긴 하지만 카카오는 우리나라를 제외한 다른 나라에서 주력 메신저 플랫폼이라고 하기 어렵습니다. 카카오가 가진 강력한 플랫폼 영향력은 카카오톡의 사용자수에서 나오는데 해외 시장에서 이를 시너지의 원동력으로 삼기는 곤란하죠. 대신 전 세계에서 카카오로 들어오는 IP가 500만 개가 넘습니다. 이는 카카오톡과 분리된 독립적인 사업stand alone business으로 봐야 하죠. 카카오가 제공하는 콘텐츠 IP와 카카오엔터테인먼트가 제공하는 콘텐츠 소비 환경과 플랫폼 UX에 사용자가 익숙해지게 한 후, 이렇게 형성된 플랫폼 영향력을 바탕으로 또 다른 비즈니스를 구상할 수는 있겠습니다만 이것이 '언제' 가능할지, 콘텐츠 플랫폼의 경험이 메신저나 소셜미디어 플랫폼 경험만큼 일상적이고 강력할 것인지 등은 더 생각해봐야 합니다.

Q. 플랫폼 경제에 대한 질문입니다. '좋은 상품을 낮은 비용으로 생산해서 효율적으로 유통한다.' 이 원칙은 3차 산업 시대까지도 적용됐습니다. 하지만 4차 산업 시대에 접어들며 '플랫폼 경제'라는 개념이 각광을 받았죠. 여기에서는 플랫폼에 모인 사람들을 통해 부가적인 수익 가치가 만들어지는 것이 중요하다고 하는데요. 우버, 아마존을 비롯해 카카오톡이 매우 좋은 예죠. 이런 상황에서 IP는 앞으로 어떤 방향으로 발전해야 할까요?

A. 위에서 드린 말씀에 답이 조금 포함된 것 같은데, 수익적인 관점에서 보면 플랫폼은 자체적으로 넷플릭스처럼 월정액 서비스 같은 수익을 올릴 수도 있지만 다른 인접 비즈니스의 성장을 가속화할 수도 있습니다. IP 역시 이제는 처음부터 직접 수익과 인접 수익을 모두 극대화하는 방향으로 설계해야겠죠. 좋은 콘텐츠를 최적의 비용으로 제작하여 최대로 유통하고, 최대의 수익을 끌어낸다고 표현하면 될 것 같습니다. 하나의 오리지널 IP를 다양한 포맷으로 만들어내는 OSMU One-source multi-use 비즈니스, 한 발 더 나아가 다양한 사람들에 의해 응용, 진화, 활용되게 하는 트랜스미디어 비즈니스, 커머스 등으로 부가 수익을 올리는 비즈니스가 좋은 예겠죠.

Q. 추가적인 수입원에는 무엇이 있을까요?

A. 제가 생각하는 부가 수익원에 대해서는 잠시 후에 말

씀을 드리기로 하고, 커머스 이야기를 더 해보겠습니다. 많은 현역 기업인들이 커머스를 중시합니다만 저는 아직은 이르다고 생각합니다. 콘텐츠 제작사 입장에서는 인기 콘텐츠의 영향력을 수익원으로 전환하기 위해 다양한 상품을 만들고 이를 커머스 비즈니스라는 이름으로 포장하는데요. 저는 커머스 비즈니스의 본질을 파악한 곳은 얼마 없다고 보는 거죠. 커머스가 수익을 내는 것은 콘텐츠의 단기적인 인기가 아니라 문화를 판매할 때입니다. 스타워즈 DC코믹스, 마블의 MCU가 수십 년간 팔고 있는 것은 장난감이 아니라 상징이고 상상력입니다. 이것이 이른바 문화상품이고 단순한 '굿즈'와는 차원이 다릅니다. 전 세계의 아이돌이 팬에게 팔고 있는 것은 문화상품이 아니라 후원과 팬덤의 상징입니다. 제가 CJ ENM에 있을 때에도 〈시그널〉, 〈삼시세끼〉 같은 인기 콘텐츠를 기반으로 머그잔과 티셔츠 등을 커머스 비즈니스로 판매한 적이 있었는데요, 이 콘텐츠들은 모두 훌륭한 IP였지만 성공적인 커머스 비즈니스가 되었다고는 생각하지 않습니다. 문화를 파는 것과 인기를 파는 것의 차이를 충분히 생각하지 않았기 때문이죠. 한류라는 비즈니스 영역에 이제는 수없이 많은 성공 IP들이 있지만 이들이 과연 소비자의 상상력을 팔 수 있는 단계에 다다랐는지, '굿즈' 이상의 상징을 팔 수 있는지도 생각해볼 필요가 있습니다. 요즘 현업에서 미디어커머스, 라이브커머스 등을 거론하며 커머스 비즈니스에 주목하는 것 같지만 실질적으로 커머스에서 의미 있는 수익을 거두는 IP는 흔치 않습니다. 다른 종류의 커머스도 있는데, 예를 들어 카카오는 회사에 소속 혹은 연계된 유명 연예인이 이병헌, 공유, 김고은, 한효주, 나아가 유재석 씨 등 수백 명이 있습니다. 이들이 각종 출연료 외에 각자의 IP로 수익을 올리게 하는 방법을 고민하던 중 이들의 '개인 브랜드'를 이용해 '제품 브랜드'를 만드는 셀럽 커머스를 시도합니다. 예를 들어 박서준 씨와 스트리트 패션 브랜드를 만드는 것이죠. 셀럽이 광고의 모델, 브랜드의 아이콘이 되는 겁니다. 미국에는 이런 사례들이 굉장히 인기를 끌고 다양한 셀럽들이 자신만의 브랜드를 만들고 있어요. 우리나라에서도 이 비즈니스가 새로운 개념은 아닙니다. 하지만 카카오가 하면 다를 수 있죠. 수천만 명이 사용 중인 플랫폼이 있고 수많은 성공 IP를 직접 만들어내는 곳이니까요.

Q. **메타버스가 여전히 사람들의 관심을 모으고 있는데, 플랫폼, 콘텐츠, 수익이라는 측면에서는 어떻게 전망하세요?**

A. 저뿐만 아니라 콘텐츠, 플랫폼, 광고회사 전문가들 모두 지켜보는 분야죠. 가상현실과 증강현실은 콘텐츠를 접하는 새로운 창이 되기 때문에 결국 대세로 떠오를 것이라고 봅니다. 메타버스에서 어울리면서 일을 하거나 콘텐츠를 감상하기도 하고, 뭔가를 함께 만들어내기도 할 겁니다. 뭔가를 만들어내는 결과물에는 콘텐츠도 포함될 거라고 생각합니다. 지금까지 콘텐츠는 기업이나 전문 스튜디오가 만드는 소량의 고품질 콘텐츠에서

개인이 유튜브에 올리는 대량의 중저품질 콘텐츠로 확장하고 진화해 왔는데요. 메타버스에서는 사람들이 '함께' 만들어내는 콘텐츠가 늘어날 것이고, 나아가 자동으로 콘텐츠로 만드는 서비스들이 메타버스 내 사용자들의 다양한 활동을 양산해 콘텐츠의 종류와 양이 비약적으로 늘어날 거예요. 이처럼 메타버스라는 새로운 체계의 활용방안과 필요한 요소를 아는 사람과 모르는 사람의 차이는 클 것입니다. 기업들은 메타버스라는 플랫폼 서비스를 만드는 곳, 그 안에서의 콘텐츠를 생성하거나 제공하는 곳, 혹은 마케팅 용도로 메타버스를 활용하려는 곳 등으로 나뉘어질 텐데 남을 '따라가며 뒤쫓으려는 곳'과 '먼저 계획하고 새로운 현상을 만드는 기업' 간의 차이는 크게 벌어질 것이라고 봅니다. 메타버스는 여전히 '무엇이든 일어날 수 있는 열린 기회의 공간'이거든요.

Q. 메타버스에 대해 기업이 갖고 있는 관심에 대해 들어보면 마치 초창기 소셜미디어처럼, '사람이 많으니 그 안에서 우리 브랜드를 노출시키겠다'는 관점이 다수를 차지합니다. 그런데 교수님이 말씀하시는 활용처는 그 이상인 거군요?

A. 굳이 메타버스가 아니더라도 어디든 사람들이 모여 있으면 광고와 마케팅 목적으로 활용하려는 현상은 항상 있었어요. 아주 옛날의 광장부터 대중매체, 인터넷까지 매체나 플랫폼이 새로 생기면 이를 운영하면서 돈을 버는 사람이 있고 여기에

서 뭔가를 보여주면서 돈을 버는 사람, 광고의 장으로 삼아 돈을 버는 사람이 있었습니다. 하지만 메타버스가 기존 플랫폼과 다른 점은 그 안에서 일어나는 사람들의 활동·대화·반응·상호작용이 모두 기록이 될 수 있다는 점, 그리고 이 기록들은 다른 사람들이 관심을 가질 수 있는 콘텐츠 IP로 변환될 수 있다는 점입니다. 다만 지금은 너무 초기단계이므로 큰 회사들은 모두 정보를 축적하며 관망하고 있다고 봅니다. 유력한 활용처와 활용 방법이 더 가시화 되면 M&A 등을 통해 즉각 수익화를 도모하겠죠.

콘텐츠도 마케팅도,
소비자의 경험을 만들어내는 것이 중요하다

Q. 메타버스, 혹은 미래 플랫폼에서의 IP, 콘텐츠 비즈니스는 지금과 무엇이 달라질까요?

A. 콘텐츠가 소비자에게 줘야 하는 가치는 예나 지금이나 경험입니다. 앞으로도 이는 변하지 않을 겁니다. 다만 어떤 경험이냐가 중요하죠. 예전에는 즐거움, 재미, 몰입과 공감 등 '콘텐츠가 나에게 주는, 콘텐츠로부터 받는 경험'이 중요했지만, 앞으로는 '콘텐츠를 통해 내가 하는 경험'도 중요해질 겁니다.

틱톡이나 인스타그램, 유튜브에서의 콘텐츠 경험은 내가 수동적으로 받기만 하는 것이 아닙니다. 나와 친구들의 콘텐츠를 서로 공유하고, 소통하며 겪는 다양한 인터랙션이 중요한 소비자 경험을 차지하죠. 넷플릭스나 티빙 같은 동영상 콘텐츠도 이를 거스를 수 없을 겁니다. 그런 취지에서 '커뮤니티 뷰잉'을 말씀드렸던 거고요.

Q. 경험 중심 콘텐츠는 수익 모델이 달라질 수 있을까요?

A. 콘텐츠 유료 판매나, 광고 판매 수익 모델이 크게 달라질 거라고 보지는 않습니다. 하지만 콘텐츠가 가진 가치와 수익원이 확장될 거예요. 콘텐츠에 능동적으로 경험하고 참여하는 과정에서 새로운 수익 모델이 생길 수도 있을 거고요. 변화에 가장 민감한 광고 콘텐츠에서는 이미 좋은 크리에이티브를 가진 TV 광고의 입지는 좁아졌습니다. 대신 광고주의 제품과 브랜드에 대한 소비자의 경험을 긍정적으로 만들어주는 광고와 콘텐츠가 중시되고 있죠. 궁극적으로는 광고주 제품의 매출 증대를 꾀할 때 안정적인 매출을 만들려면 '좋은 경험'을 갖게 하는 것이 필수적입니다. 좋은 광고 콘텐츠는 광고물로서도 수익뿐 아니라. 소비자들이 좋아하는 콘텐츠로서의 수익을 낼 수도 있고, 나아가 그 콘텐츠에 빠진 소비자가 새로운 콘텐츠를 자기들끼리 만들어내거나, 콘텐츠로부터의 경험을 다른 사람들에게 전파함

으로써 원 콘텐츠의 가치를 엄청나게 높일 수 있으니까요. 이런 프로세스를 지향하는 것은 광고업이나 콘텐츠업이나 다르지 않습니다. 결국 모두 소비자의 시간과 관심을 두고 경쟁하는 업들이니까요.

Q. 경쟁의 범위가 굉장히 넓어지는 셈인데요, 좀 더 구체적으로 설명해 주시겠어요?

A. 《나이키의 상대는 닌텐도다》라는 책도 있듯 결국 경쟁 상대가 정해지는 기준은 업계의 분류 코드가 아니라 각 회사가 어떤 유사한 시장 자원을 두고 경쟁하는가, 그리고 소비자에 제공하는 가치가 얼마나 유사한가입니다. 콘텐츠 제작사의 경쟁사는 이미 광고회사입니다. 제일기획이라는 광고회사는 마케팅 용도이긴 하지만 CJ ENM처럼 콘텐츠를 만들고, CJ ENM은 자사 콘텐츠를 비롯한 마케팅 도구로 제일기획과 경쟁합니다. 두 회사는 모두 소비자의 마음을 바꾸는 사업을 하고 있고, 한정된 소비자의 시간과 관심이라는 자원을 두고 경쟁합니다. 이 경쟁은 콘텐츠 기업과 광고업에 국한되지 않고 더 나아갑니다. CJ ENM과 제일기획이 콘텐츠를 무기로 경쟁한다면 맥킨지나 BCG, 액센츄어같은 컨설팅 업체들과 구글, 메타 같은 플랫폼 업체들이 전략, 데이터, 솔루션을 내세워 소비자의 마음을 바꾸는, 시장의 상황을 바꾸기 위한 경쟁을 합니다. 다만, 각자 자

신들이 강점을 가진 예를 들어 CJ ENM은 콘텐츠, 제일기획은 마케팅, 맥킨지는 전략과 데이터, 액센츄어와 IBM은 솔루션, 그 영역 외 다른 부분에서는 아직 충분한 강점을 갖지 못하고 있어 미스커뮤니케이션이나 시행착오를 범하기도 합니다. 그뿐인가요? 카카오와 네이버도 콘텐츠를 제공하고, 페이스북과 인스타그램, 유튜브와 틱톡 모두 마찬가지입니다. 이 플랫폼들이 '외부의 크리에이터가 스스로 만든 IP를 플랫폼을 통해 내보낼 뿐'이라고 생각하지만 이는 이미 사실이 아니고 앞으로는 더욱 아닐 겁니다. 카카오와 유튜브 같은 플랫폼은 이미 IP의 직접 제작, 판매에 큰 공을 들이고 있고, 향후 메타가 만들어낼 메타버스에서는 수많은 IP들이 쏟아져 나올 겁니다. 한마디로 무한경쟁이죠. 기업들은 때로는 서로 제휴하고, M&A를 통해 자사에 부족한 영역을 보강하며 이 판을 바꿔나갈 겁니다. 앞으로 5년, 10년쯤 지난 후 콘텐츠와 마케팅 업계의 구도는 지금과 크게 달라져 있을 수도 있을 거예요.

Q. 콘텐츠 기업이 만드는 IP, 광고회사가 만드는 IP, 구글 같은 플랫폼 기업이 만들거나 확보하는 IP는 조금씩 다를 것 같습니다.

A. 결국 모두의 결과물은 콘텐츠입니다. 전문가의 아이디어와 크리에이티브를 바탕으로 하는지, 개인 혹은 집단지성에

근간하는지, 소비자 활동이 축적한 빅데이터를 기반으로 한 AI가 만들어낸 것인가의 차이가 있을 뿐입니다. 과거에는 작가와 감독, 크리에이티브 디렉터가 TV와 극장용으로 만든 소량의 콘텐츠에서 수많은 개인이 만들어낸 대량의 유튜브와 틱톡 콘텐츠로 넘어가는 트렌드에 맞춰 콘텐츠 기업과 광고회사도 개인 창작자나 인플루언서, 소규모 제작사 네트워크를 통해 작은 콘텐츠를 대량으로 제작해냅니다. 현재의 콘텐츠에 지금도 쌓이고 있는 데이터를 기반으로 앞으로 구글과 틱톡은 자동으로 콘텐츠를 찍어낼 수도 있을 겁니다. 그런 IP는 메타버스에 쓰일 수도 있고, 혹은 메타버스로부터 만들어질 수도 있고요.

플랫폼과 커머스

Q. 플랫폼에 대한 강조를 많이 해주셨는데 콘텐츠 기업을 위한, 마케팅 대행사를 위한 플랫폼 전략이 따로 있을까요?

A. 플랫폼 경제는 콘텐츠나 마케팅 기업 모두에게 중요한데도 불구하고, 양쪽 모두 자신들이 만들어내는 IP와 크리에이티브의 중요성에 매몰되어 플랫폼의 중요성을 간과해온 측면이 있습니다. 전통적인 비즈니스의 기본이 '좋은 제품'을 '효율

적으로' 만들어 잘 유통시키는 것이었다면 디지털 플랫폼은 돈 버는 방법을 바꿨습니다. 플랫폼은 콘텐츠나 광고 판매에서 더 나아간 부가적인 가치와 수익을 만들어내기 마련이니까요. 기업이 뭔가를 직접 팔 수도, 소비자의 활동을 통해 생성되는 무언가를 수익화할 수도 있습니다. 다만 콘텐츠 기업과 마케팅 대행사는 플랫폼을 만들어 운영하는 것에는 두려움을 갖고 있는데요, 완전히 다른 업이기 때문에 사실 쉽지 않은 이야기이긴 하죠. 그래도 최근에는 (콘텐츠 기업의 경우) OTT나 (광고 대행사의 경우) 광고주의 디지털 플랫폼 설계 운영 등으로 비즈니스를 확대하며 플랫폼의 중요성을 조금씩 깨닫는 것 같아 다행이라고 생각합니다. 이들이 추구하는 공통된 방향 중 하나가 (IP와 마케팅의 강점에 기반한) 커머스 비즈니스입니다. 제일기획의 경우 '제3기획', '제5기획'이라는 비즈니스를 만들었습니다. 제품을 직접 기획, 제작해서 판매를 하거나 렌탈을 하는 커머스 플랫폼인데, 플랫폼 비즈니스에 대한 경험을 쌓는 것을 목표로 하고 있습니다. 하지만 진짜 핵심은 플랫폼 안에서 이루어지는 소비자들의 경험이고 그 안에서 생성되는 데이터입니다. OTT든 커머스든, 혹은 기업이 가진 웹사이트나 메타버스 모두 마찬가지입니다.

Q. 제품을 기획해서 만들고 판매하는 일은 광고대행사가 잘할 수 있는 영역 아닐까요?

A. 만들어진 제품의 특징을 잡아서 잘 팔리게 하는 것과 새로운 제품을 기획하고 유통하는 것, 게다가 수익을 관리하는 일은 다른 영역이긴 합니다. 수요 예측이 쉽지 않거든요.

Q. 콘텐츠 기업과 마케팅 대행사는 어떤 종류의 데이터를 모아야 하고, 어디에서 모아야 할까요?

A. 기업마다 다르겠지만, 회사가 판매하는 제품이나 서비스와 연결된 소비자의 행동데이터를 모아야 한다는 점이 공통이라고 할 수 있겠습니다. 데이터 3법은 물론 해외의 경우 개인 데이터 보호가 법적으로, 혹은 업계의 자율규제가 굉장히 강화됐습니다. 외부의 소비자 데이터, 즉 서드파티 데이터Third-party Data를 구매해서 쓰는 것에 제약이 많아졌죠. 이제는 직접 데이터를 모으고 운용해야 합니다. 자사의 플랫폼에서 추출하기 어려운 데이터는 매체사 등을 통해 추가로 확보해야 합니다. 데이터 소스source를 파악하는 데도 창의성이 필요합니다. '내가 어떤 데이터를 왜 필요로 하며 이를 어떻게 활용하겠다'는 확실한 계획이 있을 때 창의성이 생기죠. 남들 하는 대로 남들이 수집하는 데이터를 쌓아놓아 봤자 의미도 쓸모도 없는 데이터가 될 뿐입니다. '비즈니스의 목적이 무엇이냐', '이를 위해 어떤 종류의 데이터가 필요한가', '이를 어떻게 연결하고 분석하여 어떤 결과를 기대하는가'를 알면 '그 데이터를 어디에서 구할 수 있는가'를

생각할 수 있게 됩니다.

Q. 끝으로, 콘텐츠 IP 비즈니스와 마케팅 비즈니스가 공통으로 지향해야 하는 점이 있다면 무엇일까요?

A. 소비자의 가치를 높이는 것이라고 생각합니다. 콘텐츠나 제품의 가치를 높여야 함은 두말할 나위도 없고 이를 통해 소비자의 가치를 높이는 거죠. 우리가 만든 콘텐츠나 제품을 이용하면서 만족스러운 순간을 즐기고, 소비자들 스스로 더 나은 사람이라고 느끼게 하는 것, 너무 거창한 이야기일까요? 콘텐츠와 광고 비즈니스에 있어 매출은 기본입니다. 예전에는 광고 비즈니스를 평가할 때 무형의 브랜드 자산에 미치는 영향, 나아가 사회문화적 가치 등을 고려했지만 지금은 매출을 빼고 광고의 효과를 이야기하지 않죠. 지금은 측정이 가능해졌거든요. 매출 외에도 브랜드에 대한 인지도나 조회수 등 이른바 '퍼포먼스'를 측정하는 수많은 방법들이 있습니다. 이는 광고대행사 뿐 아니라 CJ ENM이나 넷플릭스, 카카오 등에도 똑같이 적용됩니다. 콘텐츠와 제품의 퍼포먼스를 이야기하다가 갑자기 소비자의 가치를 높인다고 하면 난데없이 들릴 수도 있지만, 비즈니스의 기본은 현재를 넘어 미래를 내다보는 것, 시대를 반 발 앞서가는 비전을 갖는 것이라고 생각합니다. 좋은 콘텐츠, 좋은 광고처럼 내가 지금 만들고 있는 것만을 생각해서는 안 됩니다. 소비자인

나를 가치 있게 느끼게 해주는 콘텐츠와 경험, 나 스스로를 만족시키는 광고, 나에게 더 많은 권한을 주는 마케팅의 경험이 가까운 시일 내에 크게 중요해질 겁니다.

"오직 하나 집중해야 할 것이 있다면,
원천 스토리"

웹툰 IP 비즈니스의 오늘

이소현

카카오엔터테인먼트 웹툰사업실 MD팀 팀장

콘텐츠 인터넷 기업을 거쳐, 다음 웹툰의 전신 다음 만화에서 일했다. 2014년 카카오페이지에 입사해 사내기업 노블코믹스컴퍼니 코믹사업그룹 그룹장을 지냈다. 2021년 3월 카카오페이지와 카카오M의 합병으로 카카오엔터테인먼트가 출범한 이후 카카오엔터테인먼트 웹툰사업실에서 MD팀 팀장으로 재직 중이다.

웹툰이 플랫폼에서
서비스되기까지의 과정

....

카카오페이지 웹툰 카테고리는 소년·드라마·로맨스·로맨스판타지·액션무협·BL 등으로 서비스 되고 있다. 장르별로 담당 MD가 있고, 각 MD들은 출판사·에이전시·작가그룹 등의 웹툰 제작자들과 계약을 통해 지속적으로 좋은 작품을 소싱하고, 자사 플랫폼을 통해 상품화하는 역할을 맡고 있다. 웹툰이 플랫폼에 서비스되는 것은 대체로 두 가지 방식이 있다. 첫 번째는 출판사나 에이전시 등의 제작사를 통해 제안 받은 새로운 작품을 담당 MD가 검토해서 플랫폼에 서비스(판매)하는 방식이다. 이럴 경우 먼저, 웹툰 제작사는 '베스트도전'과 같은 자유연재 플랫폼, 학교, 공모전 등에서 작가를 발굴하고, 작품을 기획해서 플랫폼에 제안한다. 카카오페이지에서는 일주일에 한 번씩 담당 MD가 참석하는 리뷰회를 통해 외부에서 제안 받은 작품에 대한 의견을 모으고, 독점으로 제공할지 비독점으로 제공할지 여부를 결정한 뒤 계약을 맺고 작품을 서비스한다.

두 번째는 카카오페이지가 원하는 작품을 웹툰 제작사에 의뢰하거나 내부 전담팀에서 제작하는 방식이다. 검증된 소설 원작을 웹툰화하는 것을 제작사에 의뢰하거나, 카카오엔터테인먼트 내부 PD조직에서 작가와 직접 제작을 진행하는 형태로 나눌 수 있다. 카카오엔터테인먼트는 인기 웹소설을 웹툰화하는 노블코믹스를 체계적으로 선보이고 있다. 노블코믹스 작품들이 주로 이런 방식으로 세상에 나오고 있고, 웹툰 플랫폼에서는 원작사와 웹툰 제작사 사이에서 주요 캐릭터, 각색 방향 등의 조율을 맡아 최종 진행여부를 결정한다. 최근에는 창작 웹툰보다 웹소설 원작을 활용하는 노블코믹스 제작이 더 활발하게 이루어지고 있다. 보통 한 작품에 대해 논의를 시작하고 나서 론칭하기까지 1년에서 1년 6개월 정도의 제작기간이 소요된다.

카카오페이지의 비즈니스 모델
: '기다리면 무료'의 승부수,
결말을 안 볼 수 없는 재미있는 웹툰을 확보하라!

Q. 카카오의 웹툰 비즈니스 특징은 무엇일까요?

A. 카카오페이지는 크리에이터들의 오랜 숙원인 콘텐츠 자체의 유료화 방식을 고민하는 데 집중했습니다. 웹툰을 이용하는 사람이 이렇게 많은데 왜 매출이 안 날까. 작품이 재미없는 게 아니라, 작품의 과금 방식의 차이 때문은 아닐까라는 고민에서 출발한 BM이 '기다리면 무료'입니다.

'기다리면 무료'는 카카오페이지에서 처음 만들어낸 유료화 방식인데요. 기존의 웹툰 플랫폼은 에피소드가 무료 공개되기 전에 빨리 보기 위한 방식으로 유료 결제를 활용했어요. 하지만 '기다리면 무료'는 특정시간을 기다리면 무료로 볼 수 있는 '이용권'이 생기고, '이용권'으로 고객이 보고 싶은 회차를 무료로 볼 수 있는 방식입니다. 1화에서 3화까지는 무료로 볼 수 있고, 중간 회차는 기다리면 무료로, 최신 회차는 유료로 감상해야 하는 것이 특징입니다.

이 방식이 성공하려면 돈을 지불하지 않고서는 참을 수 없을 정도의 재미를 줘야 했죠. 최종 결과를 알기 위해서는 어쨌든 막판은 구매를 해야 하는 것이니까요. '구매하지 않을 수 없을 작품들'이라는 자신감을 깔고 만들었기 때문에 가능한 비즈니스 모델이었어요. 콘텐츠가 재미있으면 폭발적으로 매출이 일어난다는 것이 확인됐기 때문에, 좋은 콘텐츠를 만들어서 '기다리면 무료'의 비즈니스 모델 안에 넣는 데 집중했고, 이 유료화 모델의 결과로 웹툰이 지금의 산업으로 성장할 수 있었다고 생각합니다.

웹툰의 영상화,
IP 비즈니스의 성공을 가르는 요소

Q. 광고와 판매 외에 주목하는 수익화 프로세스가 있다면요?

A. 사실 웹툰은 원천 IP로서 점점 더 각광받고 있어요. 굉장히 여러 분야로 2차 사업을 전개할 수 있다고 생각하고 있고, 실제 영상화하는 것이 흔해졌죠. OST 사업도 활발하고, 애니메이션도 활성화되는 단계예요. 웹툰의 영상화는 초기 〈다세포 소녀〉, 강풀 작가의 〈아파트〉, 〈그대를 사랑합니다〉, 〈이웃 사람〉, 〈타이밍〉으로 이어지고요. 윤태호 작가의 〈이끼〉, 〈미생〉, 〈내부자들〉 등도 엄청 흥행했죠. 최근에는 디즈니플러스에서 공개된 〈Dr. 브레인〉처럼 글로벌 OTT도 웹툰을 원천 IP로서 주목

하고 있습니다.

웹툰의 호흡과 영상의 호흡이 다르거든요. 매체에 맞는 각색력이 중요하죠. 그런 점에서 한국은 뛰어난 것 같아요. 〈미생〉을 드라마화 할 때도 포인트를 잘 살렸잖아요. 일본에서는 만화나 애니메이션 원작 분위기를 최대한 살리는 방식을 택하는 경우도 많이 볼 수 있는데, 한국은 웹툰의 스토리 라인이나 주제는 유지하되 다른 방식으로 표현하는 경우도 많은 것 같아요.

Q. 카카오페이지의 노블코믹스 사업은 어떤 특징이 있나요?

A. 소설을 코미컬라이징comicalizing하는 것을 노블코믹스라고 해요. 사실 카카오페이지가 성공시키기 이전까지는 소설을 웹툰화해서 이렇게까지 성과를 낸 사례가 없었습니다. 카카오페이지에서 인기가 검증된 웹소설(원작 소설)을 웹툰화한 것이 성공 요인이라고 생각합니다. 가장 처음 시도한 작품은 〈달빛조각사〉였고, 큰 호응을 얻었습니다.

특히, 웹소설을 웹툰 문법으로 바꿔서 만들 수 있는 웹툰 PD의 역량이 중요하다고 판단했고, 그런 역량이 있는 제작사와 작업을 해서 나왔던 작품들이 지금까지도 큰 인기를 끌고 있는 〈김비서가 왜 그럴까〉, 〈황제의 외동딸〉, 〈왕의 딸로 태어났다고 합니다〉, 〈아도니스〉 같은 작품입니다.

〈김 비서가 왜 그럴까〉는 원작소설, 웹툰, 드라마 모두 성공한 첫 작품이고, 이런 사례를 계속 만들어가려고 합니다. 최근 드라마로도 방영돼 글로벌에서 사랑받은 〈사내 맞선〉이 이 노력의 연장선에 있는 작품입니다.

Q. 기획 단계에서부터 웹툰화나 영상화를 고려한 것일까요?

A. 〈사내 맞선〉 같은 경우는 원작 소설이 있는 상태에서 웹툰화를 한 사례고요. 최근에는 처음부터 소재를 선택하고 작가를 섭외해서 함께 기획하는 시도를 하고 있습니다. 기존 로맨스 판타지에 비해 더 강하고 주체적인 여자 주인공이 등장해서, 고난과 시련을 극복해나가는 '여주 판타지', 팬들의 '최애'를 다루는 아이돌물이나 점점 성장하고 강해지는 먼치킨 소재에 주목하고 있습니다.

일반적으로는 작품이 성공하려면 남성과 여성 모두가 즐길 수 있어야 해요. 소년만화인 〈나혼자만 레벨업〉이 대표적이죠. 남자들만 보는 것이 아니라, 만화를 보는 사람이 모두 좋아하는 장르거든요. 소년만화는 성공하면 출판뿐 아니라 굿즈, 애니메이션 같은 2차 사업이 모두 잘 되기 때문에 다양한 소년만화를 개발하고자 노력하고 있습니다.

대체로 판타지물은 영상화까지 고려하진 않지만, 주인공이 고난을 겪으며 성장하는 소년/로맨스판타지 중에서 반응이 오는 작품을 눈여겨보고, 그 요인을 파악해 확장시키자는 논의

를 하고 있습니다. 영상화의 경우는 현대로맨스 혹은 현대판타
지가 오히려 가능성이 높다고 생각하고 〈사내 맞선〉, 〈어게인 마
이 라이프〉와 같은 사례를 많이 만들기 위해 노력하고 있습니다.
또, 한 작품이 어떤 세계관을 갖고 이야기를 확장할 수 있느냐가
지금 가장 활발하게 논의하고 있는 주제이기도 합니다.

Q. 웹툰이 게임화된 사례도 있나요?

A. 〈달빛조각사〉의 경우가 그렇죠. 〈나 혼자만 레벨업〉
게임이 제작 중이고요. 그런데 게임과 웹툰 이용자가 반드시 겹
치지는 않을 수도 있습니다. 원작 웹툰의 인기가 영향을 주기도
하겠지만 게임 자체의 재미로 성공하는 것 같고요. 꾸준히 게임
등 파생될 수 있는 분야에 대해서 다양한 시도를 하고 있습니다.

**Q. 높은 조회수를 기록한 것 외에 작품의 어떤 면이 돈을
만들어내는 것일까요? 한마디로 어떤 것이 성공 요소일까요?**

A. 사실 정말 집중하고 있는 부분은 원천 스토리 자체예
요. 2차 사업으로 수익을 내는 것은 정말 부수적인 것이고요. 원
천 스토리를 바탕으로 매출과 성과를 내는 데 집중해요. 그밖에
영상화나 출판, 2차 사업 수익이 있을 수 있습니다.

웹툰과 웹소설 비즈니스에서도
팬덤이 중요하다

Q. 한국 웹툰 콘텐츠 시장의 전반적인 트렌드는 무엇인가요?

A. 원작 소설에서 이미 팬덤 형성이 많이 돼요. 큰 팬덤이 따라올 수 있는 작품을 만드는 것이 중요한 요소가 됐죠. 여주 판타지, 아이돌물, 게임 판타지물은 팬덤 규모가 커요. 원작 팬덤이 기대하는 것 이상으로 웹툰이 만들어지는 게 필요합니다. 팬덤의 기대를 담은 웹툰 제작과 더불어 애니메이션, 굿즈, 출판, 영상 등 다른 포맷의 2차 사업으로도 확장할 수 있도록 고민을 많이 합니다.

Q. 웹소설이나 웹툰의 팬덤은 특정 사람을 중심으로 모이는 것이 아니라, 작품을 중심으로 모이는 것이니까요. 사실상 웹툰 시절 이전부터 존재했거든요. 웹소설, 웹툰의 팬덤은 과거와는 다른가요?

A. 작품이 좋아서 뭉친 사람들이기 때문에 비슷해요. 하지만 예전보다 훨씬 적극적이라고 할까요. 적극적으로 의사를 개진합니다. 가령 웹툰 캐릭터가 조금 잘못 나오면 적극적으로 문제 제기를 하는 식으로요. 자신이 아끼는 콘텐츠에 상당히 적

극적이에요. 게시판도 있고 카페도 있고 트위터도 있으니까, 표현할 공간도 충분하고요.

Q. 미래의 웹툰에서 중요한 요소는 무엇일까요?

A. 지금도, 앞으로도 스토리죠. 스토리 지상주의자 같은데, 그런데 정말 스토리가 가장 중요하다고 생각합니다. 스토리와 다양한 소재 개발, 그리고 다양성을 지원해줄 현실적인 시도들이요.

"누가 소비자의 시선을 사로잡을 것인가"

MCN: 셀러브리티 크리에이터 비즈니스

황상준

CJ ENM 디지털콘텐츠사업본부 팀장

2002년 온미디어로 입사하여 2022년 CJENM 20년 근속 표창을 받았다. OGN의 전성기인 스타리그와 LCK 시절을 함께했고, 투니버스에서는 케로로 시절을 함께했다. 이후 디지털비즈니스, 디지털광고 업무를 담당했고, 2015년 DIATV에 합류하여 최근까지 인플루언서, 셀럽, 채널다이아 사업을 담당하였다. 현재는 디지털콘텐츠사업본부에서 셀럽과 브랜드운영 사업을 담당하고 있다.

MCN 비즈니스의 현재와 성장 가능성

CJ ENM은 2013년 국내 최초 MCN 크리에이터 그룹이라는 비즈니스 유닛을 만들었다, 2015년 명칭을 DIA TV로 변경했으며, 2017년 1월 1일 국내 최초로 유튜브 콘텐츠를 방영하는 케이블TV 채널인 DIA TV도 개국했다. 케이블TV 개국은 기존 유튜브 광고와 협찬 중심의 비즈니스 모델을 바탕으로 한 MCN의 연장선에서, 방송 채널, DIA 페스티벌이나 '게임콘' 같은 오프라인 이벤트, 커머스 등으로 수익원을 다양화하자는 목표 아래 이뤄졌다. 기존의 방송 채널 운영 노하우와 인력을 바탕으로, 직접 선택해서 봐야 하는 유튜브 콘텐츠를 거실에서 리니어하게 시청하도록 하자는 취지였다.

3~4년 전만 해도 한국에서 100만 명 구독자가 넘는 사람이 쉽게 나올까 싶었지만, 최근에는 구독자 300만 명 이상의 크리에이터들이 많아졌다. 1인 크리에이터 콘텐츠로 TV 채널을 만들어서 주7일 라이브 방송하는 것은 해외에도 없던 모델이었다. 현재는 1000~1500팀 인플루언서의 영향력을 사업화하는 방향의 비즈니스를 전개하고 있다.

인지도, 구독자, 조회수, 댓글 등으로 표출되는 크리에이터의 영향력을 현금화할 수 있는 전략을 개발하고 실행하는 것이다. 핵심은 크리에이터들이 유튜브에 올리는 영상을 바탕으로 수익화할 수 있는 구조를 만드는 것이고, 그들이 기존의 수익을 증대시킬 수 있도록 가이드하는 역할과 브랜디드 콘텐츠라 불리는 광고 협찬, 출판 등 사업화할 수 있는 커머스 등을 연결한다. 유튜브 영상 시청 전이나 중간의 광고, 기업 협찬을 통한 브랜디드 캠페인 콘텐츠 제작, 라이브커머스의 단순 출연, 물건 판매의 경우 금액에 따른 개런티 책정, 책 출판 등 크리에이터 특성에 맞게 할 수 있는 다양한 종류의 라이센싱 비즈니스가 있다. 특히 MCN 비즈니스의 수익원 중 커머스는 성장 가능성이 높은 분야다.

언젠가는 넷플릭스나 HBO MAX에 인플루언서들이 출연하는 콘텐츠를 유통하는 것도 가능할 것이라 전망하기 때문에, 유튜브 기존 영상보다 웰메이드 콘텐츠를 시도하고자 한다. 레거시 미디어와 디지털 콘텐츠, 연예인과 유튜버의 구분이 희미해지는 상황에서, 좋은 콘텐츠로 이슈를 만들려는 노력이다.

시청자의 시선을 사로잡다

Q. '어그로'를 끌거나 정치색이 강한 유튜버가 왜 주목을 받을까요?

A. 인지도 면에서는 어느 정도의 어그로가 필요하기도 합니다. 물론 좋지 않은 이슈로 영향력을 얻으려 할 경우에는 반대급부로 오히려 조회수나 구독자가 떨어지기도 해요. 정치적으로 양극단의 주장을 하는 경우 조회수나 구독자 높고 슈퍼챗도 높아요. 커뮤니티가 듣고 싶어하는 이야기를 정확히 알고 긴 러닝타임의 영상을 여러 편 물량 공세하니까요. 유튜브는 물량이 최고예요. 그런 면에서는 유튜브를 잘 이해하고 있는 것이죠.

레거시 미디어와 유튜브 콘텐츠의 차별화

Q. 레거시 콘텐츠와 유튜브 콘텐츠는 어떻게 달라야 할까요?

A. TV는 완성본을 일방향적으로 봐달라는 쪽에 가깝죠. 하지만 유튜브에 올라가는 콘텐츠는 댓글 등 피드백을 유도

하고, 이를 바탕으로 다시 콘텐츠를 만들기도 해요. 소통을 중시한다는 것이 가장 큰 차이예요. TV와 디지털 콘텐츠에서 리쿱할수 있는 규모가 다르니까 투입되는 제작비 규모도 차이 나요.

Q. IPTV나 VOD도 점차 선택의 영역이 커지고 있어요. TV가 유튜브나 넷플릭스와 더욱 닮아가지 않을까요?

A. 시간이 많이 걸릴 것이라 생각해요. 10년 전만 해도 TV는 없어지고 인터넷이 대체할 것이라 생각했잖아요. 그 패러다임 전환이 왔을 때 중요한 역할을 하고 싶다고 생각했죠. 하지만 유튜브 전후의 패러다임 차이가 커도 TV는 계속 있을 것 같아요. 시청자의 시간이 한정돼 있기 때문에 인구가 급증하지 않는 이상, 시간 점유를 위한 게임, 싸움은 계속될 테고요. 비중은 달라지더라도 TV는 계속 영원히 남아 있을 것 같습니다.

Q. 이제는 어린이 채널을 비롯한 다양한 곳에서 유튜브 콘텐츠를 방영하는데요. 왜 채널이 더 활성화되지 않을까요?

A. 국내에서는 샌드박스도 채널을 운영하고, 아프리카TV도 SBS와 E-스포츠 위주의 채널을 운영하고 있는데요. 개인적으로는 TV의 경우 시청 시간을 유지하게 하는 요소가 캐

릭터와 스토리라고 생각하거든요. 일단 알고 있는 사람이 나와서 눈을 확 사로잡고, 5초 안에 스토리가 무엇인지 관심을 끌어야 해요. 그런 면에서 1인 크리에이터의 콘텐츠는 저변 확대에 한계가 있는 것이 아닐까 생각합니다. 해외는 MCN 비즈니스를 먼저 시작했지만, TV 쪽보다 디지털에 더 많은 힘을 쓰고 있고요.

—
"이제는 저희가 더 앞서가고 있거든요. 한국이 먼저 새로운 것들을 만들어 나가는 거예요."

Q. CJ ENM에서는 다이아 페스티벌이나 CH DIA와 같은 방송 채널을 통해 방송과 MCN을 융합하려고 시도하죠. 채널에서나 콘텐츠의 문화 면에서나 믹스앤매치나 매시업mash-up적인 시도를 많이 하고, 성과도 거두고 있다고 생각해요. 하지만 해외의 경우 이런 방식이 훨씬 적은 것 같습니다. 1인 채널 또는 유튜브로 보는 콘텐츠는 그 나름의 결에서 발전하고, 레거시 미디어 TV도 따로 발전하는 형상인데요. 한국은 이런 부분이 더 섞여 있고요. 동의하시나요?

A. 전체적으로 동의합니다. 사실 3~4년 전만 해도 해외 사례들을 많이 보면서 연구했지만, 이제는 저희가 더 앞서가고 있거든요. 한국이 먼저 새로운 것들을 만들어 나가는 거예요. 그래서 최근에는 해외 사례를 확인할 계기가 없었는데, 이전에 훑

어본 바로는 그냥 기능으로 정착했다는 느낌이었습니다.

Q. 한국인들이 유튜브와 레거시 콘텐츠를 구별 없이 좋아한다는 등의 특성이 있는 것일까요?

A. 해외에서 코드 커팅 이야기가 나온 지 오래됐지만, TV 비즈니스는 유지되고 있죠. 굳이 섞을 필요가 있냐는 생각을 하는 것 같아요. 한국의 TV는 높은 연령을 타깃으로 하면서도 여전히 MZ세대가 좋아할 만한 시도를 하는 것 같고요. 높은 연령층에게 MZ세대가 좋아하는 것을 보여줄 필요가 있다고 생각하는 경향도 있어 보여요.

Q. 유튜버가 되기 위한 요건은 무엇일까요?

A. 범용 접근을 할지 버티컬 접근을 할지에 따라 달라질 것 같아요. 구독자나 시청자 입장에서 명확한 효용이 있고, 창작자 본인이 2~3년 정도 지치지 않고 소화할 수 있으면 가능할 거예요.

IP 다각화에 따른 MCN 비즈니스의 확장 가능성

Q. 앞으로 MCN 비즈니스에서 성장 가능성이 있는 영역이 있을까요?

A. 유튜브 트렌드는 크게 3개로 구분할 수 있어요. 먼저 오리지널 인플루언서, 이후 연예인을 포함한 유명인들이 유튜브에 뛰어든 흐름, 또 하나는 기존의 레거시 미디어 콘텐츠들을 데이터화해서 업로드한 것으로요. 그 밖에 유튜브용으로 자체 기획한 관심도 높은 콘텐츠들이 올라오죠. 개인적으로는 〈피식대학〉의 '김갑생 할머니김' 같은 사례를 가장 주목해서 보고 있어요. 김을 실제로 만들어 판매한 것도 재미있었고요.

현재는 MCN들이 게임과 뷰티로 많이 특화돼 있어요. 광고주군도 명확하고, 인플루언서들이나 직원들도 해당 분야에 관심 있는 사람들이 모여 있을 때 즐겁게 일할 수 있고요. 앞으로는 연예인, 유명인도 하나의 버티컬이 될 수 있다고 생각해요. 물론 카카오도 셀러브리티의 영향력을 바탕으로 한 커머스 사업을 하고 있고요. JTBC도 조금 결은 다르지만 비슷한 시도를 하고 있죠. 연예기획사, 디지털 스튜디오 등 다양한 업계에서 시도가 나올 것이라 생각합니다.

Q. 버추얼 IP가 셀럽으로 부상할 것이라는 예측도 있어요. 과거 제작비가 0에 수렴하는 크리에이터 콘텐츠와의 경쟁에서도 디즈니나 CJ의 롱폼, 하이퀄리티 콘텐츠가 여전히 살아남았고, 더 잘되기도 했었고요. TV 이후 영화가 특화됐듯 버츄얼 IP나 메타버스 등장 후에도 기존의 콘텐츠는 이전의 영역을 계속 지킬까요?

A. 실제로 영향력 있는 메타버스 플랫폼이 나오려면 현재 플랫폼들보다는 조금 더 핵심 기능이 추가되고 경제적 효용이 발생해야 한다고 생각해요. 카페 같은 기존 온라인 커뮤니티도 기능이 보강되면 힘 있는 메타버스의 시발점이 될 수 있을 것이라 생각하고요. 어쨌든 셀럽은 항상 언제나 어디에나 있었고 MCN 비즈니스는 유튜브에서 생겨난 그들을 통해 만들어진 것이고요.

10년 내로 메타버스 플랫폼에서도 셀럽이 나올 거예요. 차이는 있겠죠. 유튜버들은 자신의 캐릭터와 영상으로 소통하지만, 메타버스에서는 실제 나라기보다 내가 지향하거나 닮고 싶은 나를 형상화한 것일 테니까요. 나의 진짜 모습을 보여줄 필요 없이 내가 새롭게 만들어낸 캐릭터가 인기를 얻게 되는 것이죠. 현실에서는 인기도 없고 드러낼 자신도 없지만, 가상공간에서는 캐릭터를 활용해 셀럽이 될 수 있는 거예요. 가상 캐릭터로 인기를 얻게 되면 부가적으로 할 수 있는 것들이 더 많이 펼쳐질 것이라 생각합니다.

"공급자와 수요자 모두의 피로감을 줄여주는 오디오 콘텐츠의 가능성"

MCN 비즈니스와 오디오 콘텐츠 비즈니스

김덕봉

콜랩코리아 한국지사장

제일기획 글로벌디지털 마케팅 디렉터, 한국맥도날드 CMO, 메이크어스 CMO 등을 역임하면서 글로벌 콘텐츠 생태계에 대한 전문성을 축적해왔다. 현재 콜랩코리아 한국지사장으로서 한국을 비롯한 각국의 크리에이터들의 콘텐츠를 다양한 매체를 통해 수익화할 수 있는 전략을 개발하고 실행하고 있다.

MCN 비즈니스의 글로벌 확장과 매체력 강화 노력

....

MCN 회사는 유튜브 크리에이터들의 네트워크로 유튜브 네트워크의 성장을 돕고, 유튜브 채널 안팎에서 수익 사업을 벌인다. 국내 MCN 회사인 'DIA TV', '샌드박스', '트레져헌터', '콜랩 코리아' 중 '콜랩 코리아'만 유일하게 글로벌 회사의 한국 지사다. 콜랩 코리아는 글로벌 기업인 만큼 크리에이터의 해외 진출이 가능하다는 점에서 다른 MCN 회사와 차별적이다. 유튜브가 서비스되지 않는 중국의 경우 홍콩 지사를 통해 '비리비리'라는 플랫폼을 활용해 수익화 사업을 하고 있다.

콜랩 코리아의 또 다른 차별점은 음원 유통 사업을 병행한다는 점이다. '멜론', '지니' 등 음악 플랫폼 유통과 유사하게 유튜브 내 음원 유통 비즈니스를 한다. 유튜브 내에서 특정 음원을 사용하면 해당 콘텐츠 발생 수익은 음원 소유권자들이 수익화할 수 있다. 음원 소유권자들이 음원을 유튜브에 제대로 등록해서 음원수익을 얻을 수 있도록 유명 음원들을 비롯해 관리 유통하고 있고, 클라이언트 만족도가 높다.

마지막 차별점은 빅 크리에이터에 초점을 맞추는 타사들과 달리, 규모와 상관없이 게임, 뷰티, 라이프스타일 등 폭넓은 업종과 채널을 커버한다는 점이다. 국내 720명, 아시아 전체로는 2,000명 정도 소속돼 있어, 기업 마케팅 활동 시 다양한 스펙트럼의 크리에이터와 브랜드를 녹여낼 수 있다. 콜랩 코리아는 MCN 사업을 통해 유튜브에 집중하고 있지만, 궁극적으로는 미디어 비즈니스를 지향하는 '차세대 미디어 컴퍼니Next Generation Media Company'를 표방한다. 돈이 되는 콘텐츠를 찾아 수익화하고, 배급과 유통을 기반으로 시청자를 확보하고, 이를 기반으로 다양한 브랜드와 협력하는 수익 모델을 바탕에 둔다.

MCN 비즈니스를 통해
차세대 미디어 컴퍼니를 지향한다

Q. '차세대 미디어 컴퍼니'에는 어떤 의미가 내포돼 있나요?
궁극적으로 지향하는 지점이 무엇인가요?

A. '다양성'을 꼽을 수 있겠네요. 특정 국가나 플랫폼에 국한되면 안 될 것 같아요. 현재 유튜브 기반 사업에 집중하고 있지만 숏폼 플랫폼인 틱톡이나 팟캐스트 등 오디오 기반 플랫폼을 성장시켜야 한다고 생각하고요. 통합적으로 플랫폼을 활용해서 브랜드에 더 좋은 솔루션을 제공하는 것이 다음 세대의 미디어라 생각합니다.

아시아는 어디보다 재미있는 지역이에요. 과거 미국에서는 파급력 있는 콘텐츠에 자막을 입혀 배포했었거든요. 우리는 이것을 보면서 성장했죠. 창업자들이나 이해관계자들은 이를 함께 보고 자란 세대예요.

하지만 이제는 그 반대가 되고 있죠. 한류 콘텐츠를 비롯해 핑크퐁의 '아기상어'를 떠올려보세요. 한국 콘텐츠라는 것을 모르고 접할 정도로, 아시아 기반 콘텐츠가 확장되고 있고요. 〈뽀롱뽀롱 뽀로로〉도 마찬가지죠. 아시아 콘텐츠의 역량이 해외의 주목을 받을 만큼 성장하고 있어서, 아시아 사업이 앞으로 더 많이 커갈 것이라는 믿음을 있습니다.

Q. 특정 플랫폼에 국한되지 않기 위해, 유튜브 외에 눈여겨보는 영역은 어디인가요?

A. 비디오가 주는 피로감이 분명 있어요. 반면 오디오 콘텐츠는 소비자를 행동의 제약 등에서 해방시켜주는 부분이 있죠. 따라서 오디오 플랫폼 중에서도 팟캐스트 플랫폼을 조금 더 관심 있게 보고 있습니다. 이는 콘텐츠 공급자와 수요자 모두에게 필요한 전환점 같아요. 크리에이터 관점에서도 콘텐츠를 제작하는 데 굉장한 피로감이 쌓인 상태거든요. 매일 새로운 콘텐츠를 기획하고 만들어내려면 스트레스와 피로감을 느낄 수밖에 에요.

미국의 팟캐스트는 한국이나 아시아와 차원이 다르게 성장해 있어요. 공급자 측면에서도 팟캐스트는 스트레스가 적어요. 제작자에게도 유리하기 때문에 기존 크리에이터들이 팟캐스트로 많이 전환하죠. 시장은 그만큼 크지 않지만요. 크리에이터들이 유튜브 비디오의 사운드만 추출해서 팟캐스트 플랫폼에 올리기도 해요. 콘텐츠 양이 늘면서 소비자들도 모이고, 광고 시장도 빠르게 성장하고 있고요. 팟캐스트만을 위한 광고 대행사도 많이 생겼어요. 제가 팟캐스트의 성장 잠재력을 보는 이유죠.

한국에서도 가능하다고 생각해요. 저희도 팟캐스트 크리에이터들을 계속 네트워크화시켜 넓혀가고 있고요. 광고 삽입이 어려웠던 기술적인 부분도, 팟캐스트 플랫폼 사운드 송출 시 다이내믹하게 광고를 삽입할 수 있는 시스템이 생겼어요. 그런 회사들이 성장하고 있죠. 일반적인 광고 단가도 책정되고, 분석 툴도 함께 성장하고 있어서 관심 있게 다양한 활동을 하고 있고요. 스포티파이도 2021년 한국에 진출했죠. 해외에서는 이미 자리매김을 한 상태라, 한국에서 팟캐스트를 시작하면 많은 변화가 생길 것이라 예상합니다.

Q. 현 시점에서 MCN 업계가 당면한 가장 중요한 이슈 혹은 도전 과제는 무엇인가요?

A. 광고주 집행 규모가 인플루언서 마케팅 쪽으로 굉장히 빠르게 바뀌고 있어요. 저도 광고주 입장에 있었지만, 예전에는 매체 믹스나 예산 수립 때 인플루언서 마케팅이라는 항목이 없거나 아주 소규모 바이럴 콘텐츠 정도로 제작했었죠. 요즘처럼 유명 크리에이터나 인스타그래머를 통한 PPL 진행에 예산을 편성하지 않았어요. 유튜브 PPL 자체가 흔하지 않았고요.

지금은 유튜브 채널을 중심에 둔 브랜디드 콘텐츠 등이 예상 이상의 큰 폭으로 빠르게 성장하고 있어요. 광고 예산 집행에서 광고주의 인식도 변화했고요. 동시에 크리에이터들이 기존의 광고 제작 문법에서 벗어나 소비자와 소통하고 공감을 형성하기 때문에 성장 가능성이 높다고 봅니다.

한때 이슈였던 '뒷광고' 스캔들을 거치면서 법에 저촉되지 않으면서, 소비자들에게도 반감을 사지 않는 전략들이 개발되고 있고요. 사업 아이디어를 팬들에게 공감시키지 못하면 바로 그날 콘텐츠 실적에 냉정하게 나타나거든요. 크리에이터도 스스로 잘 알기 때문에 그런 부분을 트레이닝하기보다 수치에 기반한 인사이트 제공에 집중하려고 하죠.

한국 인플루언서 마케팅의 트렌드

Q. 최근 몇 년간 인플루언서 마케팅이 급부상하고 있죠. 한국에만 국한된 현상도 아니고요. 그럼에도 한국만의 특성이 있을까요?

A. 한국의 인플루언서 마케팅이 성장세는 맞지만, 게임, 뷰티, 식음료라는 특정 업종에 집중된 경향이 강해요. 각 분야 모두 상대적으로 간단한 공감을 통해 매출을 낼 수 있는 저관여 업종이고요. 해외에서는 자동차 같은 고관여 제품 분야의 인플루언서 마케팅도 빠르게 성장 중이죠. 고관여 제품 또는 고가 제품은 생각하고 구매 결정하는 과정에서 탈락하는 소비자가 저관여 제품보다 많은데, 관점을 전환해보면 앞으로 성장할 여력이 훨씬 더 크다는 말이 되니까요. 한국도 자동차 업종의 리뷰가 항상 활성화돼 있어요. 광고주 입장에서 기자를 대하듯 제품을 노출시키는 경향에서 벗어나, 인플루언서 마케팅 관점에서 크리에

이터를 활용하면 다양한 마케팅을 시도할 수 있을 것 같습니다. 이런 업종들은 더 성장할 수 있을 거예요.

Q. 한편에서는 한국이 좋은 인프라를 가졌는데도, 페이스북, 구글, 아마존처럼 전 세계 표준 서비스를 출시하지 못한 것이 안타깝다는 의견도 있어요. 한국어라는 언어의 한계라고 해석하기도 하지만요. 한국에서 나오는 서비스들 대부분이 패스트 팔로워였다는 평가도 있고요. 한국에도 좋은 아이디어를 가진 시도가 분명 많았는데 왜 확산시키지 못했을까요?

A. 지향점 자체에서 이유를 찾을 수 있지 않을까요. 미국은 처음부터 글로벌을 지향하며 플랫폼을 런칭했기 때문에 더 큰 성장률을 기록할 수 있었던 것이죠. 유튜브가 한국에서 이만큼 성장하기 전부터 이미 네이버나 다음은 동영상 서비스를 갖고 있었어요. 똑같은 차원 아닐까요. 글로벌을 지향하며 출시했던 제품과 로컬에서 출시했던 제품의 차이죠. 페이스북도 마찬가지예요. 한국에서 시작했다면 한국 네트워크를 바탕으로 성장했겠지만, 페이스북은 처음부터 글로벌을 지향하며 만들어진 거예요. 그래서 더 빠르게 성장했다고 생각합니다.

크리에이터 기반의 IP 비즈니스에서 경쟁력을 확보하는 법

전략 1 : 플랫폼 특성을 고려한 크리에이터를 확보하라

> Q. 인플루언서 마케팅 세대를 구분해보면요. 1세대는 인스타그램에서 스틸 이미지 중심으로 활동했고, 팔로워가 늘면서 광고주가 붙었고요. 2세대는 비디오로 옮겨가서 인기 유튜브 크리에이터로서 광고 수익을 얻고 있어요. 그다음으로 팟캐스트 같은 오디오 시장의 인플루언서가 생길 것이라고 하는데요. 인스타그램, 유튜브, 팟캐스트 각각의 인플루언서는 어떤 특징 차이가 있을까요?

김덕봉 팟캐스터 중에 글로벌하게 성공한 조 로건Joe Rogan 은 스포티파이와 독점 계약을 해서 유튜브에서 보기 어려워요. 격투기 선수, 코미디언 출신으로 네트워크가 다양한데요. 네트워크와 말솜씨로 대성공을 한 케이스죠. 유튜브 최적 시간이 8~10분이라면, 팟캐스트는 출퇴근하거나 운전하며 듣기 때문에 50분에서 1시간 정도 포맷이 많아요.

일론 머스크Elon Musk 같은 다양한 셀러브리티도 출연하고, 새로운 영화나 음악도 이 채널에서 홍보하려고 줄을 서요. 유튜버들과는 조금 다른 역량과 네트워크를 갖고 있죠. 유튜버는 기획력과 편집력이 중요해서 인스타그래머를 유튜버로 전환시키려고 해도 다 성공하지는 않아요. 각 플랫폼별로 서로 다른 스킬이 필요해서 셀러브리티 외에 3관왕은 흔하지 않아요.

Q. 유명 연예인이어도 유튜브에서 성공하기는 쉽지 않아 보여요.

황상준 대중이 보는 연예인의 페르소나와 실제 성격에 차이가 있잖아요. 텐션이 높아 보이지만 실제로 정적인 분들이 많았고 그런 분들보다는 평소에도 텐션이 높은 분들이 콘텐츠가 재미있게 나오고요. 1~2년 정도 해보니까 제일 중요한 것은 범용 인지도 같아요.

처음 셀러브리티 유튜브 비즈니스를 시작할 때 스터디 케이스로 봤던 인물이 윌 스미스였어요. 윌 스미스가 2017년 말에 유튜버 릴리 싱Lilly Singh과 콜라보하면서 유튜브 생태계에 감을 잡고, 할리우드 영화배우

—
"유튜버는 기획력과 편집력이 중요해서 인스타그래머를 유튜버로 전환시키려고 해도 다 성공하지는 않아요. 각 플랫폼별로 서로 다른 스킬이 필요해서 셀러브리티 외에 3관왕은 흔하지 않아요. "

가 아닌 유튜버처럼 살았거든요. 그러니까 그의 전성기를 모르던 MZ세대에게도 인지도가 높아지고, 재미있고 호감 있는 인물이 된 거예요. 할리우드에서 다시 주연 자리를 꿰차는 선순환이 이뤄졌죠. 〈나쁜녀석들 : 포에버〉, 〈제미니 맨〉, 〈알라딘〉의 지니 역할도 하고요.

저희도 그런 부분을 위주로 설득했어요. 한국에서는 2년 전만 해도 연예인, 유명인에게 유튜브 채널을 제안하면 50명 중 48명 정도는 거절했었거든요. 그러다 신세경, 한예슬 씨 등이 유튜브에 진출하면서 같은 동료들 입장에서도 시대가 바뀐다는 생각을 한 것 같고요. 김종국 씨의 운동 채널도 구독자가 상당히 빠르게 올라갔어요. 박미선 씨도 원래 인지도가 높았지만, 유튜브를 통해 공유 킥보드, 그랜절 같은 MZ세대의 관심 분야를 다루면서 호응을 얻고 TV에서도 조명받는 선순환이 나타났어요.

DIA TV에서는 박미선 씨의 〈미선임파서블〉, 이달의소녀 츄의 〈지켜츄〉 등이 기념비적인 성과를 냈어요. 회사는 다르지만, 아이유 씨의 유튜브 채널 '이지금'에 〈아이유의 팔레트〉도 기획력 있는 유튜브 콘텐츠고요. 업계 관계자나 팬 모두에게 좋은 케이스라고 생각합니다. 결국 인지도가 전체적으로 넓고 동적인 성향의 연예인이 좋은 반응을 이끌어 낼 가능성이 높습니다.

전략 2 : 데이터를 적절하게 활용하라

Q. MCN 회사의 경우 관리하는 유튜브 채널들의 영향력을 합친 것이 곧 회사의 파워가 될 텐데요. 열심히 육성시킨 크리에이터들이 성장해서 더 좋은 조건의 다른 회사로 옮길 경우도 생길 것 같아요. 어떤 대비가 필요한가요?

김덕봉 '콜랩코리아'의 경우는 물리적 서비스보다 데이터를 제공해요. 뷰어들의 특성, 시청 지속 시간 등의 지표가 매일 바뀌면서 축적되고 있어요. 많은 시간과 인력을 투입해서 데이터 기반으로 정보를 제공하고, 자체 툴로 수익화할 수 있는 컨설팅을 제공하죠. 유튜브 애널리틱스가 잘 만들어져 있다고 해도 일반 크리에이터들이 중요한 지표 변화를 적절하게 해석하고, 콘텐츠에 적용하는 것은 쉽지 않죠. 이 점에서 데이터라는 가치가 경쟁력 유지에 도움이 된다고 생각합니다.

Q. 웹툰 업계에서 데이터에 대한 인식은 어떤가요?

이소현 카카오페이지의 경우 IP 사업에서 스토리가 원천이라고 생각하고, 어떤 스토리가 성과를 내는지에 대한 데이터를 충분히 갖고 있어요. 그리고 그 스토리를 어떻게 웹툰으로 만들고 어떻게 2차 콘텐츠로 파생시켜야 산업으로 연결되는지에 대한 경험치도 굉장히 풍부하고요. 그중 대부분은 흥행한 작품의 특성이나 타깃층 등 경험에 기반한 질적 데이터가 많고, 이런 데이터는 저희의 경쟁력과 직결되어 있습니다. 다양한 성공 케이스를 통해 나온 데이터가 다시 또 다른 성공 케이스를 만드는 선순환을 구축하고 있습니다.

전략 3 : 웹툰 비즈니스, 세계로 향하라

Q. 웹툰의 비즈니스 모델이 한국에서 가장 먼저 발전한 이유는 무엇일까요?

이소현 먼저 한국은 인프라가 좋았어요. 인터넷이 어디서든 잘 됐고, 포털 사이트에서 웹툰을 무료로 서비스하면서 저변을 넓혀왔고요. 최초의 웹툰 서비스인 다음웹툰이 이런 인프라 속에서 탄생한 것이죠. 현재 10~20대는 일본 만화보다 웹툰에 익숙한 세대예요. 복잡한 관계가 등장하지 않는 작품들 위주로 성과를 내기 시작해서 점차 스토리가 탄탄한 노블코믹스 작품들이 등장했는데요. 스토리, 기획, 발상 자체가 한국에서만 나올 수 있는 요소가 있었던 데다 컬러 채색 등 높은 퀄리티의 작품을 저렴한 가격으로 볼 수 있었죠. 모바일에 최적화된 형태가 스르륵

넘기면서 볼 수 있는 스크롤 방식의 만화인데, 처음 경험해 보니 작품도 재미있었던 거죠.

사실 중세 유럽 느낌의 로맨스 판타지가 해외 시장에서 인기를 얻을 것이라고는 예상하지 못 했거든요. 한국인이 상상한 백인의 느낌인데, 그들로서는 전혀 보지 못했던 새로운 콘텐츠였던 거예요. 특히나 로맨스 판타지는 일본에서 굉장히 인기가 많아요. 일본에는 없던 이야기였기 때문에 예상 밖의 큰 성공을 했죠. 한국의 로맨스 판타지 주인공이 가진 주체적이고 주도적인 매력도 인기의 이유가 된 것 같아요. 현재 함께 로맨스 판타지물을 준비하는 일본 출판사에서 이런 이야기를 너무 찾고 있었다고 하더라고요. '그래서 잘 되는구나.' 알았죠.

한국은 세계적 흐름인 젠더 평등에 대한 이야기들이 많이 논의되고 있고, 이에 따라 젊은 창작자들이 만든 작품들인 웹소설과 웹툰에도 이 같은 흐름이 자연스레 반영되고, 또 콘텐츠화되는 것 같아요. 이를 포함해 한국만이 가진 문화적 역량과 특성이 다양한 콘텐츠를 꽃피우고 있고, 이것이 세계 무대에서 한국 콘텐츠의 경쟁력이 되고 있다고 생각합니다.

Q. 일본 외 국가와의 정서 차이도 궁금한데요. 국가별로 설명해주세요.

이소현 최근 카카오에서 북미 웹툰과 웹소설 플랫폼인 타파스와 래디쉬를 인수했고 타파스에 한국 웹툰을 제공하는데 인기가 상당합니다. 그런데 웹소설 플랫폼인 래디쉬의 인기 있는 작품이 우리와 정서적으로 굉장히 달라요. 래디쉬에는 아직 한국 작품이 없어서 랭킹에 있는 미국 작품들을 조금 봤는데, 사랑/연애/성을 다루는 방식이나 소재가 한국에서 웹툰으로 다루기 어려운 부분이 많았어요.

기본적으로 한국의 로맨스가 어디든 무난하고 보편적인 것 같습니다. 다만, 한국적 정서가 드러나지 않는 '판타지' 장르는 일본, 미국, 프랑스, 인도네시아, 태국, 대만, 중국에서 모두 잘 되고 있는데, 한국적 정서가 드러나는 '현대 로맨스'는 글로벌에서 지금도 열심히 문을 두드리고 있습니다. 로맨스에서 많이 다루는 알콩달콩한 유머 코드나, 시댁 같은 특수 관계를 이해하기 어려운 부분이 존재할 텐데요. 동남아에서 인기 있는 로맨스는 등장인물의 순애보가 두드러지는 작품들이 많은 것 같고요.

그런데 〈김비서가 왜 그럴까〉, 〈사내 맞선〉 드라마의 글로벌 흥행을 보면 영상으로는 보편적으로도 소비되는 것 같습니다. 예를 들면 이슬람권 등 종교적으로 보수성이 있는 국가에서도 통과될 수 있을 정도로요. 〈사랑의 불시착〉 같은 것이죠. 분단 상황이라는 재미를 적절히 잘 살리면서 다른 요소들이 과하지 않게요.

§

개편된 콘텐츠 비즈니스 시장에서의
IP 의미

콘텐츠 비즈니스는 전통적으로 IP를 만들어내는 창작 비즈니스, 크리에이티브 비즈니스였다. 경쟁사보다 좋은, 재미있는 콘텐츠를 만들어 소비자의 눈을 붙잡아두고 이로부터 티켓, 광고 등의 수익을 창출하는 것이 콘텐츠 비즈니스의 핵심이었다. 따라서 더 좋은 IP를 만들어내는 것, 혹은 확보하는 것이 무엇보다 중요했으며, 이를 가장 잘하는 곳은 콘텐츠 제작사들이었다. 좋은 콘텐츠를 구입하기 위해서는 품질을 판별할 수 있는 '눈'이 필요하기 때문이다.

여기에 콘텐츠를 상영하기 위한 스크린이나 채널을 수직 통합해 함께 보유하는 것은 첩경으로 여겨져 왔다. 그러나 TV의 쇠퇴에 이은 OTT의 인기, 그리고 전통적인 콘텐츠 기업이 아닌 통신사, 디지털 플랫폼 등이 콘텐츠 비즈니스로 진출하는 현실은 콘텐츠 비즈니스의 본령을 다시 생각하게 한다. CJ ENM, JTBC, HBO, 디즈니 같은 방송사, 영화 스튜디오는 자신만의 OTT를 만들어 서비스하기 시작했다. 이와 같은 글로벌 OTT의 대중화는 글로벌 시장으로의 진출을 앞당기고 있다.

SKT, KT 등 통신사들 역시 단독 혹은 공동으로 OTT를 만들고 자신만의 오리지널 콘텐츠를 제공하고 있다. 아마존과 쿠팡과 같은 커머스 기업도 마찬가지다. OTT를 만들고 오리지널 콘텐츠에 더해 저렴한 구독료로 사용자를 끌고 있다. SM, 하이브 등 출중한 K-pop 스타를 보유한 곳들은 자신만의 영상을 만들어 팬들에게 서비스한다. 네이버, 카카오 등의 디지털 플랫폼은 두말할 나위도 없다. 게임 업체들도 합류할 것이다. 영상이라는 포맷에 익숙하지 않아 아직은 사례가 많지 않지만, 신문사나 잡지사 역시 이 길을 따를 것이다. 결국 '영상'이라는 포맷으로 거의 모든 콘텐츠 비즈니스가 수렴되는 것이다. IP의 가치를 가장 높여줄 수 있는 콘텐츠 포맷은 여전히 영상이며, 소비자의 콘텐츠 경험에서 최고의 자리를 지키고 있다. TV와 영화가 매체로서 예전만 못한 인기를 얻고 있는 것과는 별개로, 영상은 여전히 소비자가 가장 선호하는 콘텐츠 포맷인 것이다.

물론 TV 앞에 앉아, 방송사가 편성한 일정에 맞춰 콘텐츠를 시청하는 비율은 점점 줄어들 것이다. TV '채널'에 대한 의존도는 시청자는 물론 방송사 입장에서도 낮아질 것이다. 마치 거의 모든 전통 신문사들이 오프라인용 기사 외에 온라인용 기사 콘텐츠를 추가로 제공하고 있듯, 방송사들 역시 TV 채널에 방영할 콘텐츠 외에 온라인용 또는 OTT용 콘텐츠를 추가로 만들어 제공하게 될 것이다. 즉 방송사든 영화사든 영상 콘텐츠 비즈니스의 기본은 더 많은 콘텐츠, 더 좋은 콘텐츠의 확보와 소비자를 위한 맞춤형 큐레이션이 될 것이다.

이 모든 것은 결국 사람들을 불러 모으는 데 목적이 있다. 많은 구독자를 확보하고 시청 시간을 늘려야 구독료와 광고 수익을 더 올릴 수 있다는 접근은 과거의 방식이다. 오늘과 내일의 비즈니스 모델은 콘텐츠를 앞세워 불러 모은 소비자들을 상대로 콘텐츠는 물론 그 외 더 많은 것을 판매하고, 더 많은 것을 사용자들로부터 얻어내는 방향으로 변할 것이다.

미디어커머스의 형태로 콘텐츠와 연계된 제품을 직접 판매할 수도 있다. OTT 플랫폼에서 게임 등 다른 활동으로 소비자들을 연결시킬 수도 있다. 메신저나 채팅, 그룹 화상 채팅을 통해 콘텐츠를 '함께 시청하는' 즐거움을 다시 느끼게 할 수도 있고, 사용자들로 하여금 서로 콘텐츠를 추천하게 함으로써 서비스의 사용 시간을 늘릴 수도 있다. 사람들이 OTT에 모여 있는 한 이들에게 팔 수 있는 서비스와 기능은 계속 늘어날 것이다.

이 모든 것의 시작, 콘텐츠 비즈니스의 근간은 IP다. 결국 콘텐츠 비즈니스는 'IP를 기반으로 한 비즈니스'다. 과거의 IP가 영화, 음악, 만화, 책 등 '스토리'에 뿌리를 두고 해당 콘텐츠가 종영하면 그만인 폐쇄적 IP였다면, 이제는 하나의 스토리로부터 수많은 IP가 파생되고 있다. 캐릭터의 과거와 미래, 출연 배우, 아티스트, 세계관, 프리퀄prequel과 시퀄sequel 등 잘 만들어진 하나의 스토리는 오랫동안 자기 복제와 확장이 가능한, 황금알을 낳는 거위가 된다.

미디어 학자 헨리 젠킨스는 한 스토리의 세계관이 게임, 모바일, 영화, TV 등 플랫폼을 넘나드는 현상을 '트랜스 미디어 스토리텔링'이라 명명했다. 그는 미디어 융합이 미디어 산업이 운영되는 논리를 변화시키고, 미디어의 소비자들이 뉴스와 엔터테인먼트를 받아들이는 과정 또한 변화시켰다고 설명한다.

결국 콘텐츠 비즈니스의 근간이 IP라면, 수익을 창출하는 가장 핵심적인 역할은 소비자 데이터가 할 것이다. 구글, 네이버, 카카오 등의 검색 엔진과 포털, 아마존과 쿠팡 등의 커머스 플랫폼이 가진 소비자 데이터는 그 양은 방대하지만 사람들의 일상을 안정적으로 지켜보지 못한다는 한계가 있다.

그런 점에서 영상 콘텐츠와 스마트폰, 스마트스피커의 결합은 검색, 쇼핑이 잡아내지 못하는 다른 종류의 소비자 데이터를 확보할 수 있게 한다. 콘텐츠로부터 확보한 IP와 데이터의 결합은 콘텐츠 비즈니스의 지평을 지금보다 몇 단계 넓게 확장시킬 것이다. 한마디로 콘텐츠 비즈니스는 'IP를 기반으로, 데이터를 통해 수익을 극대화하는 비즈니스'라고 할 수 있다.

4장

확장하는 가상의 세계,
콘텐츠는 어디까지
진화할 것인가

메타버스 열풍의 진실과
콘텐츠 산업의 미래 진단

2020년 5월 5일 청와대는 매년 진행하던 어린이날 행사 대신 초등학생들이 열광하는 마인크래프트 월드에서 청와대를 구현해 영상 메시지를 보냈다. 코로나19로 오프라인 행사 개최가 불가해진 상황에서 블랙핑크와 BTS는 제페토를 배경으로 뮤직비디오를 찍거나 사인회를 열었고, 글로벌 럭셔리 브랜드 구찌도 제페토 속에 이탈리아풍의 저택을 지어 Z세대 고객들을 초청했다.

MZ세대가 메타버스 환경에서 많은 시간을 보내면서, 코로나19 속의 새로운 활로를 찾던 글로벌 패션 브랜드나 유통업계는 브랜드 마케팅의 새로운 장으로서 메타버스 플랫폼들을 주목하고 이들의 산업적 파급력에 큰 관심을 기울이고 있다. 기업들이 오프라인에서 하던 판촉 행사장을 가상공간에 구현하거나, SNS에서 이뤄지던 챌린지 이벤트에 아바타가 참여할 수 있게 한 사례 등도 연이어 주목받았다.

이렇듯 코로나19 상황에서 오프라인 이벤트를 할 수 없게 된 기업들은 메타버스 플랫폼으로 몰려들었다. 하지만 이것이 지나가는 광풍인지, 새로운 비즈니스를 지속적으로 만들어낼 수 있는 희망인지에 대한 의구심은 여전하다. 여기에 오랫동안 수익 모델을 찾지 못해 고전해온 XR 분야도 기나긴 터널의 끝을 맞이할 것인지에 관심을 쏟고 있다. 이는 지난 2009년 영화 〈아바타〉가 가져온 3D 열풍이 지속되지 못하고 이내 사그라들었던 경험 때문이다.

이 장에서는 메타버스 열풍의 미래를 진단하기 위해 가상 현실을 활용해 가장 큰 성공을 거둔 산업인 게임, 그리고 오프라인과 온라인 경계에서 확장성을 가진 기술로 주목받는 XR 산업을 함께 살펴본다. 게임과 XR을 메타버스와 함께 살펴보는 이유는 메타버스의 개념이 이미 Z세대뿐만 아니라 30~40대가 일상에서 경험하던 플랫폼의 연장선에서 형성됐기 때문이다.

2010년 《거의 모든 IT의 역사》를 집필한 정지훈 K2G테크펀드 파트너는 국내 최고의 IT 융합 전문가 중 한 명으로 꼽힌다. 그에 따르면 XR 기술의 발전은 게임과 영상 콘텐츠의 경계를 흐리게 했다. 영상 콘텐츠가 시간의 흐름에 따라 주어진 스토리를 감상해야 하는 것과 달리, 게임은 1인칭 시점으로 사용자 주도의 스토리 흐름을 '체험'할 수 있다. 그러나 이제 영상 콘텐츠에서도 IP의 중요성이 더욱 부각되면서 '세계관을 가진 콘텐츠 IP'가 각광받는 시대가 됐다. 일찍부터 세계관을 통해 사용자들과 소통하고 있던 게임 비즈니스는 향상된 하드웨어의 힘으로 점차 영상 콘텐츠로부터 사용자들을 옮겨가고 있다.

비영리 기술 연구 단체인 ASF Acceleration Studies Foundation의 정의에 따르면, 메타버스는 인스타그램, 나이키 런클럽과 같은 텍스트나 이미지 등을 통해 일상을 디지털 환경에 기록하는 라이프로깅lifelogging, 구글맵이 대표하는 실제 세계의 정보를 반영해 구현하는 거울 세계mirror worlds, 대부분의 게임처럼 아바타를 통해 현실과 유사한 활동을 할 수 있는 가상 세계virtual worlds, 현실 공간과 2D 혹은 3D로 표현된 가상의 물체를 융합하는 증강 현실인 AR Augmented Reality 등을 포괄한다.

지금까지 가상과 현실의 융합은 아바타를 이용해 집단적 플레이가 가능했던 온라인 롤플레잉 게임, 인스타그램과 같이 일상을 기록하는 SNS, 그리고 영화 〈매트릭스〉, 〈레디 플레이어 원〉에서 그려진 미래 세계 풍경 등을 통해 경험할 수 있었다. 하지만 또 다른 차원으로 맞이하게 될 세계 앞에서 콘텐츠 산업을 어떻게 바꿔갈지에 대한 종합적 예측이 필요하다.

이를 위해 오랜 시간 IT 분야의 기술 혁신을 고민해온 정지훈 K2G테크펀드 파트너, 전 세계에서 가장 성공한 온라인 게임 중 하나인 '배틀그라운드'의 개발자 크래프톤의 박민현 디렉터와 이야기를 나눴다. 그리고 소프트웨어와 하드웨어의 창의적 결합으로 국내 XR 분야의 신사업 기회를 탐색해온 상화의 정범준 대표와 이은규 CTO에게 균형 잡힌 의견을 들어봤다. 나아가 정윤경 성균관대학교 교수와 AI 기술의 발전으로 기술이 인간의 스토리 창작이라는 고유의 능력을 대체할 수 있을지 스토리 창작 분야의 AI 발전사를 살펴봤다.

"이제는 공간 미디어에 익숙해져야 할 때"
메타버스 콘텐츠와 비즈니스 기회

정지훈
K2G테크펀드 파트너

경희사이버대학교 교수, 명지병원 IT융합연구소장, 우리들병원 생명과학
기술연구소장을 역임했다. 현재 DGIST 교수, 디지털 헬스케어 파트너스
공동 창업자, 빅뱅 엔젤스 파트너이자, 모두의 연구소 CVO Cheif Vision Officer,
카카오엔터테인먼트의 자문 등을 맡고 있다. 최근에는 K2G테크펀드 파트
너로 실리콘밸리 파트너들과 함께 딥테크 분야 스타트업의 글로벌 진출을
돕고, 투자하는 일에 주력하고 있다.

메타버스 열풍 속에서 길을 잃지 않는 법

메타버스 시장은 코로나 19 이전만 해도 '기술수용주기Technology Adoption Life Cycle'상 초기 시장과 주류 시장 사이에서 수요가 일시적으로 정체되거나 후퇴하면서 단절이 일어나는 캐즘chasm 상태에 머물렀다. 얼리어답터나 이노베이터 등 새로운 것을 빨리 잘 시도하는 사람들이 언제나 존재하나, 초기 다수자early majority가 30%대를 넘어가야 의미 있는 변화가 일어난다. 지금까지 메타버스와 관련된 게임이나 여러 가지 시장은 한 마디로 조금 독특한, 얼리어답터나 이노베이터의 시장에 머물렀다. 하지만 코로나19가 취향과 상관없이 원격 강의나 화상회의 등을 강제했다.

코로나19를 거치면서 어린이들은 과거 골목길에 동네 친구를 불러내서 놀 듯 로블록스나 디스코드에 모여 음성으로 대화하면서 친구도 사귀고 함께 노는 놀이터로 이용했다. 수요가 확인되면서 국내의 SK텔레콤에서는 20~30대 이상을 겨냥해 로블록스나 마인크래프트에 비해 캐릭터 모양이나 움직임을 대중적으로 바꾼 '이프랜드'를 내놓았다. 수요가 있는 곳에 새로운 시도가 나타나는 것은 자연스러운 흐름이다.

메타버스를 마케팅 용어로 비하하며 못 본 척하는 것은 세상의 흐름을 읽어내지 못하는 것이지만, 세상이 바뀐 것처럼 과장할 필요도 없다. 지금 상황은 코로나19로 5~10년 정도 빨리 캐즘에서 벗어나올 계기를 찾게 된 것일 뿐 예견할 수 있었던 변화다.

새롭게 등장한 세계,
메타버스란 도대체 무엇인가

Q. 메타버스를 어떻게 정의해야 할까요?

A. 메타버스를 설명한다는 것은 장님 코끼리 만지는 것
과 비슷해요. 누군가는 코를 만지면서, 또 누군가는 다리를 만지
면서 메타버스라고 하는 거예요. 라이프로깅이나 거울 세계 등
이 포함된 메타버스의 정의는 IoTInternet of Things를 포함한 유비
쿼터스 컴퓨팅에 관심이 쏠리던 2004년쯤, 연구자들이 디지털
고도화 양상을 4개 유형으로 정리한 거예요. 개인적으로 학술적
정의보다는 산업 생태계 차원에서, 처음 등장했을 때보다 많이
퍼지고 사용자 행태가 변하고 새로운 기업이 등장한 시점이 중
요하다고 생각합니다.

저는 미래를 역사적 흐름 속에서 보는데, 이와 같은 관점에
서 IT의 디지털 트랜스포메이션은 3단계 국면으로 구분해서 볼
수 있어요. 하드웨어와 소프트웨어, 서비스와 사용자 이 4개의
변화 차원에서 구분하죠.

1단계는 1980년대 말부터 2000년대 중반에 걸쳐 일어났어
요. 하드웨어 측면에서는 IBM이 저렴한 PC를 내놓으면서 개인
이 컴퓨터를 갖게 되고, 소프트웨어 측면에서는 1995년 윈도우
95를 기점으로, 마이크로소프트가 세계 시장의 98~99%를 차

지한 시기입니다. 인텔이 이 회사를 지원했기 때문에 윈텔 제국이라고 불렀어요. 서비스 측면에서는 기업의 경우 1990년대 말에 보급되기 시작한 워드, 엑셀, 파워포인트 등 마이크로소프트의 오피스 제품군이 생산성 증대에 큰 역할을 했고, 개인의 경우 인터넷이 중요했죠. 월드와이드웹 기술을 시작으로 1990년대 후반 초고속 인터넷망이 보급되면서 '닷컴버블'이라고 할 정도로 미국의 구글, 한국의 네이버 등 서비스 컴퍼니가 쏟아져 나왔어요.

2단계는 국면은 모바일 컴퓨팅 시대인데요. 보통 2007년 아이폰 등장과 함께 시작됐다고 생각하지만, 이전에 휴렛팩커드나 노키아에서 PDA나 컴퓨팅 기능을 가진 휴대전화를 시도했다 실패했었죠. 그러나 애플이 2007년 6월에 아이폰이라는 제품을 내놓았고, 2009년 말 한국에도 들어옵니다. 당시에만 해도 모바일 시대로 진입한다는 것을 믿는 사람들이 많지 않았고 긴가민가했어요.

그즈음 LG전자가 맥킨지앤드컴퍼니에 스마트폰 컨설팅을 의뢰했는데, '찻잔 속 태풍'과 같으니 피처폰에 집중하라는 평가를 했다고 하죠. 당시 LG전자는 초콜릿폰으로 피처폰 디자인 히트를 치던 때였어요. 결국 얼마 안 가 스마트폰이 시장을 장악하며, LG는 삼성전자보다 6개월 뒤쳐졌고 휴대폰 사업단을 매각하기에 이르렀죠. 남용 부회장은 스마트폰 사용 실적 부진의 책임을 지고 물러났어요. 사실 여부에 대해서는 여러 가지 말이 많지만, 당시의 시대적 분위기를 짐작할 수 있는 이야기죠. 이 시기에는 소프트웨어나 서비스 차원에서 유튜브, 페이스북, 카카오 등 소셜미디어 시대가 오면서, 기업에서 개인으로 주도권이 넘어갑니다. 그렇게 마이크로소프트 시대가 가고 구글과 애플의 시대가 열렸어요. 현재 시점은 바로 2단계 마지막이자 3단계 초입의 파이널 라운드, 화룡점정 단계에 들어간 것으로 봐요.

3단계가 바로 메타버스입니다. 전체적인 산업 생태계의 마지막 장이죠. 현실과 가상세계의 분간이 어려울 정도로 IT 기술이 발달하는 전반적 상황을 메타버스라 불러요. 하드웨어 분야에서는 오큘러스퀘스트2를 중심으로 AR, VR이 합쳐지는 디바이스 혁명이 진행이 되고 있죠. 당장 2020년에 판매된 오큘러스퀘스트2 제품 판매량은 출시 3개월 만에 100~200만 대 사이로 추정돼요. 애플 아이폰이 6개월 동안 139만 대를 판매한 것과 비슷하잖아요. 이 추세라면 판매량이 확 증가해야겠죠.

그런데 페이스북이 판매량을 공식 발표하지 않아요. 게임기 시장 성장 속도, 1분기 회계 실적 발표, SteamVR에서 하드웨어 계정 정보 등을 활용해 페르미 추정을 합니다. 대략 2021년 판매 실적 추정치가 1,000만 대에서 1,500만 대로 바뀌고 있어요. 이제 2008년 애플의 아이폰과 비슷하죠. 하드웨어 기준으로는 스마트폰 출시 2년차인 2008년 즈음에 들어가 있는 거예요.

소프트웨어 생태계도 중요하죠. 3D TV가 출시되었던 시절에 당시 삼성전자 마케팅팀에 3D TV 판매량을 문의했더니, 콘텐츠가 없는 게 문제라는 거예요. 콘텐츠가 없는데 비싼 하드웨어를 누가 사겠냐는 말이죠. 그래서 KBS나 스튜디오들에 콘텐츠에 대해 물어봤죠. 영화 〈아바타〉가 나온 시점이었거든요. 3D TV용으로 프로덕션 시스템을 다시 설정해야 하는데, 그러면 비용이 들거든요. "지금 몇 대나 보급됐다고 삽니까?" 이러는 것이죠. 전형적인 '닭과 달걀 문제'예요. 둘 중에 하나가 치고 나가지 않으면 록업lock-up이 걸리기 때문에, 그 순간 "절대 안 되는데." 이렇게 생각한 것이죠.

다시 지금 시점으로 돌아오면 첫 번째 요건인 XR 하드웨어는 어느 정도 판매 수치가 증가하고 있죠. 그러면 두 번째 소프트웨어 콘텐츠 생태계가 중요해요. XR 소프트웨어를 거래하는 오큘러스 스토어 매출이 2019년에 비해 2020년에 수직상승했어요. 아직 절대적 매출규모는 작아 보이지만, 2020년 기준 연간 14억 대가 팔리는 스마트폰 시장을 기준으로 추산하면 오큘러스 스토어에서의 ARPUAverage Revenue Per User, 즉 가입자당 평균 매출이 훨씬 큽니다. 저는 그 이유를 '또 다른 차원의 경험Another level experience'이라고 설명해요. 경험의 레벨이 올라갈 때 지불하는 가치가 높아지는 거예요. TV로 그냥 볼 때는 돈을 안 내지만 영화관에 가서는 만 원 이상 내는 것과 똑같아요. ARPU가 높게 형성되면 콘텐츠나 게임 스튜디오 스타트업 창업자들은 이제는 레드오션인 웹페이지나 모바일에 비해 VR쪽에 도전할 가능성이 높겠죠. IT 산업의 핵심 CPNDContents Platform Network Device 개념에서 보자면 콘텐츠와 소프트웨어가 늘어나면 유저가 늘어나요. 그러면 하드웨어 판매량이 증가하고, 시장이 커지면서 계속 선순환되죠. 원래 하나만 바뀌지 않아요.

디지털 세계 안에서 무엇인가 돌아가는 세계를 스페이셜 컴퓨팅spatial computing, 즉 공간 컴퓨팅이라고 부르거든요. 이런 종류의 콘텐츠는 본질적으로 게임이나 인터랙티브 콘텐츠의 형태를 많이 보여요. 점차 유니티 엔진이나 언리얼 엔진처럼 창작자들이 상상해서 만들어낸 가상의 세계관을 디지털 세상에서 시각적으로 구현할 수 있는 프로덕션 툴들이 많이 나오게 될 거예요. 코로나19가 신호탄을 쏜 것처럼 이제는 조그만 2D 화면이 아닌 디바이스로 리얼한 경험을 하고 싶다는 욕구, 디지털 월드 수요 자체가 늘어나고 있어요.

XR 환경을 경험한 사용자가 늘면 이제 하드웨어 수용성이 더 높아질 거예요. 그러면 이 둘이 서로 상호작용하며 결과적으로 물리적인 세계가 점점 디지털 세계로 빨려 들어가는 것이 하나의 방향성이 될 것이고요. 또 하나의 방향성은 처음부터 게임처럼 디지털 세계로 존재했던 공간에서 공연도 하고, 돈도 내고 살면서 디지털 세계가 물리적 세계를 닮아가는 것이죠. 디지털 세계가 물리적 세계가 된 것인지, 물리적 세계가 디지털 세계가 된 것인지 구분이 어려운 중첩 현상에 들어간 상황을 메타버스로 통칭해서 부르는 것이고요.

코끼리를 전반적으로 크게 봐야 해요. 각각의 정의가 틀린 접근은 아니거든요. 게임 기획자 출신 전문가나 게임 관련 교수님, 문화 쪽에 뿌리를 둔 분, 정부 부처에서는 하드웨어나 소프트웨어, 플랫폼 이야기를 별로 안 하고 싶어 해요. 메타버스를 하드웨어, 소프트웨어, 플랫폼 차원에서 접근해야 한다고 정의하게 되면, 그쪽 전문가들의 영역이라고 규정이 되어버릴까 봐 우려하는 것이죠. 반대로 과학기술정보통신부 쪽에서 메타버스에 관련된 논의를 할 때는, 하드웨어와 소프트웨어적인 차원을 강조하고 본인들이 관여하기 어려운 콘텐츠적인 논의를 배제하는 현상이 나타나는 거예요. 본인의 뿌리와 입장에 따라 다르게 이야기하는 거지요. 세상이 다 그렇죠. 미래학자도 미래와 관련된 뿌리가 사회학이냐 또 다른 무엇이냐에 따라 다르게 이야기하잖아요.

게임과 메타버스의 차이 : 이용자의 자유도가 중요한 이유

Q. 갑자기 메타버스가 각광을 받게 된 이유는 무엇인가요? 제페토나 로블록스가 메타버스인가요?

A. 저는 메타버스의 정의를 굉장히 넓게 보기 때문에, 제페토나 로블록스를 메타버스라고 부르는 것에 대해 크게 이상하게 생각하지 않습니다. 심지어 페이스북도 초기 단계의 메타버스라고 생각해요. 개인적으로는 2020년 RDC**Roblox Developer Conference**에서 로블록스 창업자 데이비드 바수츠키**David Baszuck**가

정리한 정의를 좋아하는데요. '메타버스를 빌딩하는 방법Building the metaverse'에 대해 강의하면서 언급한 8개 원칙입니다. 진짜 만들어본 사람이 한 이야기라서 더 좋아하고요. 사실 몇 가지는 로블록스에 특화된 부분이 있지만, 8개 중 가장 기본이 되는 3개가 만족되면 메타버스라고 기본적으로 이야기합니다.

첫째, 디지털에 '나'에 대한 카피본이 존재할 것. 페이스북, 인스타그램 속의 나, 게임 아바타 등 여러 종류가 있을 수 있죠. 둘째, 내가 디지털상에 존재할 수 있는 세계관과 함께 빌드된 세계가 있어야 해요. 텍스트, 이미지, 3D 등에 기반한 월드 크리에이션이죠. 셋째, 나와 세계가 있으면 내가 세계에서 무엇인가를 하게 돼 있죠. 그 사이에 수많은 경험의 자유도가 존재해야 해요. '수백만의 경험Millions of experience'이라고 표현했는데, 이 3개가 메타버스의 기본이에요.

대표적으로 배틀그라운드는 메타버스라고 하는 사람이 없잖아요. 그런데 같은 서바이벌 장르 게임인데 포트나이트는 메타버스를 언급할 때 항상 등장해요. 배틀그라운드는 서바이벌 게임 장르의 효시인 정말 위대한 게임이죠. 포트나이트가 후발주자로 배틀그라운드를 미국 감성으로 변형을 하면서 만든 것이거든요. 게임 방식도 배틀로얄로 똑같아요.

다만 포트나이트는 유저 요청에 따라 '파티로얄' 모드를 개설했는데요. 셋업된 아레나에서 총 싸움만 하는 것이 아니라 채팅도 하고, 갑자기 DJ를 불러 춤을 추거나 트레비스 스캇Travis Scott이 공연을 하는 등의 일이 벌어졌어요. 아레나라는 세계가 있고 내 아바타가 있고 수많은 사람들이 서로 인터넷을 하면서 굉장히 자유로운 경험을 창조해 살고 있죠. 반면 배틀그라운드나 리그오브레전드는 채팅은 되고, 아바타 꾸미기는 되지만 활동이 오로지 전투 외에는 없어요. 게임을 다른 말로 "경험을 디자인한다Design the experience."라고 표현하거든요. 경험을 디자인하는 게임 개발자가 바로 신이에요. 신이 내려준 규칙에 따라 '내가 이기고 네가 지는 것'이 게임이죠. 여기에 유저들이 알아서 셋업할 수 있는 요소가 존재해야 메타버스인 거예요.

Q. 아이폰이 처음 세상에 나올 당시에만 하더라도 사람들에게 모바일 컴퓨팅에 대한 믿음이 별로 없었잖아요. 그런 상황에서 아이폰이 폭발적으로 판매되면서 사람의 경험을 바꾼 새로운 산업군이 된 것이고요. 오큘러스퀘스트 같은 헤드셋 디바이스도 결국 같은 변화를 가져올까요?

A. 심리스하게 여러 디바이스가 공통으로 존재하는 방향으로 갈 것 같은데요. 테크놀로지의 역사적 변화를 볼 때 놓치지 말아야 할 부분이 인간은 생각보다 똑똑하지 않다는 거예요. 거의 100년째 안 바뀌었거든요. TV가 처음 등장했을 때 라디오가 없어질 줄 알았죠. 심지어 〈비디오 킬 더 라디오 스타〉라는 노래가 나올 정도였어요.

이후 인터넷으로 스트리밍을 시작하니까 TV가 없어질 것이라 했고요. 하지만 TV도 라디오도 비중이 줄었을 뿐 공존하죠. 지금 모바일 퍼스트로 가고 있지만, PC도 공존하고요. 오큘러스퀘스트 같은 메타버스 전용 하드웨어가 인기를 얻더라도, 디바이스를 벗고 나서는 모바일로도 관련된 것을 하고 싶어 할 거예요. 디스플레이로 가득 찬 공간에서 헤드셋을 벗고 체험하는 식의 기존 테크놀로지도 공존할 것이고요. 다만 경험을 일관되게 연결해주는 것이 중요하겠죠.

현재 하드웨어 디바이스를 갖고 있는 곳이 연결된 경험을 제공할 가능성이 높아요. 애플이 모바일 시대와 함께 아이폰만 끌고 나간 게 아니었잖아요. 아이패드나 맥북을 포함해 PC 제품군까지 다 융성시키면서 애플의 월드 가든을 잇는 연결된 경험을 굉장히 중요하게 생각했어요.

그런 측면에서 보면 페이스북이 상당 부분 유리한 위치에 있는 것은 맞아요. 그렇지만 페이스북의 포지션을 헤드셋만 갖고 이야기하는 것은 또 바보 같은 것이죠. 관계가 없다고 이야기하는 것도 웃기고, 반대도 조금 이상한 거예요. 그런데 어딜 가나 그런 사람들은 있죠. 항상 자신의 관점에서만 해석하려는 사람들이 많으니까요.

메타버스는 월드 가든 모델을 취할 것인가?
오픈 플랫폼을 지향할 것인가?

Q. 네이버 아이디는 다른 블로그에 글을 쓸 수 없다거나, 카카오톡 사용자가 위챗이나 라인 사용자와 대화할 수 없도록 울타리를 세워놓는 것이 월드 가든의 개념이죠. 반대 개념은 인터넷 같은 것이고요. 과연 메타버스는 어떤 길을 가게 될까요?

A. 각각이 모두 존재하겠죠. 월드 가든은 예전 이동통신사와 PC통신에서 많이 나왔던 개념인데, 요즘 모바일과 인터넷 시대를 거치면서 플랫폼 지배력 차원에서 '플랫폼 경제'라는 표현으로 많이 사용하죠. 그렇게 새로 등장한 것이 '프로토콜 경제'라는 개념이에요. 한마디로 서로가 서로를 연결할 수 있는 어떤 규약, 표준만 잘 지키면 모두가 함께 발전할 수 있다는 것인데요. 사실상 이 개념이 성공한 대표적인 것이 인터넷이잖아요.

제 책 《거의 모든 인터넷의 역사》에 이를 이루기 위해 노력한 수많은 사람들의 투쟁과 철학이 담겨 있어요. 메타버스로 진행될 때 페이스북, 유니티, 마이크로소프트 같은 회사가 가장 유리한 포지션에 있거든요. 내년에 애플이 디바이스를 출시하면서 메타버스에 본격 진입할 것으로 보이는데요. 분명 애플은 지금처럼 유저를 자사 제품 틀에 가두는 포지션을 유지할 가능성이 높아요.

여기에 균열을 낼 만한 중요한 포지션에 있는 회사가 페이스북과 마이크로소프트거든요. 마크 저커버그가 굉장히 유명한 테크놀로지 온라인 저널 《더 버지The Verge》 인터뷰를 했는데, 프로토콜 개념으로 이해할 수 있는 이야기를 했어요. 수많은 창작자가 어떤 곳에서든 쉽게 창조할 수 있는 크리에이터 이코노미를 강조하고 있는데, 페이스북과 마이크로소프트가 이 세계를 자연스럽게 개방형으로 확장할 수 있는 논의 구조를 계속 이야기하고 있고요. 블록체인 쪽에서 탈중앙화와 관련된 플랫폼을 연구하는 사람들도 있고요. 이미 비트코인 등으로 실험이 한 차례 끝났잖아요. 블록체인 커뮤니티 쪽에서 디지털 IP를 공유하고, 등록하고, 서비스하는 플랫폼 기술 중 오픈 소스로 진행되는 것도 상당히 많고요.

그래서 이들이 서로 연대할 가능성이 굉장히 높아 보여요. 5~10년 뒤까지 생각하면 메타버스 쪽은 그래도 오픈 플랫폼에 가깝게 진행될 가능성이 높아 보이죠. 애플 같은 방해자들이 있겠지만요. 많은 사람들이 개방하는 쪽으로 힘을 실어주면 오픈 플랫폼의 가능성이 높다고 생각합니다. 물론 일각에서는 페이스북이 애플과 비슷한 전략을 취할 것이라는 예측도 있었어요. 하지만 저는 그렇게 보지 않고요.

세상은 우리가 만들어가는 것이죠. 세상이 크게 바뀔 때는 원래 기존의 성공 방정식에 머물러 있었던 것들이 몰락하거든요. 항상 새롭게 판이 흔들릴 때는 새로운 플레이어들에게 기회가 와요. 이것을 잡아야 합니다. 물론 1~2년 안의 이야기는 아니에요. 2007년 모바일 혁명 이후 14년차에 완성 단계에 들어온 것이잖아요. 메타버스는 이제 막 진입한 것이니까, 앞으로 15~20년은 봐야죠.

마이크로소프트를 물리치기 위해 애플과 구글이 손잡고 만든 디바이스가 아이폰이었거든요. 그런데 아이폰에 사람들은 열광했죠. 구글 회장 에릭 슈밋Eric Schmidt 입장에서는 "여우를 잡으려고 호랑이를 불러들였구나."라고 할 상황이에요. 그래서 아이폰을 잡기 위해 2005년에 인수한 안드로이드를 글로벌 제조사들과 이동통신사들에 오픈했고, 애플과 구글이 완전한 적이 되거든요.

사실 페이스북은 당시 구글과는 상황이 약간 다르기는 해요. 구글은 정말 안드로이드밖에 없었거든요. 하드웨어나 서비스가 없었어요. 그런데 페이스북은 지금 현재 가장 선두로 치고 나간 디바이스를 갖고 있어요. 사용자 경험도 스팀이나 기존에 있었던 생태계에 들어간 것이 아니라, 페이스북 생태계 안에 넣어버렸거든요. 페이스북 아이디를 사용하도록 하면서 통합도 잘 시켰어요. 수직계열화가 됐잖아요. 애플과 비슷한 전략을 펼치기 너무 좋은 상황이 만들어졌어요. 바깥에서 보기에는 페이스북도 애플처럼 '이 생태계를 지배하고자 하는구나.'라고 생각할 만하죠. 저 또한 그중 한 사람이었어요.

그런데 이번 인터뷰 내용으로만 봐서도 마크 저커버그가 절대 그렇게 하지 않는다는 식으로 이야기했거든요. 구글처럼 완전 오픈 플레이를 할지는 알 수 없고, 두고 봐야죠. 당장 내년에 애플이 제품을 출시하고 생태계를 또 업그레이드할 텐데요. 운영체제 명칭도 'rOSreality OS'라고 새어 나왔죠. 애플은 분명 똑같은 방식을 취할 거예요. 이때 페이스북이 똑같이 할지, 컨소시엄을 맺어서 대응할지는 역사의 흐름과 함께 시나리오 A, B를 놓고서 보는 것이 더 좋은 전략이고요. 선입견을 갖고 보지 마세요. 진행되는 데이터를 수집하고, 행동을 보고 추정해야 합니다.

메타버스에서의 크리에이터 이코노미 :
스토리텔링에서 스토리리빙으로

Q. 메타버스가 새로운 크리에이터 이코노미를 열 것이라고 전망합니다. 단순하게 메타버스라는 서비스나 월드 안에서 제품을 팔거나 공연을 하거나 게임을 만드는 것들이 논의되고요. 그런데 사실 크리에이터 이코노미는 그보다 훨씬 더 상위일 것 같습니다. 수익원이나 비즈니스 차원에서 크리에이터 이코노미란 무엇일까요?

A. 만약 게임을 한다고 하면 룰을 정하는 것이 크리에이터가 하는 일이죠. 텍스트 기반의 시대와 다르게, 이제는 보여줘야 해요. 혼자서 만드는 것이 아니라, 코딩도 해야 하고 그림·음악을 함께 제공해야 하잖아요. 세계와 스토리에 대한 작가의 영역도 존재하고요. 시각, 청각, 오감에 대한 예술에 시간 전반을 제공하고 좋아하는 사람들이 비용을 지불하는 경제를 '크리에이터 이코노미'라고 부르고요. 그런 세계를 빌딩할 수 있는 플랫폼을 주목하죠.

최근에 가장 인상적인 사례는 ILMxLAB**Industrial Light&Magic**이

에요. 영화감독 조지 루카스George Lucas가 특수효과를 위해 설립한 회사로, 루카스필름 안에 있었던 조직을 픽사가 인수하고, 다시 디즈니 컴퍼니가 됐죠. ILMxLAB에는 비키 돕스 벡Vicki Dobbs Beck이라는 유명한 크리에이티브 디렉터가 있어요. 주로 스타워즈 IP를 이용한 게임이나 작품을 만들죠. 그가 "스토리텔링의 시대에서 스토리리빙의 시대로 간다."는 말을 남겼어요.

기존 스토리텔링은 창작자가 일방적으로 보여주는 것이었죠. 스토리리빙의 시대를 가장 잘 보여주는 것이 그가 감독한 게임 '베이더 임모탈'이에요. 외전처럼 다스 베이더를 중심으로 한 스타워즈 세계관 안에 세계관과 충돌하지 않는 작가군이 또 존재하는 거예요. 그 안의 플레이어는 그 세계에서 살면서 인터랙션하며 창작할 수 있어요.

> —
> **"스토리리빙의 시대에는 세계관을 제공한 창작자와 그 안에서 액션을 하고 아이템을 만들면서 무엇인가를 만드는 두 크리에이터가 공존해요."**

스토리리빙의 시대에는 세계관을 제공한 창작자와 그 안에서 액션을 하고 아이템을 만들면서 무엇인가를 만드는 두 크리에이터가 공존해요. 흡사 〈매트릭스〉가 떠오르기도 하죠. 맞습니다. 메타버스를 다르게 이야기하면 매트릭스 세계로 들어가는 것과 비슷해요. 영화 〈레디 플레이어 원〉이 메타버스 세계로 진행되는 과정이죠.

메타버스가 제공하는 공간 미디어로의 이행

Q. 먼 미래가 아닌 3~5년 안의 메타버스 안에서는 콘텐츠 비즈니스에서 어떤 화두가 중요할까요?

A. 공간 미디어에 익숙해져야 해요. 실감 미디어와는 다르고요. 실감은 조금 더 나아가야 해요. 사실 저는 실감이라는 말은 별로 좋아하지 않아요. 사람들이 꼭 실질적 감각을 좋아하는 것은 아니라고 생각하거든요. 사람들이 왜 만화를 볼까요? 전부 다 드라마를 보지 않고요. 감각이 왜곡되는 걸 싫어하거나 실감 나는 것만 추구하지는 않는다는 이야기죠.

그리고 공간 차원에서 이야기하는 이유는 있어요. CD나 비디오테이프, 책 같은 매체에서 디지털 매체로 넘어오면서 2D 스크린을 중심으로 재생 및 복제 가능하고, 빛의 속도로 전파 가능한 미디어의 특성에 맞춰 콘텐츠를 만들게 됐죠. 모바일 시대에는 그에 맞춰 틱톡 등도 등장했고요. 이제는 3D 공간에서 세계를 만들고 사람들이 그 안에서 무엇이든 하는 세계로 진행된 거예요. 2D에 갇히지 않고 3D 공간에서 큰 스크린을 보거나, 돌아다니거나, 사용자가 액션을 하는 등의 다양한 공간 미디어 활용 방식들이 나올 거예요.

참여자도 디지털 아바타나, AI로 만든 인플루언서가 나올 수 있고, 보이스도 실제 목소리가 아닌 것을 쓰는 식으로요. 캔버스가 늘어나듯이 쓸 수 있는 자유도가 크게 늘어나는 거예요. 자유롭게 활용하면서 사용자 반응에 따라 많은 사람들이 좋아하고 인정하는 방향으로 진화하는 것이죠.

중요한 것은 공간과 시간 미디어라는 거예요. 시공간을 어떻게 잘 활용할 것인가에만 집중하면 돼요. 얼굴만 가리거나, 몸까지 새롭게 만드는 버추얼 캐릭터도 등장하는데, 메타버스 개념 안에서 너무 자연스러운 현상이죠. 호불호는 있을 수 있고, 익숙하지 않아서 이상하다고 느낄 수 있어요. 지금도 집콕하는 사람들이 있는가 하면 여전히 바깥에 나가서도 돌아다니는 사람이 있잖아요. 그렇게 자연스럽게 퍼져나갈 종류 중의 하나죠.

Q. 유튜브라는 플랫폼에서의 버추얼 캐릭터는 캐릭터의 모양 자체만 버추얼이고 나머지 작법이나 화법은 일반 사람이 만든 것과 크게 다르지 않거든요. 그런데도 버추얼 캐릭터가 메타버스로 성장하는 한 과정일까요?

A. 네. 3D 공간과 같은 부분을 유튜브가 어떻게 극복할 것인가가 주어진 숙제겠죠. 언제나 그랬듯 다 같이 공존할 것이라고 봐요. 다만 유튜브의 지배력은 약화될 테죠.

Q. 사실 VR 헤드셋과 관련해서 사람들이 항상 지적하고 회의적으로 이야기했던 지점이 멀미였거든요. 많이

A. 많이 개선됐고, 계속 좋아지고 있어요. 사람에 따라 민감도가 달라서 조금 차이는 있지만요. 저 같은 경우에는 2~3시간을 써도 아무렇지 않을 정도로 자연스러워요. 지터jitter라고 하는데, 기존에는 이 부분 타이밍이 조금 늦었고요. 해상도가 낮았잖아요. 이런 요소가 개선되면서 멀미가 줄어든 것도 있고요.

더 중요한 것은 배를 많이 타면 멀미를 안 하는 것처럼요. 마찬가지로 VR도 자연스럽게 오래 경험하면 뇌가 익숙해져서 이상하게 안 느껴지죠. 가상으로 보이는 것과 뇌가 그동안 쌓아온 경험과의 불일치 때문에 이상한 세계에서 빨리 벗어나려는 신호가 멀미거든요. 걸어갈 때도 카메라처럼 시야가 흔들리지만 멀미 안 하잖아요. 사람이 항상 걷기 때문에 흔들림을 뇌가 보정해서 자연스러운 것이든요.

콘텐츠가 많아지는데 못 하게 된다는 것은 기회를 하나 잃는 것과 비슷하잖아요. 오큘러스퀘스트2도 배터리 타임이 2시간이고 무겁고 불만이 많지만, 중요한 것은 임계점을 넘었다는 거예요. 플레이어가 등장했기 때문에 점점 가볍고 좋아질 거예요. 현재가 끝은 아니니까 조금 늦게 진입할 것이라면 굳이 빨리 살 필요는 없어요.

A.   저는 학부에서는 의학을 전공했지만 의사를 안 하고
있고, 석사는 보건정책관리학, 박사는 의공학에서 옵틱스를 전
공했는데 상은 주로 경제경영 분야에서 많이 탔어요. 저의 주된
생각은 기술이 어떻게 우리 사회를 변화시키는가예요. 제가 투
자한 회사가 150개가 넘거든요. 그래서 기술이 어떻게 비즈니스
를 일으킬 수 있는가도 중요하게 생각하는 주제예요. 비즈니스
산업적 관점 다음이 사회적 관점이기 때문에 융합을 상당히 중
요하게 생각해요. 항상 문이과 나누는 것 자체를 없애야 한다고
주장하죠.

기술이라는 것은 독자적으로 존재할 수 없거든요. 기술도
어떤 의도를 갖고 만든 거예요. 사람이 만든 것이잖아요. 그러면
역사적 맥락도 있고 사회적 맥락도 있고 모든 것이 있겠죠. 반대
로 생각하면 사회 쪽에서도 기술을 모르면 사회의 변화나 비즈
니스를 이야기할 수가 없어요. 그런데 "나는 문과고, 지금도 사
회학이나 이런 쪽으로 하니까.", "기술에 대해서 관심없어요."라
는 분리를 이해할 수 없어요. 전체적으로 다 같이 봐야 알 수 있
습니다.

"IP의 힘은 현실의 경계를 넘어설 때 더욱 강력해진다"

게임 비즈니스의 오늘과 기회

박민현

크래프톤 디렉터

게임이 좋아 2000년대 초반부터 게임 기획자로서 개발을 시작했으며, 약 10년간 디렉터, 프로듀서 역할을 수행 중이다. MMORPG, FPS, 액션 RPG, VR 게임을 만들어 출시한 경험이 있다. 2017년 크래프톤 PUBG개 발본부에 입사했으며, 배틀그라운드 게임 디자인 총괄, 게임플레이 개발 실장을 역임했다. 현재 배틀그라운드 모바일의 전체적인 브랜드 매니징과 콘텐츠 슈퍼바이징을 담당하고 있으며, 신규 사업과 신규 인력 양성에 공 헌하고 있다.

* 게임 업계 전반의 경험을 통한 개인적 의견이며, 크래프톤에 특정된 것이 아님을 밝힙니다.

게임업의 현재

· · · · · · · · · · · · · · · · · · · ·

게임은 흔히 융합 산업이라고 부르는 만큼, 무엇이 핵심 코어인지 특정하기 어렵다. 그런 만큼 게임 기업이라고 부르는 회사들도 각기 다른 사업 모델을 갖고 있다. '스팀'이나 '밸브'의 사업 기반은 게임 유통이다. 'EA'는 플랫폼을 기반으로 트리플에이AAA 게임을 개발해 고객에게 즐거움을 주는 데 주력한다. 닌텐도는 여기에 하드웨어 개발을 병행한다. 게임 콘텐츠 제작에서도 게임마다 융합되는 분야와 비중이 다르다. 결국은 게이머에게 재미를 주는 산업이라는 면에서, 엔터테인먼트나 미디어 산업에 가까운 특성도 있지만, IT 산업과도 연결되다 보니 단순하게 정의하기가 어렵다.

콘텐츠로서의 게임은 넷플릭스나 콘서트와 비교할 때 더욱더 중독적이라고 평해진다. 인터랙션을 통해 몰입감을 극대화시키는 면이 있기 때문이다. 모든 게임은 각기 유니크한 특성이 있는데, 샌드박스 게임처럼 유저의 크리에이트에 중심을 두거나, 몰입감 있는 플레이를 통해 게임 세계에 빠져들게 하거나, 소셜 활동을 강조하는 등 프로덕트마다 즐기는 방식과 목표가 다르다.

마리오의 아버지라 불리는 미야모토 시게루宮本茂는 닌텐도 주주총회에서, 게임 산업의 본질은 생활의 필수가 아닌 분야에서 계속해서 고객의 새로운 경험을 만들고 새로운 시장을 만들며 창출하는 것이라고 했다. 생필품이 아닌 산업에서 새로운 고객과 가치를 창출하고 시장을 만들어가는 것이 게임 산업이다. 엔터테인먼트 안의 애니메이션, 만화, 영화, 음악 등의 다양한 산업 중, 게임은 분명 고객을 가장 강력하게 끌어당기며 비즈니스 면에서도 거대한 영향력이 있는 매체다.

게임에서 몰입감을 만드는 방법

Q. 한국 게임에는 음악이나 유튜브 등 다른 엔터테인먼트에는 없는 셧다운 제도가 있습니다. 그런 만큼 게임을 기획하고 디자인할 때 몰입감을 중요하게 여길 것 같은데요. 활용하는 장치나 설계 방식이 있을까요?

A. 할리우드에는 이런 말이 있다고 해요. 인간은 대개 구석기 시대부터 생존을 위해 이야기를 만들었고, 이야기를 통해 후손들에게 경험을 전달했다고요. 무엇인가를 배우려는 것 자체가 인간에게는 이미 내재화돼 있다는 것이죠. 그런 측면에서 보면 게임도 가상 환경에서 무엇인가를 체험하고 배워나가는 과정 중에 몰입감이 나오는 것이 아닐까 싶어요.

예전 VR 게임 개발 당시, 핸드헬드 컨트롤러 도입 초반이었거든요. 사람들이 공간감 있는 비주얼에 집중하고 있었기 때문에, 핸드헬드 컨트롤러를 통해 직접 손을 뻗어 잡았을 때 물건이 잡히는 일체화 느낌이 핵심이라고 생각했어요. 그 부분을 강조해서 시장에 나갔는데 반응이 괜찮았죠. 사람들이 좋게 생각하는 몰입감은 근본적으로 그런 지점에서 출발하는 것 같아요.

손을 뻗으면 게임 속에서도 손이 앞으로 가고, 손을 오므리면 무엇인가를 잡을 수 있는 등의 상호작용이 자연스럽게 일어났을 때 몰입감이 강해지죠. 기술의 발전으로 최근에는 가상 세계로 현실 세계에 있는 것들을 가져오는 것이 트렌드인데, 가상 세계와 현실 세계를 구분 짓고 싶지 않은 욕망이 있다고 생각해요. 코로나19 영향일 수도 있지만 가상 콘서트, 현실 세계의 의상 판매 등이 반응이 좋고 거부감 없이 받아들여지죠.

Q. 자연스럽게 메타버스 개념을 떠올리게 되네요.

A. 한국은 옛날부터 가상 시뮬레이션 세계를 기반으로 한 온라인 게임 종주국이었잖아요. 뼈대 있는 나라죠. 과거 온라인 게임에서부터 게임 아이템과 현실 세계 브랜드와의 콜라보를 통해 마케팅이나 제휴를 제일 먼저 많이 했었거든요. 오히려 서양에서 따라오는 입장이었고요. 사실 MMORPG 게임을 하는 사람들은 가상 세계에서 대부분의 시간을 살아가는 경우가 많았잖아요. 그 안에서 물건을 거래한다거나 뺏고 뺏기고요. 현실에서 상품을 구매하면 게임 아이템을 준다는 방식의 이벤트로 실제 브랜드와 게임을 연계하는 시도를 많이 했던 것 같아요.

이를 확대한 개념이 메타버스라서, 생소하지 않고 연장선에서 기능이 강화된 느낌을 받죠. 최근에는 게임 유저가 콘텐츠를 크리에이트하는 방향으로 가고 있어요. 유튜브나 트위치에서 스트리머 콘텐츠가 되는 식의 2차, 3차, 4차로 연결되는 콘텐츠 연쇄 고리가 생기고 있죠. 그 중심에 흔히 이야기하는 메타버스가 있고요. 이를 가장 잘하고 있는 분야가 게임 산업이라고 생각해요. 제일 뻗어나가기 쉬운 중간 허브를 갖고 있는 것 같아요.

**Q. 최근 크래프톤이 "PUBG IP를 강력하게 확장하겠다.",
"PUBG 유니버스를 만들겠다."는 선언을 하기도 했는데요.
게임 산업의 이런 IP 확장 흐름에 대해 어떻게 생각하시나요?**

A. 크래프톤이 아니더라도 꽤 많은 유명 회사들이 그런 표명을 많이 하고 있어요. 오늘날의 흐름 같아요. 메타버스 이야기가 많이 부상하는 것도 연장선에 있고요. 이런 상황을 메타버스로 설명하면, 축이 되는 게임과 바깥 세상의 콘텐츠나 브랜드를 연결해서 접목하는 것인데요. 그런데 현실에 있는 것들은 그들만의 IP 파워가 존재해요. 포트나이트도 굉장히 유명한 가수와 콜라보한 것이고요. 게임을 기반으로 다른 것들을 포괄하고 있는 것이지만, 반대로 이야기할 수도 있거든요. 현실 세계의 브랜드들이 유니크하고 강해지면 허브로서 게임의 위치가 과연 잘 맞을 것인가에 관한 의문이 있다고 생각해요.

개인적으로는 게임이 플랫폼화되면 정체성을 유지할 수 있을지 고민이에요. 웹툰과 웹툰을 서비스하는 플랫폼과 유사해지는 것이죠. 게임 바깥의 브랜드를 게임 속으로 끌어들이는 방향보다는, 우리의 기본 프로덕트인 게임이 현실 세계로 뻗어 나갈 수 있는 방향을 고민하는 데 초점을 맞춰야 한다고 생각해요. 결국 게임 콘텐츠 IP가 현실 세계로 뻗어나가야 약점을 해소할 수 있다고 생각해요. 그래야 확산이 일어날 테고요. 게임의 특징을 가진 웹툰이나 영상이 제작되고, 혹은 댄스 게임 속 가수가 실제 가수가 되거나, 게임에서 스트리밍하는 인플루언서가 게임을 대표하는 연예인으로 성장하는 등 경계를 허물면서 오가는 시대가 도래한 것이라 생각합니다.

Q. IP로서의 게임은 정말 강력하죠. 그런데 한편으로 게임 바깥으로 나온 IP들의 성공 여부에 대해서는 의문이에요. 〈툼레이더〉, 〈모탈 컴뱃〉, 〈스트리트 파이터〉 등이요. 게임에서의 폭발적인 인기를 비슷하게라도 구현한 영화가 있었나요?

A. 게임을 기반으로 다른 매체로 확장할 때 과거 특정 미디어 형태를 그대로 따라갈 필요는 없다고 생각해요. 영화나 드라마 등의 매체만 접했을 때는 퀄리티도 컨트롤 안 되는데 유튜브가 되겠냐는 반응이었죠. 그런데 지금은 거의 모든 미디어 중에서 제일 강력한 것 중에 하나잖아요. 트위치가 등장했을 때도 게임만 방송해서 성공하겠냐고 했는데 잘 되거든요. 결국 무엇이든 이전부터 알고 있던 고전적인 문법이 아니라, 새로운 형태나 방식으로 뻗어 나갔을 때 가능성이 높다고 생각해요.

Q. 게임 기반의 영화를 만든다고 하면, 영화의 전통적인 작법에 따라 캐릭터 중심의 모험을 스크린에 그대로 옮기는 방식이 아니라 다양한 방식으로 나올 수도 있겠네요.

A. 게임에 더 적합한 방식, 형태와 '에지'를 살리는 방법
도 있을 것 같아요. 유튜브, 트위치에서 게임 플레이 스트리밍
을 중심으로 한 기획물이라든지, 인플루언서의 리얼리티쇼 형태
의 시도가 많이 나오고 있죠. 적합한 포맷을 시도하면서 많은 소
비자들의 호응을 받고 있는 상태라고 생각합니다. 중국에서 굉
장히 인기 있는 게임 '크로스파이어'는 E-스포츠 선수들의 삶을
드라마로 만들어서 엄청난 흥행을 거뒀다는 기사를 봤어요. E-
스포츠가 활성화돼 있는 상황을 잘 활용한 것이죠. 게임의 내적
콘텐츠가 아니라, 게임이 고객들과 연결돼 있는 맥락을 살려서
독립성 있는 콘텐츠로 만들어질 수 있겠다고 생각해요.

Q. 화제를 전환해서, 해외에도 한국의 대표적인 MMORPG
게임이었던 '리니지'와 같은 사례가 있나요?

A. 아이템 거래나 '현피'는 해외에서는 성인용으로만 제
한적으로 허용되는 문화인 것 같아요. 그런 점에서 PUBG 모바
일이 어떤 아이템을 구매해도 능력치가 강해지지 않도록 한 점
은 훌륭하고 새로운 결정이었죠. 그냥 패션인 거예요. 근본적인
밸런스를 건드리는 요소는 절대로 유료화하지 않겠다는 정책을
세우고 만들었거든요. 그래서 애초에 매출을 목적으로 두기보
다 게임 플레이 자체를 중심에 뒀죠. 고객들이 좋아서 공정하게
게임을 해야 계속적인 만족감과 몰입감을 줄 수 있다고 정의했

어요.

그런데 PUBG 모바일이 글로벌 매출 1위를 기록한 거예요. 과금에 경험치 베네핏이 있어야 한다는 공식이 깨진 것입니다. 결과적으로 우려를 불식시킬 만큼 장점이 많았고, 내부적으로도 상당한 혁신이었어요. 능력치를 판매하지 않으면서 효율적으로 매출을 올리는 비즈니스 모델에 관해 상당히 많은 고민을 했거든요.

안에 있는 구성이나 그 자체도 게이미피케이션에 가까운 유료화를 시도했어요. 돈을 지불할수록 성장하고 인정받고 있다고 느낄 수 있도록 앞으로 전진하고 있는 만족감을 주기 위해 관련 요소를 아예 접목했어요. 구매라는 행위로 '나는 현재에 이 위치에 있구나.'라는 것을 느끼게 해준 것이죠. 그런 여러 가지 기법들을 동원해서 매출의 효율화를 추구했어요.

Q. 능력치가 좋아지지는 않지만 티어가 높은 경우 캐릭터를 내가 원하는 대로 더 잘 꾸밀 수 있는 거네요. 과금과 능력치를 연결시키던 것에서 벗어나 다른 종류의 게이미피케이션을 시도한 것이군요.

A. 능력치가 아닌 측면에서, 전진한 느낌을 줘야 한다는 것이 메인 테마였던 거예요. 그래서 '배틀패스'도 초기에 적극적으로 도입했고요. 보통 미션과 퀘스트 기반의 서바이벌 패스인데 게임을 하면 미션이 깨지고 레벨이 오르고, 그러면 꾸미기 아이템을 주죠.

아이템에도 일반 무료, 유료 프리미엄 이렇게 라인이 나뉘는데, 저가형은 확정 사항을 미리 보여줘요. 가챠 게임류와는 정반대로 게임을 열심히 하면 얻을 수 있는 것을 미리 알려주죠. 아이템을 얻으려면 플레이를 열심히 해야 해요. 프리미엄 고객과 일반 고객을 약간 갈라놓은 정도의 비즈니스 모델이라고 보면 됩니다. 단순히 돈을 쓰면 된다는 식이 아니라 게임을 즐기면서도 베네핏 개념으로 접근해서 설계한 비즈니스 모델이에요.

Q. 아이템과 패스 판매 외에 수익을 창출하는 또 다른 방법이 있나요?

A. 게임 자체를 판매하는 경우가 가장 일반적일 것입니다. 대부분의 게임 산업에서 사용하는 방법이에요. PUBG도 PC 같은 경우에는 유료로 판매하니까요. 제휴, 바터barter 등이 혼합된 형태인데, 제일 큰 것은 결국 게임 속 아이템이고요. 효과를 높이려면 소셜 측면에서 다른 사람과 함께할 때 공감을 높이고 끌리게 하려고 해요.

소셜미디어 등을 통해 게임에 유입되는 이용자들이 '무엇'에 끌렸냐고 했을 때 상품 자체나 디자인, 혹은 인기 많은 브랜드와의 콜라보 등의 여러 이유가 있겠죠. 다른 브랜드가 갖고 있는 매력도와 같이 플레이어들의 구매를 이끌어낼 수 있는 요소들을 게임 아이템에 녹여내는 행위가 예열 작업으로 선행돼요.

마케팅 콜라보나 브랜딩 프로모션 비디오 등의 다양한 활동들을 하고, 이를 SNS에 올리는 방식의 일반적인 활동들이 기초로 계속 깔려가는 것이죠. 가치를 높이는 활동을 통해 고객과 접점을 계속 만들어서 브랜딩하는 거예요.

Q. 현재는 비중이 작지만 성장할 것 같은 수익화 영역이 있을까요?

A. PUBG를 벗어나서 이야기해볼게요. 유저 크리에이트 콘텐츠가 중심이 되는 게임의 경우에는 그 자체를 겨냥한 콘텐츠를 제공하기도 하는 거 같아요. 쉽게 말하면 스트리머와 같은 사람들에게는 조금 특별한 서버를 할당해 준다거나 하는 식이죠. 이런 프리미엄 모델이라고 하면, 전용 게임 서버를 통해 콘텐츠 만들기에 용이한 플레이를 할 수 있게 해줄 수도 있을 테고요. 콘텐츠 크리에이터들은 자신의 콘텐츠를 위해 사람을 끌어모아야 하니 그에 맞게 특별한 콘텐츠를 유니크하게 커스터마이징할 수 있는 기능 자체를 상품화하는 것이죠.

스트리머가 게임하는 장면을 트위치나 유튜브에 방송하면 일반 팔로워들이 그것을 보면서 스트리머를 후원하고, 그러면 스트리머는 다시 게임에 흘러 들어오고요. 방송을 본 일반 고객들도 자연스럽게 게임을 하게 되는 식의 선순환 구조를 형성하겠죠. 로블록스가 비슷한 구도로 잘 설정된 게임이죠. 같은 게임 업계에서 봤을 때도 부럽기도 하고 대단한 것 같습니다.

업종 간의 경계가 허물어지다

Q. 최근 게임 업계의 가장 큰 트렌드는 무엇인가요? 글로벌적인 경향도 함께 짚어주세요.

A. 게임의 벽이 계속 허물어지고 있어요. 콘솔 게임 시절과 비교해보면 게임 산업의 성장세는 놀라울 정도예요. 온라인 게임 시대가 오면서 한국이 종주국이 됐고, 10년 정도 후에 모바일 시대가 오면서 접근성을 중시하는 방향으로 게이밍 산업이 움직이다가 최근에는 글로벌화나 플랫폼을 넘나드는 것이 화두인 것 같아요.

배틀그라운드도 처음 PC 게임을 기반으로 트위치라는 플랫폼과 만나면서 한국 시장이 아닌 글로벌 시장에서도 발아를 한 유니크한 경우잖아요. 그리고 적절한 타이밍에 모바일 플랫폼으로 진출해 컨버팅하면서 굉장한 성과를 이루게 됐고요. 이런 흐름이 앞으로도 일반화될 것 같아요.

IP 관련 이야기도 많이 나와요. 하나의 IP가 PC, 닌텐도 스위치 같은 콘솔, 모바일 산업 등으로 확장되면 플랫폼별로 시장이 다르거든요. 콘솔은 북미나 유럽 시장, 모바일은 동남아나 인도, 중동의 신흥 시장들로 흘러가고요. 한국은 대게 온라인 게임을 기반으로 강력한 시장을 갖고 있어요.

그래서 메타버스 이야기가 나오는 이유가 결국 글로벌적으로 경계를 부수잖아요. 프로덕트를 기반으로 각 지역의 차이를 뚫고 나가서 연결되니까요. 방송도 트위치라는 플랫폼이 인기 있는 지역이 있고, 또 다른 지역에서는 트위치가 아닌 것으로 방송을 하고요. 하나의 콘텐츠가 전 세계를 플랫폼의 종류와 상관없이 관통한다는 것을 경험하고 있고, 앞으로도 그런 방향으로 가지 않을까 생각해요.

Q. 게임 IP를 기반으로 세계를 포괄하는 강력한 미디어가 되겠다는 선언의 배경 설명 같습니다. 콘텐츠를 기반으로 세계관을 확장한다는 비즈니스 측면에서, 게임 IP 확장의 영역은 캐릭터, 이야기, 이야기 구조, 음원, 가수의 브랜드 등이 있을 텐데요. IP는 어떻게 정의할 수 있을까요? 글로벌한 게임의 경우 IP의 확장 방식이 지역별로 다른가요?

A. 게임은 굉장히 강력한 IP죠. 그래서 '하나로 정의할 필요가 없다.'가 저의 개인적인 생각이에요. 어떤 게임이 특정 지역에서만 인기가 있는 경우에는 게임을 즐기는 고객층의 문화나 라이프스타일, 좋아하는 것들이 비슷해요. 그런데 글로벌적으로 성공한 게임도 있잖아요. 이 경우는 지역마다 달라요. 경쟁

을 좋아하고 전투적 플레이를 즐기는 지역에서는 이 부분을 강조하고 연결하죠.

배틀그라운드의 경우 오픈 월드에 자칫 루즈해질 수 있는 게임이거든요. 그런데 코어한 게이밍 문화가 정착되지 않은 지역에서는 이것이 소셜한 게임이에요. 친구와 음성 채팅으로 잡담하고 놀면서 하는 소셜 네트워크가 베이스가 되는 것이죠. 이 경우 해당 국가에서의 운영 방식이나 마케팅 방향은 완전히 달라져요. 함께 게임하는 문화를 살려서 E-스포츠를 활성화시키는데, 프로 리그가 아닌 일반 아마추어 리그에 초점을 맞춰서 함께 게이밍도 하고 만날 수도 있는 이야깃거리를 만들어주자는 식의 다른 전략을 펴는 거예요.

이처럼 게임의 특성을 하나로 정의할 필요는 없습니다. 다양한 소구법이 있고 고객층마다, 시장마다 접근법이 다를 수 있어요. 음악을 좋아하는 지역에서는 그 분야와 연계해서 상품을 집어넣고, 또 다른 지역에는 셀러브리티나 댄스를 접목하고요. 지역마다 다른 마케팅이 작동한다는 것이 게임 비즈니스의 신기한 부분이죠. IP라고 해서 하나의 상징적인 결과물로 테두리 씌워버릴 필

"핵심은 하나의 IP를 기반으로 하고 있어도 플랫폼이나 시장마다 코드들을 바꿔야 한다는 거예요. 그러면 그것에서 파생되는 2차 부산물들도 다른 테이스트를 갖게 되고요."

요는 없습니다.

게임은 워낙 복합적인 경험을 주는 분야이고, 국가나 문화권별로 또 다른 식으로 받아들여지고 활용되죠. 어떤 게임이 '국민게임'이라고 해도, 즐기는 사람들의 마인드셋은 다르거든요. 게임을 하는 과정 자체에 초점을 두고 대중적으로 포지셔닝할 수도 있고요. 코어한 서구권 시장에는 '꼭 생존해야 한다.'는 방향으로 포지셔닝하고요. 핵심은 하나의 IP를 기반으로 하고 있어도 플랫폼이나 시장마다 코드들을 바꿔야 한다는 거예요. 그러면 그것에서 파생되는 2차 부산물들도 다른 테이스트를 갖게 되고요.

Q. 문화별로 다른 접근을 하려면 데이터 확보도 중요하겠네요.

A. 사내에 데이터 사이언티스트도 굉장히 많고, 전통적인 DBA Data Business Administration 전문가도 있죠. 기존 포털에서 데이터 분석, 해석, 머신러닝을 담당하던 경우도 있고요. 처음부터 테이터 관련 부분에 집중적으로 육성된 신입 직원들이 많아요.

데이터를 수집하는 것과 의미 있게 활용하는 것은 굉장히 다른 영역이거든요. 수집할 수 있는 데이터는 어마어마하게 많아요. 이제 '클라우드 시대'가 되면서 엄청난 로그들을 저장할 수 있기 때문에 KPI Key Performance Indicator, 운영 지표의 기준이 되는 대부분의 고객 관련 지표를 확인할 수 있어요. 게임 시간, 유입 숫자, 플레이 패턴, 콘텐츠 선호도 등을 인구통계학적으로나 지역별로 분류도 가능하죠. 빅데이터 분석을 통해 선호하는 게임 보드나, 플레이 패턴 등을 교차로 분석해서 깊이 있는 데이터도 많이 추출하고 있어요.

다만 빅데이터가 많을 때는 어떤 조건으로 무엇을 알아낼지를 처리하는 데 상당히 많은 시간과 비용이 소요돼요. 결국에는 데이터 자체가 아니라 '그래서 우리가 무엇을 질문하려고 하느냐.'를 바탕으로 해석하는 능력이 핵심 역량이에요. 세상이 너무 빨리 변하니까 데이터를 기반으로 중간 인사이트를 찾아내지 못하면 세상은 이미 또 변한 뒤죠. 이미 환경이 바뀐 뒤에 분석하려고 하면 이전의 데이터는 아무 의미가 없어요. 버스는 이미 떠난 거예요. 결국 속도가 굉장히 중요해요.

게임의 존재 가치에서 찾은 비즈니스 모델

Q. 게임의 역할과 미래에 대해 이야기해볼게요. 게임 회사는 인류를 위해서 무엇을 할 수 있을까요?

A. 인류가 행복한 여가 시간을 보낼 수 있도록 사람들 간의 접점을 만들어주는 것이 게임의 긍정적 역할이겠죠. 게임

을 함께 즐기는 사람들이 비슷한 취향을 갖고 연결된다는 점이 흥미로워요. 매체가 많기 때문에 싱글 게임이더라도 누군가 게임하는 것을 본다거나, 트위치를 하거나, 스트리머 콘텐츠에서 댓글로 소통하면서 '이 문화를 다 같이 즐기고 있구나.', '다 같이 무엇인가 하고 있구나.' 하면서 공감하는 것이죠. 현대사회가 많이 외롭다고 하는데, 유희 활동을 제공함으로써 즐거움을 주고 외로움을 달래주는 것이 아닐까요.

게임의 미래와 관련해서는 축이 조금 나뉘는 것 같아요. 결국 E-스포츠라고 하면 실제 '스포츠'처럼 프로가 있고 일반인이나 아마추어를 위한 이벤트적인 행사가 있죠. 글로벌적으로 봤을 때 실제 E-스포츠는 계속 성장하고 잘되고 있는 것 같아요. 온라인 대회도 상당히 늘고 있는 추세고요. 특이한 것은 메인스트림, 톱급이 아니라 풀뿌리 리그 대회가 엄청나게 늘고 있다는 점이에요. 예전보다 트위치 방송 등도 접근성이 좋아져서, 롱테일long-tail에 해당하는 숫자가 굉장한 것 같아요. 사실 개인 게이머들의 활동이 생태계를 만드는 데 정말 중요하잖아요. 영국의 프로 축구도 19리그까지 있고, 이런 저변이 성장의 중요한 요소라고 생각해요.

앞서 이야기했듯이 배틀그라운드도 능력치를 판매하지 않고도 수익을 거둬들였어요. 결국 핵심적인 시장이 있고 매력을 느끼는 고객이 있다면 비즈니스 모델은 그 지역의 모델에 따라 만들면 된다고 생각해요. 정말 코어한데 한번 보는 순간 사람들의 마음을 사로잡는 게임이라면, 롱테일로 길게 몰입할 수 있으니까요. 굿즈, 부가 상품, 티셔츠를 만들어 팔 수도 있을 테고 여러 방법이 있죠. 혹은 트위치 스트리밍과 연결해서 핵심적인 차이를 만들 수도 있고요. 비즈니스 모델이라는 것은 고객 맞춤형으로 얼마든지 다르게 만들 수 있다고 생각해요. 다만 금방 관심에서 멀어지거나 애정도가 높지 않으면 어떤 것을 하더라도 어려울 테고요.

수익에 초점을 맞추고 접근하기보다 근본적으로 내가 만든 콘텐츠가 사람들에게 어떤 울림이나 감동을 주는지, 살 수밖에 없도록 만드는 측면은 무엇인지에 초점을 두면 좋을 것 같습니다. 물론 게임 개발비를 생각하면 수익을 생각할 수밖에 없겠지만, 아무리 작더라도 이런 지점을 생각하면 풀어낼 방법을 발견할 수 있을 것이라 생각합니다.

"다음 단계의 진화가
다음 단계의 몰입감을 만든다"

XR 콘텐츠의 현재와 미래

정범준·이은규

상화 대표·CTO

AR · VR · XR을 총망라하는 실감형 · 미래형 미디어 연구와 로보틱스 두 분야에 주력하면서, 최근에는 에이워크 실감형 미디어와 로보틱스를 융합하는 고민을 하고 있다. 창업 초기에 정한 미션 '아시아에 없을 만한 멋진 것을 구현하자.' 속에는 한국 XR 콘텐츠의 미래에 관한 두 사람의 진지한 고민이 담겨 있다.

VR 산업의 현재

· ·

2007년 상화 설립 당시 실감형 미디어의 최전선은 3D였다. 2009년 등장한 영화 <아바타>는 마치 마이클 조던이 NBA를 바꾼 것 같은 게임 체인저였다. 모두가 3D를 해야 한다고 하던 시기, 상화는 3D를 가장 잘하는 회사 중 하나였다. 항상 기술은 산업보다 앞서가기 때문에, 기술이 성과를 맺기 전에 흐름이 바뀌면서 3D를 만들던 회사들이 사라졌다. 회사의 방향성을 찾던 가운데 운 좋게 당시 VR시장이 형성되어 3D회사들이 VR시장에 등장했다. 새로운 기술은 상징적인 인물이 선언했을 때 시장에 임팩트를 준다. 스마트폰 시장도 애플 창업자로 인해 시장 파괴력을 가지지 않았을까? 마크 저커버그가 VR시대를 열었다고 선언하면서 VR 광풍이 불기 시작했고, 상화는 당시 마크 저커버그가 했던 VR로 세계 최초 프레젠테이션을 했던 회사다. 2017~2018년도에는 VR을 가장 잘하는 회사로서 우리나라에서 명성을 얻었다.

하지만 2019년부터 VR시장이 기울었다. 2015~2017년 그래프는 올라가고 있었지만, 산업을 지탱할 만큼의 스케일이 나오지 않은 상태로 산업이 생태계를 만들기 위한 임계점에 도달하지 못하자 2018~2019년 무렵 삼성이나 애플에서 VR 관련 사업을 접거나 관심을 두지 않겠다는 이야기가 나오기 시작했다. 페이스북이 오큘러스를 메인으로 투자한 회사들의 성과에 대한 논쟁도 있었다. 그 시기 많은 회사가 도산하거나 폐업했다. 당시 VR에 크게 투자했던 상화도 산업 자체가 소멸되는 상태로 2년을 보냈고, 팬데믹 상황에서 메타버스 내 VR기술이 대두되면서 향후 사업 방향을 고민 중이다.

VR시장이 기울게 된 이유에 대해 회사 내부에서는 VR 헤드기어 등이 주는 베네핏benefit에 비해 사람이 견뎌야 하는 불편함이 있어, 더 큰 효율성을 주지 못하는 것이 가장 큰 이유라고 생각했다. 하지만 VR 기기 개발 방향이 점차 언제든지 활용할 수 있는 쪽으로 변화하는 걸 보면 새로운 성장을 위한 단계가 온다는 생각도 든다.

VR 산업의 현재 평가 : 위기를 넘어 화제의 중심으로

Q. 현재 VR 시장에 대한 평가가 공존하는데, VR 콘텐츠는 어떤 상황인가요?

A. 페이스북 같은 소셜 VR 서비스가 부각되고 있지만, 여전히 전체적 파이는 초기부터 엔터테인먼트 시장에 기울어져 있다고 봅니다. 여기에서 말하는 엔터테인먼트는 게임을 포함하는 개념이고요. '하프라이프: 알릭스'라는 대작 콘텐츠도 나왔어요. 그동안 게임 업계에서는 게임 체인저가 될 만한 대작이 나와야 한다는 염원이 있었거든요. 이를 충족시킬 정도의 콘텐츠라고 생각했는데, 마치 찻잔 속의 태풍처럼 잔잔하게 사그라든 느낌이었죠. 산업적 파급력과 대작의 여부가 완전한 연계성을 갖지 않는다는 점을 깨달았습니다.

Q. 킬러 콘텐츠가 나왔는데 왜 '찻잔 속의 태풍'에 그쳤을까요?

A. 핸드폰은 누구나 접근이 쉽지만, VR 디바이스 세팅은 정말 번거롭습니다. 최고의 컴퓨터와 최고의 HMD^{Head Mounted Display}를 갖추려면 수백만 원이 들어요. 이를 감내하면서 할 만한 층은 매니아로 한정되죠. 전체 시장에서 작은 파이에 해당하

는 사람들만으로 폭발성을 갖기에는 한계가 있었던 것 같아요.

또한 트래픽이나 정밀도, 레이턴시latency 같은 요소는 굉장히 좋아졌지만 비주얼 퀄리티 자체는 PC로 치면 몇 년 전 수준에 머물러 있어요. 새로 출시된 오큘러스퀘스트2는 소셜 VR 쪽에 포커싱한 체계이고요. 하지만 누군가 끈을 놓지 않고 있다는 것에 업계 일원으로서 고마움을 느끼고 있는 것도 사실입니다. 정말 딱 끈을 잡고 있는 정도지만요. 여러 회사들이 워낙 투자를 많이 해서 사업을 접을 타이밍을 놓치기도 했고요. 페이스북에서도 총력을 다하고 있어요. 사실 IT 관련 직종은 불나방 같은 느낌도 있어요. 불빛이 보이면 누군가의 시체를 밟고 그다음 사람이 지나가고 나도 시체가 되고요. 살아남으려면 내재적 체력도 필요하고, 페이스북같이 꾸준한 끈기도 있어야 하죠.

Q. VR 산업에 위기가 찾아왔을 때는 어떻게 버티셨나요?

A. 상화의 경우 2017~2020년까지 한국에 있었던 어느 VR 회사보다 관련 투자를 많이 했습니다. 불나방처럼 전부 태우고도 살아남았다는 것이 스스로도 대단하다고 생각하는데요. 낙관적으로만 보지 않고 수많은 시행착오들을 견뎌왔던 것이 회사의 큰 자산이 된 것 같습니다. 수업료가 워낙 비싸긴 했지만, 향후 사업성을 꿰뚫어볼 수 있는 눈을 얻었죠. 그 경험치가 좋은 스프링 작용을 하리라 생각합니다.

Q. 메타버스가 화두잖아요. 결국 메타버스도 가상 세계 속에 있는 소셜미디어라고 이야기하는 경우도 있고요. 메타버스는 AR, VR과 무엇이 다르나요? 그리고 업계에서는 이런 분위기를 어떻게 해석하나요?

A. 메타버스는 사실 굉장히 광의적인 개념이라고 생각해요. AR, VR의 개념에는 기법적 속성이 많이 부여돼 있다면, 메타버스는 광의적으로 아우르는 개념이죠. 완전히 새로운 개념은 아니에요. 저희도 지금에 와서 화두가 된다는 것이 매우 의아하거든요. 다만 팬데믹을 경험하면서 이전부터 있었던 체험의 종류가 주목받게 된 것이 아닌가 싶어요. 그 이유도 이미 존재했던 기술이기 때문이고요. 개별적으로 보면 이미 있었던 기술들이고, 이 기술들이 시장 상황에 맞춰 결합하고 융합한 것이죠. 과거 3D 회사도 메타버스의 개념을 사용하기도 해서, 선언적인 단어는 생겼지만 회사나 정체성, 지향하는 방향에서 정확히 잡혀 있지 않기도 해요. 상황을 혼란스럽게 하는 개념이기는 하죠.

Q. 가상현실 비즈니스에서는 HMD 등 디바이스를 통한 영역 외에 제페토처럼 디바이스를 사용하지 않는 영역도 존재하는데요. 가상 인플루언서, AI를 결합한 버추얼 배우 등에 대한 기대도 있고요. 가상으로 만들어낸 캐릭터뿐만 아니라, 기존의 연예인을 모델링하는 비즈니스까지로도 확장되는데요. 현재 VR 디바이스 중심 산업과 분리돼 있나요? 혹은 언제든지 넘어갈 수 있나요?

A. 굉장히 손쉽게 넘어갈 수가 있다고 생각해요. 어차피 둘 다 통용되고 있는 몇 개 엔진에서 몇몇 요소만 바꾸면, 그 세계 안에서 체험하는 것이 가능한 수준이라 아마 개발자들은 이미 HMD를 이용한 체험도 해봤을 거예요. 기술적인 격벽은 별로 없고요. 저희도 현실적으로 디바이스의 제약을 벗어난 제페토 같은 일상적 모바일 플랫폼이 양적으로 더 대세가 됐다는 생각도 하고요. 저희의 자녀 세대가 그 안에서 시간을 소비하는 것이 인상 깊고, 그런 플랫폼에서 소셜 경험을 가진 사람들이 성장하면 또 다른 사이클이 돌아오지 않을까 예상도 해봅니다.

VR 시장의 미래 : 영화가 현실이 될 날은?

Q. 영화 〈마이너리티 리포트〉가 개봉한 지 20년이 흘렀네요. 영화 속에만 있을 것 같던 상황이 이제는 현실이 되고 있죠. 미래 VR에서 각광받을 콘텐츠는 무엇일까요?

A. 모두가 킬러 콘텐츠를 기다리고 있는데, '앞으로 나올 리는 없다.'라는 것이 저의 개인적 생각이에요. 몇 개의 큰 프로젝트가 결실을 거두지 못하면서 '이 정도 했는데도 결과가 이렇다면 접자.'는 분위기로 시장을 얼어붙게 했거든요. VR 시장

에서 킬러 콘텐츠라는 메시아만을 계속 기다리고 있을 수만은 없어요. 결국 VR 바깥의 넷플릭스나, 영화 등의 킬러 콘텐츠를 '어떻게 VR이나 새로운 시장 안쪽으로 집어넣을 수 있는가.'가 훨씬 더 현실적인 고민이 아닐까 싶습니다. 콘텐츠를 새로 만들어내는 데 집중할 것이 아니라 이미 시장에 있는 잘 만들어진 콘텐츠를 어떻게 더 안전하고 완전하게 동화되도록 가져올 수 있는가에 집중하는 편이 훨씬 더 건설적이지 않을까요.

〈태양의 서커스〉 VR이 실제만큼의 몰입감을 줄까요? HMD라는 것이 사실 수십 년 전에 군사용으로 시작해서 LED 등의 발전에 힘입어 자리 잡게 된 것인데, 여기에서 다시 한번 다음 단계로 진화해야 한 차원 위의 몰입감을 줄 수 있다고 생각해요. 단순하게 시각과 청각, 이 정도만을 사로잡는 것으로는 부족하죠. 디스토피아적인 상황이 벌어질 수도 있겠지만요. 개인적으로는 〈매트릭스〉에 열광한 세대기 때문에, 신경을 직접 전극으로 제어하는 단계까지는 돼야 일상의 한 부분이 될 수 있을 것 같아요. 아직은 조금 갈 길이 멀지 않나 싶습니다.

Q. **아직까지는 기존의 대작 공연 콘텐츠와 교육 콘텐츠가 대중적 인기를 끌지 못했다고 평가받는데요. VR 콘텐츠에 대한 부정적인 시선은 어떻게 생각하세요?**

A. 엔터테인먼트 비즈니스에서는 작은 허들도 작지 않

아요. 소비자는 한두 번의 시도로도 어렵다고 느끼면 쉽게 포기하거든요. 공연 콘텐츠도 감상을 위해 다운로드를 받고 준비하는 자체가 아직은 버거운 수준 같고요. 초기의 임팩트에 비해 만족감이 이미 낮아져 있는 상황 자체가 그다음 단계의 확장을 저해하고 있지 않나 생각합니다.

VR 산업에 남은 과제 : 수익 창출을 위한 방법

Q. 초점을 조금 바꿔서 질문할게요. VR에서의 바람직한 UX는 어떤 방향이어야 할까요?

A. 복잡한 UXUser Experience는 '결코 나중에 살아남을 수 없다.'고 생각해요. UIUser Interface와 UX는 분명히 본능적이고 직관적이어야 해요. 이를 증명하는 것이 1960년대에 만들어진 마우스예요. 현재까지 마우스를 대체하기 위해 터치나 제스처 기반의 UX 방법론이 폭발적으로 많이 나왔지만 대체되지 않았고요.

최근 15~20년간은 다양성의 르네상스 시기를 거쳐 약속이나 한 것처럼 왼쪽 위에 있는 아디다스 로고를 누르면 메뉴가 펼

처지는 방식으로 극도로 단순화됐죠. 사람은 학습이 필요한 UX를 받아들일 생각 자체가 없기 때문에 단순한 방법론만 최종적으로 살아남을 것입니다. AR, VR에서도 마찬가지예요. 단순하게 데이터를 선택하는 기능 정도만 살아남을 거예요. 손조차 사용하지 않고 안구 추적을 통해 눈 깜빡임으로 클릭과 더블클릭, 방향 전환까지 할 수도 있고요. 아주 단순하게 정리되지 않을까 예상해요.

스티브 잡스가 스마트폰에 대해 가장 좋은 도구는 '손가락'이라고 했던 것이 스마트폰 자체를 성공시킨 요인이었다고 생각해요. VR 헤드기어를 쓰면 사람들이 바보가 돼요. 눈이 가려진 상태에서 리모컨을 조작하는 게 너무 불편하거든요. 그런 요소를 다 제거하고, 손가락 지시만으로 인풋이 이뤄지는 수준으로 가는 방향이 맞다고 생각해요.

> **"스티브 잡스가 스마트폰에 대해 가장 좋은 도구는 '손가락'이라고 했던 것이 스마트폰 자체를 성공시킨 요인이었다고 생각해요."**

Q. VR 비즈니스에서는 수익을 창출하기 위해 어떤 시도를 했었나요?

A. 지금까지 VR이 틈새시장으로서, 큰 사업화는 어려운 상황이었기 때문에 로보틱스와 VR 콘텐츠를 결합시킨 엔터테인먼트를 도모했어요. 관련 하드웨어도 개발해서, 로봇에 사람을 태워 VR로 체험을 시켜주는 방식으로요. 일종의 번들 상품을 만들어서 하드웨어 판매와 동시에 콘텐츠를 끼워 판매하는 방식을 생각했죠. 처음에는 VR존이 디즈니랜드를 대체할 것이라고도 했지만, 결국 사람들의 기본 욕구는 달랐던 것 같아요. 어트랙션 자체보다 주변 상황의 가치가 큰 것이죠. BTS 공연에 관한 경험도 마찬가지고요.

야구 경기를 가장 잘 볼 수 있는 곳은 TV예요. 하지만 돈을 내고 야구를 보러 가는 이유는 그 공간에서 현장감을 느끼면서 실제 체험해본 경험의 가치가 큰 것이잖아요. 서태지 공연이 유명했을 때 이를 재가공한 공연 실황 비디오도 팔았었는데 비디오 판매 수익은 전체 공연의 5%도 안 됐어요. VR보다 범용적이었는데도요. 팬데믹 이후에도 지금처럼 열광할까 정말 잘 모르겠습니다.

Q. 로보틱스 같은 하드웨어 결합 외에 VR 비즈니스가 수익을 내려면 어떤 변화가 필요할까요?

A. VR의 매체 형태를 고집할 필요 없이, 가상공간 체험 전반을 VR이나 XR로 칭하는 것이 맞다고 생각해요. 지금의 온

라인이나 VR, AR, XR에서 중간 영역, 즉 그레이 영역이 필요하다고 생각해요. 우리가 살고 있는 세상과 가상공간이 엄밀하게 완전히 분리돼 스크린 안에 존재하는데, 저희는 예전부터 가상공간 안의 상황이 물리적인 세계에도 존재할 수 있는 방법을 고민해왔잖아요. 그래서 로봇을 쓰고 있고요. 그래서 향후 현실 세계와 메타버스 사이 중첩 공간에 대한 니즈가 분명 존재할 것이라 믿고요.

영화 〈매트릭스〉처럼 가상 세계와 현실 세계가 호접몽胡蝶夢처럼 뒤엉키는 단계를 구현해내는 데도 관심이 있어요. 메타버스 속 캐릭터나 디바이스에 의존하지 않고 물리적으로 오프라인 카페에서 다른 장소에 있는 사람과 함께 대화하는 상황이 충분히 가능할 것이라 생각해요. 공간 비즈니스를 통해 오프라인과 온라인 사이의 회색 영역을 확장시켜서, 사람은 땅을 밟고 서 있고 물리적인 세상에 살고 있는데, 가상 영역은 지금 완전히 서로 떨어져 있는 '이 영역들을 분명히 섞을 수 있을 것 같다.'라는 생각이 있거든요. 이를 빠른 시간 안에 만들어보고 싶습니다.

"여전히 인간의 독창성이 필요하다"

AI가 콘텐츠 비즈니스에 미치는 영향

정윤경

성균관대학교 소프트웨어융합대학 인공지능학과 교수

성균관대학교 정보공학 학사와 석사 학위를 받고 LG전자 연구원으로 근무했다. 미국 노스캐롤라이나 주립대학에서 인공지능 전공으로 2007년 박사 학위를 취득하고 삼성전자 종합기술원 전문연구원, 덴마크 소재 IT University of Copenhagen 대학에서 포스트닥 연구원으로서 인공지능 기술로 스토리를 생성하는 연구를 해왔다. 현재 성균관대학교 소프트웨어융합대학 인공지능학과 부교수다.

인공지능이 마음을 울리는 이야기를
만들어낼 수 있을까

인간에게 오프라인을 넘어서는 새로운 공간의 가능성을 제시하고 있는 메타버스 기술 외에도 콘텐츠 비즈니스에서는 수많은 기술이 새로운 경험을 선사하기 위해 활용되고 있다. 앞서 살펴본 것과 같이 유튜브, 넷플릭스, 스포티파이와 같은 콘텐츠 플랫폼들은 이용자의 취향에 맞는 영상을 자동으로 추천해주는 알고리즘을 활용하고 있고, 인공지능이 결합된 소비환경은 간접적으로 창작자들의 전략에 영향을 주고 있다.

하지만 보다 직접적으로 음악이나 영상, 스토리텔링 등 인간의 전유물로 여겨졌던 새로운 콘텐츠를 창작하는 능력을 인공지능을 통해 구현하려는 시도도 활발하다. 우리나라의 지난 대통령선거에서는 후보의 목소리와 얼굴을 합성한 딥페이크deepfake 영상을 활용한 선거운동이 허용되기 시작했고, 유사한 기술을 활용한 버추얼 유튜버들이 활발하게 활동하고 있다. 음악 분야에서도 인공지능을 활용해 대량생산한 음악을 수익화하는 비즈니스가 전개되고 있다.

다양한 창작분야 중에서도 이야기를 만들어내는 스토리텔링 능력은 인공지능이 대체하기 가장 어려운 분야로 여겨지고 있다. 하지만 인공지능 챗봇의 활용이 늘면서 머지않아 AI가 정말 사람 같은 이야기를 만들어내는 것도 시간 문제인 것처럼 느껴진다. 이 분야의 전문가인 정윤경 교수는 사람이 전혀 손을 대지 않고 그대로 사용할 수 있을 만큼의 좋은 스토리를 만들어내려면, 적어도 30년은 걸릴 거라 예상한다. 물론 그가 기준으로 삼는 대상은 명작이라고 할 만한 완성도 높은 이야기들이다. 예컨대, 영화 〈기생충〉과 같이 허투루 들어간 장면이 없어 보이는, 모든 장면이 전체 스토리상에 목적을 가지고 만들어진 이야기, 혹은 이전 소설들과 확연히 다른 방식을 선보여 사랑받은 1984년작 밀란 쿤데라Milan Kundera의 《참을 수 없는 존재의 가벼움》의 독창적이고 훌륭한 스토리 등을 언급했다. 학습 기반의 AI가 이처럼 기존의 형식을 따르지 않으면서 새로운 작품, 시대를 초월한 고전을 만들어내는 것이 단시간 내에 가능할 수 있을지 점치기 이전에 현재까지 진행되어온 인공지능 분야의 스토리 창작 기술의 수준을 구체적으로 알아볼 필요가 있다.

AI의 현주소:
발전을 위한 다양한 시도들

Q. 앞으로는 AI가 스스로 콘텐츠를 창작할 수 있을 것이라 내다보는 사람들이 많습니다. 실제는 어떤가요?

A. AI의 스토리 창작에 대해 이야기하기 전에 '무한 원숭이 정리Infinite Monkey Theorem'부터 말씀드릴게요. 100년도 전인 1913년, 프랑스 수학자 에밀 보릴Émile Borel이 만든 이론인데요. 타자기를 원숭이에게 주고 무한한 시간을 준다면 언젠가는 셰익스피어 전집을 쳐낼 수 있을 것이라는 정리예요. 이는 수학적으로는 증명이 됐습니다. 원숭이는 아무 생각 없이 타자를 치겠지만 시간이 무한하기 때문에 언젠가는 그 무작위의 타자가 책이 될 수 있다는 것이죠.

이 이론에서의 원숭이는 무한히 랜덤한 캐릭터와 심볼을 쳐내는 추상적인 장치, 즉 랜덤 제너레이터random generator의 메타포라고 할 수 있습니다. 가능한 모든 옵션을 무작위로 생성해내는 시스템을 의미하죠. 즉, 기계가 스토리를 창작한다는 아이디어는 꽤 오래전부터 있어 왔다고 할 수 있습니다. 검색창에 'Émile Borel'과 'monkey'를 검색해보면 실험을 해볼 수 있도록 파이썬 언어로 만들어진 소스 코드가 공유돼 있어요. 실제 이론을 실험해보기 위해 2002년에 영국 플리머스대학에서 원숭이 6마리를 키보드와 한 달간 가둬둔 적이 있어요. 이들이 만들어낸 것은 'S' 자가 연속으로, 이어서 Q와 A가 연속으로 가득 찍혀 있는 종이 5장이었다고 해요. 게다가 그중 대장격 원숭이가 돌을 들어 키보드를 부숴버렸다고 하죠.

Q. 기계와 달리 원숭이는 '영원히', '무작위'로 타자를 칠 수 없기 때문이겠죠?

A. 맞습니다. 비록 원숭이라는 동물이 기계적인 랜덤 제너레이터가 될 수는 없었지만, 이론적으로는 랜덤 제너레이터에게 무한한 시간을 준다면 셰익스피어의 전집을 만들어낼 수 있습니다. 단, '셰익스피어의 전집이 완성됐다.'는 판단을 인간이 해줘야 하지만요.

이후 1977년에는 제임스 미한James Meehan이 테일스핀Tale-Spin이라는, AI를 이용한 아마도 최초의 이야기 생성 프로그램을 만들고, 이를 통해 조Joe와 잭Jack이라는 곰 두 마리가 등장하는 이야기를 만들어

> "이론적으로는 랜덤 제너레이터에게 무한한 시간을 준다면 셰익스피어의 전집을 만들어낼 수 있습니다. 단, '셰익스피어의 전집이 완성됐다.'는 판단을 인간이 해줘야 하지만요."

냅니다. 대단하거나 복잡하지는 않지만 컴퓨터가 만들어낸 이야기라는 데 의의가 있는 작품이죠. 테일스핀이 창작한 스토리 중에는 진행이 논리적인 것도 있지만 그렇지 않은 이야기도 있는데요.

예를 들면 곰 조는 어빙Irving이라는 새에게 "꿀이 어디 있니?"라고 묻습니다. 어빙은 "나무 밑에 벌집이 있어."라고 말하는데 조는 이 새를 때리면서 "꿀이 어디 있는지 빨리 말해."라고 하죠. 인간의 관점에서는 이 상황이 이해가 안 되죠. 왜냐하면 벌집이 나무 밑에 있다고 알려줬으니까요. '벌집 안에는 꿀이 있다.'는 상식을 시스템이 모르기 때문입니다.

Q. 논리적으로 자연스러운 이야기 진행을 위해서는 필요한 수많은 사실이나 지식을 미리 컴퓨터에 학습시켜야겠네요.

A. 그렇습니다. 이것이 바로 지식 기반knowledge-based 시스템인데, 여기에는 단순한 사실이나 상식 외에 다양한 것들이 포함됩니다. 우선 기술이 만들어내는 이야기를 말할 때는 인터랙티브 스토리텔링을 빼놓을 수 없어요.

간단히 이야기해볼게요. 인터랙티브 스토리텔링의 기법 중에는 게임에서의 스토리 가지치기branching stories라는 기법이 유용하게 사용되고 있습니다. 게임 시작 후 게임 플레이어는 이야기의 진행을 시스템이 제시한 A, B, C, D 중에서 선택하고 이에 따라 결말이 결정되는 것이죠. 이 같은 선택이 얼마나 여러 번 일어나느냐에 따라 이야기의 결말은 수백, 수천 개가 될 수도 있습니다. 하지만 게임에서 도출하는 이야기의 수는 현실적으로 제한을 받을 수밖에 없죠.

그래서 AI를 이용한 방법이 등장합니다. 그중 하나가 파사드Façade라는 시스템인데, '플랜 기반plan-based 방식'으로 스토리를 창작합니다. 여기에서의 '플랜'이란 인간이 낸 문제를 AI가 푸는 기법과도 같은데요. 인간이 기반 정보와 검색을 위한 알고리즘을 제공하고 그 위에 문제를 내면 AI가 문제를 해결하는 것이죠. AI가 초기 상태(initial state)를 해결 상태(goal state)로 만드는 액션 시퀀스를 생성하는 솔루션을 생성하는 알고리즘이에요. 플랜 기반 방식에서의 정보는 액션을 중심으로 작성합니다. 예를 들어 '구조(rescue)'라는 액션은 x, y라는 두 사람이 있는데 x가 붙잡혔다면 'x를 잡혀 있지 않은 상태로 만드는' 액션을 의미합니다. 이런 조건과 기타 부가적인 정보는 현재로서는 인간이 미리 입력해줘야 하고 시스템이 스스로 만들어내기 어렵습니다. 확장성은 떨어지죠.

AI의 창작 : 한계와 과제

Q. 다양한 경우의 수를 제시하고 인간이 이 중 하나를
골라 진행하는 컴퓨터 게임Text-based RPG의 역사도
1960년대까지 거슬러 올라가죠. 하지만 컴퓨터가 제시하는
상황 모두를 개발자가 미리 설정해둔 것이라는 점에서
진정한 '컴퓨터 기반 스토리'라고 느껴지지는 않아요. 더
발전된 형태의 AI의 창작 사례가 있나요?

A. 오랫동안 인간이 직접 입력하는 방식이 활용되다가
2016년에 AI가 쓴 소설이 '호시 신이치 문학상' 최종 결선까지
올랐다는 뉴스가 나옵니다. 〈컴퓨터가 소설을 쓴 날〉이라는 단
편소설을 만드는 데 AI는 약 20%, 나머지 80%는 인간이 기여
했다고 해요.

그때까지만 해도 트레이닝을 통한 스토리 창작이 대부분
이었던지라 이 사례를 관심 있게 봤죠. '날씨를 이야기하고, 주
인공이 등장해 저녁 식사를 한다.'는 구조를 컴퓨터에게 주면,
구체적인 문장은 컴퓨터가 만들었던 것으로 기억해요. 물론 이
소설도 엄밀하게 말하면 결국은 인간이 기반 정보를 넣어줬던
셈이죠.

컴퓨터 기반 스토리를 창작하려는 시도는 2016년에 더 있
었어요. 영화 제작자 오스카 샤프Oscar Sharp와 뉴욕대 AI 연구자
로스 굿윈Ross Goodwin은 〈선스프링〉이라는 9분짜리 단편영화를

만들기까지 했습니다.

스토리를 장단기 메모리인 LSTM**Long Short-Term Memory** 뉴럴 네트워크**neural network**에 학습시켜 벤자민**Benjamin**이라는 창작 프로그램을 만들었고, 이를 통해 극본을 쓴 것이죠. 영화의 크레딧에도 작가를 'LSTM 계열의 AI인 Benjamin'이라고 표기했습니다. 이 영화의 IMDb 평점은 10점 만점에 5.6점으로 그리 높지는 않습니다. 그나마 컴퓨터가 창작한 스토리라는 것을 감안한 점수일 테니 컴퓨터 기반 이야기의 수준이 높다고 보기는 어렵습니다.

여전히 인간의 개입은 중요합니다. 앞서 소개한 테일스핀의 스토리가 비논리적이었던 것도 그 때문이죠. 컴퓨터가 이야기를 잘 만들기 위해서는 '벌집 안에는 꿀이 있다.'는 상식을 기반 정보로 넣어주는 것 외에도 알고 있어야 하는 것들이 수없이 많아요. 벌집에 꿀이 있으면 무조건 가져올 수 있는 것인가, 벌이 꿀을 지키려고 하지 않을까, 벌이 곰을 쏠 수 있지 않을까, 이런 배경 상식까지 모두 알아야 이야기가 자연스럽게 진행되고, 이는 모두 인간이 입력해줘야 합니다.

따라서 아직까지는 스토리 창작이 잘 된다고 보기는 어렵습니다. 어떤 스토리를 만들 때 컴퓨터가 나름의 문장들을 계속 만들어가도록 할 수는 있어요. 그러나 딥러닝이 많이 발전된 지금까지도 창작이 쉽지 않은 이유는 '상식'이라는 요소를 입력하는 것만으로는 '맥락'에 맞춰 사건을 전개하기 어렵기 때문입니다. 그뿐만이 아니죠. 사람들이 작품에서 기대하는 등장인물의 심리

묘사나 창의적인 대사 생성, 이야기를 더 흥미롭게 만드는 복선 같은 다양한 추론 장치를 심기도 어렵습니다. 현재로서는 여러 한계가 있어요.

다양한 플롯을 만들 수 없다는 것도 마찬가지예요. 잔잔하게 시작하다가 어떤 일이 생기고 클라이맥스로 치닫다가 해결되는, 기본적인 기승전결 이야기 '구조'를 만들어내는 것도 안 되고 반전을 주는 것도 어렵습니다. 무엇보다 좋은 이야기는 독자에게 전달하는 의미나 가치, 주제가 있기 마련인데 이를 만드는 것도 아직은 쉽지 않습니다.

Q. AI에 더 많은 자율성이 부여된 사례는 없나요?

A. AI가 시를 지은 사례도 있어요. 앞서 소개한 로스 굿윈이 2018년에 '1 the Road'라는 시스템을 만들었는데, 이 시스템이 창작한 시를 담은 시집이 출간되기도 했습니다. 자동차에 시스템과 프린터, 그리고 주변을 감지, 측정하는 장비를 달고 여행을 하다가 이 장비가 주위를 둘러보고 사용자가 날씨를 입력하면 시스템이 문장을 만들어냅니다. 2017년 3월 25일 9시 17분 34초부터 아래와 같은 문장, 즉 시를 출력했죠.

It was mine seventeen in the morning, and 09:17:34
the house was heavy.

It was seven minutes to ten o'clock in the 09:53:46

morning, and it was the only good thing that had happened..

What is it? the painter asked. 09:54:23

The time was six minutes until ten o'clock 09:54:43

 in the morning, and the wind stood as the

windows were freshly covered with boxes.

(후략)

시적 의미나 사업성과 별도로 평점은 나쁘지 않았습니다. 어쩌면 소설보다 시는 문법이 파괴돼도 시적 자유로 받아들여질 수 있으니 AI에 더 적합하다고 생각할 수도 있겠네요.

특이점 : AI는 인간을 뛰어넘을까

Q. 여전히 한계는 있지만, 최근에는 기반 정보가 될 수 있는 수많은 데이터가 넘쳐나고 딥러닝의 발달 등으로 AI가 만드는 이야기도 계속 정교화되고 있는데요. 언젠가는 인간의 창작물을 뛰어넘을 수도 있지 않을까요? 유명한 미래학자 레이먼드 커즈와일Raymond Kurzweil도 "2045년에는 AI가 인간의 지성을 뛰어넘는 특이점Singularity이 도래한다."고 예측한 바 있죠. 지금은 어디까지 와 있나요? 트렌드는 어떻습니까?

A. 간단하게 이야기해서 현재 트렌드는 대규모 텍스트 데이터로 학습한 딥러닝 모델이 스토리를 창작하는 것입니다. AI는 텍스트를 주면 다양한 사실과 정보가 뉴럴 네트워크에 서로 연결돼 있는 것만으로도 스스로 답을 학습합니다. 하지만 이 경우 AI를 연구하는 학자의 관점에서 가장 어려운 점이 있어요. 딥러닝 모델은 숫자만 처리할 뿐 숫자로 표현되지 않는 텍스트는 처리하지 못하거든요. 텍스트를 숫자로 바꿔야 해요.

예를 들어볼까요? '컵'이라는 개념을 숫자로 바꾸는 것은 굉장히 어려워요. 물론 컵이 무엇인지는 사전적으로 정의돼 있지만 실제로 단어가 지닌 속성은 모양, 용도에 수많은 의미가 내포돼 있을 뿐만 아니라, 사발, 병, 텀블러 등 다른 유사한 기능을 가진 그릇과의 차이도 담고 있죠. 이를 수치화하는 것은 매우 어렵습니다. 컵이라는 단순한 사물도 어려운데 더 복잡한 개념과 감정을 나타내는 단어는 어떨까요.

그런데 최근 '워드투벡터Word2Vec'라는 단어 표현의 혁신적인 방법이 등장했습니다. 간단히 말하면, 개발자들은 단어들의 네트워크에 주목했어요. 어떤 문장 안에 '뛴다.'라는 단어가 등장한다면 그 주위에 등장할 단어를 예측하는 뉴럴 네트워크를 만드는 것입니다. '뛴다.'라는 단어에 상응할 수 있는 수십만 개의 단어 중에서 '뛴다.'라는 단어 주위에 자주 등장할 만한 단어를 예측하는 것입니다. '뛴다.' 뒤에는 '넘는다.'라는 단어가, 앞에는 주어로 '여우'라는 단어, 또 그 앞에는 '갈색'이라는 단어가 등장할 확률이 다른 무작위의 단어에 비해 높다고 예측하는 거예요. 이런 간단한 뉴럴 네트워크를 만든 후 그 안의 히든 레이어 값을 해당 단어를 표현하는 벡터로 사용하자는 아이디어입니다.

Q. 이해가 쉽지는 않지만, 처음 이야기한 '무한 원숭이 정리'와도 맞닿아 있는 것 같습니다.

A. 그보다 훨씬 정교한 모델이죠. 이 모델은 무작위에 의한 정답 도출이 아니라 확률을 통한 학습을 하고, 이를 통해 답을 제시합니다. 이 학습을 진행시키다 보니 같은 속성을 지닌 단어들은 2차원 혹은 3차원 공간상에 비슷한 위치 값을 갖는다는 것을 발견합니다. 예를 들면 '왕'과 '여왕' 사이의 벡터값은 '남성'과 '여성' 사이 벡터값과 거의 비슷하다는 점, '스페인'과 '마드리드' 사이의 차이는 '독일'과 '베를린' 사이, '영국'과 '런던' 사이와 거의 비슷한 값이라는 것이죠. 이를 통해 단어 사이의 관계들에는 일정한 값이 있고, 단어의 벡터가 그 단어의 실제 속성과 관련이 있다는 것을 알게 됐습니다. 이제는 '수도'라는 개념이 무슨 뜻인지 풀어내지 못한다 해도 '한국의 수도는 서울'이라는 유추를 할 수 있게 된 것이죠. 이 연구 이후 텍스트를 처리하는 방법이 크게 발전했습니다.

A. 정확한 의미를 표현할 수 있는 것을 목표로 하고 있지만, 쉽지는 않습니다. 또한, 문장의 의미를 표현하는 것으로는 많이 알려진 모델로 GPTGenerative Pre-Training라는 것이 있습니다. GPT는 어떤 문장을 주면 그 문장 다음에 나올 문장을 예측하는 뉴럴 모델인데요. 방대한 양의 텍스트를 학습하는 구조입니다. 이와 유사한 기법을 기반으로 구글이 '람다LaMDA'라는 개방형 대화 시스템을 선보였어요. 물건을 구매하거나 길을 알려주는 것처럼 특정 분야에 대해 대화를 나누는 챗봇은 많이 나와 있잖아요. 하지만 람다는 분야에 구애받지 않는 자유로운 대화가 가능합니다. 이를 가능하도록 하려고 인간이 손을 대지 않았고, 단지 방대한 양의 대화 데이터를 기반으로 훈련만 시켰어요. 그런데도 람다는 단어가 갖는 개념을 꽤 잘 이해하고 대화를 이어갑니다.

Q. 한국에서 이슈가 됐던 '루다' 챗봇이 생각납니다. 말하자면
    '잡담'을 할 수 있게 된 것이네요. 상황에 따라 굉장히 다양한
    방면에서 활용이 가능할 것 같은데요. 이야기를 만들어내는
    것까지 가능할까요?

A. 람다의 자연어 처리 시스템은 검색은 물론이고 구글 어시스턴트, 더 똑똑해지면 실제 업무에도 활용할 수 있을 것입니다. 개념을 놀라울 정도로 잘 이해하고 대화를 이어가는 능력을 보여줬거든요. 람다의 시연 영상에는 람다에게 '명왕성'이나 '종이비행기'라는 역할을 주고 인간과 대화를 나누게 하는 장면이 나오는데요. '명왕성'과 '종이비행기'에 대한 개념이 없다면 할 수 없을 대화를 자연스럽게 이어갑니다. 람다와 같은 모델을 이용하면 이야기를 생성해내는 것도 가능해요.

실제 체험해볼 수 있는 사이트 talktotransformer.com도 있어요. 정확한 이야기라고는 할 수 없어도 자동으로 만들어지는 문장이라고 치부하기에는 '이야기의 의도가 있는 것이 아닐까?' 하는 느낌이 들 정도입니다. 현재는 훈련받은 대로 출력되고, 약간의 무작위성이 있어서 매번 똑같은 문장이 아니라 다른 문장이 나와요. 상식에 부합하지 않는 문장이나 앞뒤 관계가 덜 들어맞는 문장을 쓰기도 합니다. 정지 버튼을 누르기 전까지 계속 문장을 만드는 수준이지, 이야기 전체의 기승전결을 만드는 수준은 아닙니다.

가까이에 온 AI : 인공지능 연구의 현재

Q. 현재 진행 중인 관련 연구가 있다면 소개해주세요.

A. 저희 연구실에서는 스토리 생성 서비스를 준비하고 있는데요. 코미디, 액션, 로맨스 같은 '장르'를 지정하면 그 장르에 맞춘 스토리를 만들어내는 실험을 하고 있습니다. 예를 들어 장르를 '액션'으로 지정한 후 "그는 사실 매우 영리하다."는 문장을 입력하면 시스템은 이어서 아래와 같은 문장을 출력합니다.

"그러나 그의 어머니는 두 아들을 키우며 아버지의 비리를 저지하고, 자신은 그런 아버지를 대신한 가장으로 살아가고 있다. / 한편 그에게는 연인이 있는데 어느 날부터인가 그녀와 아들이 함께 있는 것을 싫어해 그를 배신하고 복수하기 시작한다. / 어머니에 의해 강제로 헤어지려는 아들과 아버지가 싸우는 모습을 본 딸은 분노가 극에 달한다."

같은 문장을 '로맨스' 장르에 입력하면 다음 내용이 출력됩니다. "그는 어느 날 우연히 만난 한 여학생과 사랑에 빠진다. / 그러나 그녀는 이미 결혼을 약속한 약혼녀. / 그는 그녀를 떠나고 만다. / 그 후 그녀의 가정은 점점 어려워지고 급기야 그녀의 남편은 이혼을 요구하기에 이른다. / 이에 충격을 받은 그녀는 자신의 모든 것을 버리고 집을 나가게 되고, 남편은 외도를 의심한다."

아직 완벽하지는 않아도 예전에 비해서 더 그럴싸해졌다고 느낄 수 있죠. 성균관대학교에서는 2019년부터 매년 'AI 북커톤' 대회를 여는데요. 훈련받은 GPT 모델을 제공하면 참가 학생들이 훈련을 시켜 글을 만드는 대회예요. 2019년도 대상작을 보면 '만약'이라는 단어를 시작으로 작성된 에세이가 마치 나이 지긋한 필자가 과거를 회상하는 듯합니다. 그럴듯하다는 느낌이 들어요. 물론 이 작품은 100% AI가 쓴 것은 아니고, 컴퓨터가 쓰면 학생들이 조금 고치는 작업을 반복해서 만들어졌죠. 보통 사람도 쉽게 쓰기 어려운 작품의 수준이었습니다. AI가 지금 이 수준에 와 있는 거예요.

Q. 자연어 처리, 역할에 대한 인식, 논리 구조, 그리고 학습을 통한 다양한 이야기 전개에 문장의 품질까지, 어느 정도 수준에 오른 듯하군요.

A. 그렇습니다. 게다가 우리에게 익숙한 기승전결과 같은 전개나 은유도 이제 조금은 가능한 것 같습니다. 왜냐하면 시스템이 학습하는 내용 자체에도 은유가 있거든요. 다만 이야기의 반전, 등장 인물의 일관된 심리 표현, 큰 주제에 관한 일관적 서술 등은 아직 쉽지 않아요. 지금은 메인 작가를 도와주는 보조 작가 정도의 역할은 가능하다고 생각합니다. 실제로 저희가 드라마와 시나리오 작가들에게 설문조사를 해봤는데 이런 AI 보

조 작가가 있다면 에피소드 발굴이나 장면 구성, 시퀀스 배열, 대사 작성 등을 맡기고 싶다고 응답했어요.

그리고 대중적으로 흥행하는 이야기 플롯 중에 아크플롯 Arch-plot이라는 구조가 있는데요. 마치 기승전결처럼 우리에게 익숙한 구조입니다. 연속적 시간대에서 이야기의 단계별 인과관계가 뚜렷하고, 주인공의 목표가 달성되거나 실패하는 결말이 확실합니다. 이런 일반적인 구조에서는 명작만큼 깊지는 않아도 얕은, 대중적인 이야기는 만들 수 있지 않을까 생각합니다. 혹은 게임 스토리 정도는 창작을 할 수 있지 않을까 하는 기대도 해보고요.

나아가 기존 이야기 분석에도 응용할 수 있을 거예요. 2020년에 영화의 줄거리만 보고 흥행 가능성을 예측하는 연구를 한 적이 있었는데요. 정확도가 높지는 않았어요. 그래도 스릴러 장르는 약 73%의 정확도를 보였는데, 이런 용도로도 쓸 수 있겠죠. 아직 갈 길은 멀지만요.

메타버스 시장을 선점하는 기업은 어디일까

분석 1 : 루이비통과 구찌가 제페토로 향하는 이유

> **Q.** 대학생만 돼도 제페토를 낯설어하지만, 초등학생들은 그곳에서 유튜브만큼 오랜 시간을 보내요. 이들이 성장하는 시대를 대비하려면 가상 현실, 실감형 미디어 기술을 콘텐츠에 어떤 방향으로 활용해야 할까요?

박민현 팬데믹 시대에는 결국 배달의민족, 쿠팡과 같은 커머스 산업이 각광받았어요. 1세대 커머스 산업 이후 메타버스 환경에서는 VR, AR을 활용한 광고 모델을 만드는 작업이 본격화될 것으로 예상합니다. 콘텐츠를 수익화할 수 있는 새로운 사업 모델을 만들기 위해서 샤넬이 제페토나 로블록스 등 가상공간 아이템을 팔고 있어요.

그런데 과연 가상의 제품을 파는 데서 끝날까요? 카카오톡이 점차 커머스 기능을 강화하듯, 가상공간의 킬러 콘텐츠가 나오면 영화 〈마이너리티 리포트〉처럼 글래스 안에서 타깃광고를 할지도 모르죠. 가상공간이 새로운 광고 창구로서 공략하는 움직임이 본격화될 것이라 봅니다.

Q. 메타버스 시대에 게임 회사의 경쟁사는 어디일까요?

박민현 고객의 시간을 가져와야 한다는 면에서는 유휴 시간을 소진하게 하는 모든 산업은 경쟁사일 테죠. 최근에는 현대 같은 전통적인 기업도 고객의 시간을 점유하는 라이프스타일 회사로 변화하는 것 같아요. 결국 차량도 웬만한 휴대전화보다 사양이 좋은 스마트 디바이스가 되고 있잖아요. 차 안에서 시간을 보내도록 엔터테인먼트 콘텐츠를 활용하는 방향으로 모두 연결되고 있어요. 기존에 제조업에 속했던 기업도 메타버스에 진출해서 언제든 고객의 휴게 시간을 가져갈 수 있는 것이죠. 그런 측면에서 게임 회사가 아닌 다른 기업과 협업을 하는 것이 경쟁사에 길을 열어주는 결과를 가져오지는 않을까 하는 우려도 있어요.

Q. 식품, 자동차 등 소비재 제조사는 예전의 관점에서 바라보면 '아이볼eyeball' 모델에 해당하는 미디어 산업과 상관이 없었죠. 하지만 이제는 코카콜라도 미디어로 진출하고 싶어 하고요. 현대뿐만 아니라 자동차 업계 전반이 자율 주행 기술 등장 이후 자동차를 교통수단으로만 바라보지 않죠. 콘텐츠를 비롯해 스크린 산업 등에서 수익을 낼 수 있는

방안을 연구하니까요. 게임 회사와는 협력사가 될 수도, 경쟁사가 될 수도 있겠네요.

박민현 미디어·광고 업계에는 '모든 종류의 회사가 앞으로는 미디어 회사가 될 거야.'라는 이야기가 있었어요. 보통 광고주라고 말하는 삼성전자, 현대차, 코카콜라와 같은 제조사들이 '제품을 팔기 위해서는 콘텐츠를 만들어야 한다.'는 의미였죠. 모든 회사가 콘텐츠를 만들어야 하는 세상이 왔기 때문에 이제 모두 미디어라는 거예요. 그런데 현재 상황은 이보다 한 단계 더 위에 있는 거예요. 모든 회사들이 콘텐츠를 만들어낼 뿐만 아니라 그 콘텐츠를 자신의 플랫폼을 통해서 내보내고 싶어 해요. 사람들의 시간을 잡아놓고 싶으니까요.

분석 2 : VR 시장의 수익화를 위한 과제

Q. 메타버스가 화두로 떠오르며, 콘텐츠 비즈니스 중에서도 VR 산업으로의 진출을 고민하는 사람들이 많을 텐데요. 무엇을 유념하고 접근해야 할까요?

박민현 대중적 보급이 되려면 먼저 기술적 혁신이 돼야 합니다. 하지만 현재의 기술은 몇몇 유명한 회사들이 이끌고 있는 모

습이고요. 생각만큼 빠르지는 않을 것 같아요. 그렇지만 컨슈머 시장도 있을 수 있고, 놀이공원처럼 조금 고도화되지만 단가가 비싼 시장이 있을 수도 있고요. 여러 가지 방법이 있죠. 미래를 예측해서 알맞은 '꼴'을 갖춘 프로덕트를 만드는 것이 과제인 것이죠.

처음에 오큘러스퀘스트를 출시할 때만 해도 현실 세계와 똑같은 가상 세계에 들어가서 움직이고 싸우고 뛰어다닐 수 있다는 식의 홍보를 많이 했잖아요. 그런데 실제로는 무겁고, 현장감 있게 움직이는 것은 절대 못 합니다. 많은 사람들이 어지러움으로 토해요. 그러니까 움직이지 못하는 게임밖에 못 하거든요. 결국 상상과 실제 만들 수 있는 결과물과 인간이 체험하는 것, 각각의 차원이 완전 다른 거예요. 그 간극을 메워야 기대에 맞는 프로덕트가 나오겠죠.

이런 기술적인 이슈들을 알고 가장 적합한 콘텐츠를 만들어야 하고, 그 콘텐츠에 적합한 시장이 개인 소비자인지, 놀이공원 같은 시장인지에 따라 예산 등을 조정해서 제일 효율적인 방향을 찾아야죠. 2015년쯤 '소니 플레이스테이션 VR'이 나온다고 하던 시절에 VR 게임을 개발했는데, 실제로는 시장이 작아서 힘들었어요. 결국 모든 프로덕트는 생존해야 하니까 생존 가능한 시장 사이즈를 토대로 결과를 낼 수 있도록 맞춰야죠. VR 제품을 개발하는 입장에서 홍보할 때의 차별점과 실제로 고객이 경험하고 기대하는 것이 일치될 때까지는 시간이 많이 걸릴 것이라 생각합니다.

그런데 단일 프로젝트를 개발하면서 해야 할 고민과 비즈니스 차원의 고민은 또 달라요. 여러 개의 프로젝트나 게임 개발을 계속할 테니까요. 연속선상에서 보느냐에 따라 관점이 다를 수도 있죠. 몇몇 시도는 파이가 작더라도 도전해봐야 하는 선택지에 들어갈 때도 있잖아요.

따라서 비즈니스적으로 볼 때는 수익과 관계없이 해야 할 때도 있다고 생각해요. 큰 흐름상에서 필요한 도약인 것이죠. 단일 프로덕트로서는 돈보다 파급력을 생각해야 해요. 정말 예술적인 작품이나 콘텐츠인데, 팬덤이 크다거나 혹은 정말 소수라도 열정적인 팬이 있다면 굿즈를 만들어 판매할 수 있잖아요. 모든 프로젝트에서 비즈니스적인 결정이 가장 우선한다고 볼 필요는 없을 것 같습니다.

Q. VR 비즈니스가 처한 현재의 한계는 무엇이며, 앞으로 어떤 방향으로 나아가야 할까요?

상화　현실적으로 이야기해볼게요. 지난 10여 년간 3D 입체 안경부터 시작해서 새로운 디바이스들을 접하며 공통 사항을 하나 발견했어요. 새로운 장치를 처음 이용할 때만 해도 '우와!' 했던 감정이 반복되면 될수록 급격히 하락하다가 어느 임계선 아래로 떨어지면요. 장치를 꺼내러 걸어가는 몇 발자국의 노력과 대비해도 만족감이 그 밑까지 내려가는 거예요.

결국 장롱 속, 서랍 속의 장치가 되는 상황을 VR에서도 똑같이 겪었거든요. 서랍에 잠자는 디바이스가 대단한 경험을 준다는 것은 알지만, 사람들이 공통적으로 '나는 해봤어.' 수준에서 못 벗어나는 거예요. 기술이 개선되더라도 한번 경험한 것에 기반한 강력한 선입관들이 형성되면, 다음 단계 시도를 안 하는 경향도 굉장히 강했던 것 같아요.

그래서 미래 장치는 선입견을 뛰어넘을 정도의 부지불식간 수준으로 접근하지 않으면 힘들겠다는 생각이 듭니다. 안경 이상의 귀찮음을 줘서는 안 된다고 생각해요. 최고의 장치는 내가 쓰고 있다는 것조차 잊어버릴 정도로, 생활 속에 녹아 있는 형태여야 하죠. 일상에서 사용할 때 나에게 필요한 정보들을 가장 적재적소에 넣어주는 정도에서, 굉장히 단출한 장치로 진화해나가야 한다고 생각합니다. 그랬을 때 진정한 VR이나 AR 르네상스가 가능할 것입니다.

Q. 스마트폰이 이렇게 자리 잡은 지금도 콘솔 게임기 엑스박스나 플레이스테이션은 계속 꺼내서 하고 싶잖아요. 할수록 점점 더 재미있고 새로운 가능성도 발견하게 되고요. HMD 같은 VR 디바이스가 점점 더 커지는 만족감을 주기 위해서는 무엇이 필요할까요?

상화　저는 VR 디바이스가 특별하게 먹는 특식이 아니라, 매일 먹는 밥 같아야 한다고 생각해요. 카카오톡처럼 일상 대화에 필수적인 요소로 사용이 돼야 모두에게 확산될 수 있고, 그럴 때 전체적인 시장 파이가 늘면서 그 안에서 활동하는 회사들이나 전체 생태계가 만들어질 수 있다고 봅니다. 페이스북에서 소셜 기능에 집중하는 이유도 VR 기반 서비스가 보다 일상적으로 자리 잡아야 한다는 공감대를 바탕으로 하는 것으로 이해하고 있습니다.

Q. **매일 먹는 밥, 일상 속의 VR이 되기 위해서는 소셜을 강화하는 것 외에 무엇을 해야 할까요? VR이 교육과 같은 특정 카테고리에서 유망하다는 의견이 있는데요. 콘텐츠 면에서는 어떤 개선이 필요할까요?**

상화 가장 먼저 방법론 자체에 대한 수정이 필요합니다. 스마트폰의 스크린 터치나 스와이프에서부터 완전히 벗어나야 실감 미디어에 최적화된 세상으로 갈 수 있다고 생각해요. 결국은 터치할 때 두 손의 사용 방법이 완전히 달라져야 하고, 그 달라지는 방법 자체가 앞으로의 생존성과 굉장히 밀접하게 닿아 있지 않을까 생각해요. 매일매일 사용한다는 점에서 소셜이라는 부분은 전체적인 시스템 부하를 신경 쓰고 기술적인 부분의 난이도는 높지 않게 가져가도 된다고 보는데요. 이렇게 해야 전체적인 밸런스를 맞춰서 시스템도 단출하면서 사용성도 높아져 일상에서 활용할 수 있는 단계가 될 것이라 생각해요.

불편하다고 해도 이것을 이길 정도의 베네핏이 있어야 되는

데, 현재 VR 콘텐츠는 신기하게도 정말 좋은 콘텐츠가 없어요. 픽셀이나 제작 난이도 이슈 등이 한번 경험하면 다시 보고 싶지 않게 하죠. 불편함을 이기지 못하는 수준이에요.

과거 파나소닉과 소니에서 비디오를 만들었을 때 일본인 평균 임금이 30만 원 정도였는데, 비디오 가격이 약 200만 원이었을 거예요. 당시 파나소닉이 일본 성인 비디오 제작사들과 라이선스 계약을 통해 번들 판매를 하면서 콘텐츠를 공급해줄 수 있는 시장을 만들었고, 하드웨어에 대한 판매도 함께 늘어났던 것인데요.

3D에서는 아바타 외의 킬러 콘텐츠들이 없어요. VR을 통해서만 가능한 임팩트를 줘야 하는데, 그런 콘텐츠를 만들기에는 기술적인 이슈들이 너무 많다는 것도 굉장히 현실적인 이유예요. 같은 정보를 2D로 전달하는 데 들어가는 공수와 3D 공간에 모델링하고 코딩해서 인터랙션하게 하는 데는, 사람도 컴퓨팅 파워도 몇 배가 들죠. 하지만 시장에서 그 가격대를 수용할 준비가 아직 안 돼 있어요. 몇 배의 자원을 투입해도 수익으로 연결이 안 되는 거예요. 지난 경험에서 인식한 한계점 안에서 실질적인 성공 모델을 만들어내는 것이 저희 미션이라 생각해요. 기존의 엔터테인먼트 콘텐츠에 대한 접근법, 제작 방법에서 발상의 전환을 만들어내기 위한 고민을 해야 해요.

메타버스 시대,
오리지널 IP의 존재 가치

넷플릭스 오리지널 영화 〈돈 룩 업〉은 지구를 향해 달려오는 소행성을 막기 위해 학자들이 벌이는 고군분투를 다룬다. 6개월 후 지구 문명이 멸망할 수 있는 상황에서 위기를 처음 발견한 학자들은 검증된 기술을 활용해 위기를 막으려고 시도한다. 하지만 상황에 대한 결정권을 가진 대통령은 그들의 이야기를 들을 시간도, 의지도 없다. 결국 대통령이 손을 들어준 쪽은 아이비리그 출신의 전문가들을 내세운 실리콘밸리 테크 기업이다. 회사의 혁신적인 실험 기술을 소개하는 대표의 말은 사람들을 현혹시킨다. 촌각을 다투는 상황에서 전 지구의 운명은 검증되지 않은 기술에 맡겨졌고, 대가는 혹독했다.

메타버스 분야에 선도적인 전문가들은 입을 모아 이야기한다. 결국 오늘날 기술과 콘텐츠 양쪽 모두의 관심 없이는 성공하는 콘텐츠 비즈니스를 일구기 어렵다고 말이다. 그런 의미에서 한국의 게임 비즈니스는 웹툰, 드라마, K-POP이 세계관을 통해 팬덤을 구축하기 이전부터 이미 고유의 세계관을 통해 이용자들을 뭉치게 하는 전략으로 성장해왔다. 그간의 경험이 곧 앞으로 나아갈 포석이 될 것이다.

이제 XR이나 메타버스처럼 보다 새로운 기술을 활용한 비즈니스에서도 영상 콘텐츠와 같은 오리지널 IP를 개발해야 한다. 이를 바탕으로 사람들이 열광하고 상호작용할 수 있는 커뮤니티를 구축하고, 단단한 팬덤을 대상으로 영상, 웹툰, 음악 등 다른 장르 콘텐츠로의 확산을 꾀하는 전략이 필요하다.

5장

한류 프레임을 넘는 글로벌 IP는 가능한가

K 없는 K-콘텐츠 시대의
글로벌 콘텐츠 비즈니스 전략

· · ·

넷플릭스 〈오징어게임〉과 애플tv의 〈파친코〉는 K-콘텐츠인가? '오징어게임'
이라는 한국의 전통 놀이, 이민호와 같은 인기 한류 스타 등 한국적인 문화 코
드를 전면에 내세웠지만, 이들 작품에 대한 경제적 권리인 IP의 주인은 글로벌
기업이다. 글로벌 기업이 한국계 창작자들을 동원해 한국의 문화 코드를 상품
화하는 시대, K 없는 K-콘텐츠 시대의 신호탄이라 할 수 있다. 이미 2017년에
데뷔한 한국인 없는 K-POP 그룹 'EXP 에디션'과 국내 엔터테인먼트 기업 '쇼
비티'가 제작한 필리핀인만으로 구성된 K-POP 그룹 'SB19'가 K-콘텐츠에 의
미하는 바는 무엇일까? 2020년 영화 〈기생충〉의 아카데미 4관왕 석권 이후
넷플릭스 〈오징어게임〉의 흥행, 윤여정 배우의 아카데미 수상으로 글로벌 콘
텐츠 시장에서 한국의 존재감은 그 어느 때보다 두각을 나타내고 있다. 하지만
글로벌 시장에서 한국 문화의 상품 가치가 커질수록 한국의 문화 코드를 상품
화하기 위한 경쟁도 글로벌화되고 있다.

오랜 시간 한국 콘텐츠의 글로벌 시장 진출은 '한류'라는 프레임 안에서 이해
됐다. 국가적으로 신한류 시대를 천명하는 등 '한류'는 비단 콘텐츠 산업을 넘
어 전 국가적으로 한국 경제의 중요한 원동력으로 인식된다. 한국의 문화 콘
텐츠가 전 세계적인 인기를 얻으면, 한국이라는 국가 브랜드의 가치가 높아지
고 자동차, 가전, 식료품 등 한국산 소비재 수출도 증가한다는 이야기다. 실제
로 한류의 낙수 효과가 한반도의 테두리 안에 머무르지 않는 것은 K-POP에
서도 확인된다. 2022년 4월 BTS의 '퍼미션 투 댄스 온 스테이지' 콘서트가 라
스베이거스에서 열리면서 세계 최고의 가전전시회 CES Consumer Electronis Show
의 경제 효과를 넘어섰다는 분석도 나왔다.* BTS 브랜드가 가진 수익성이 미
국 도시 라스베이거스의 관광 수익으로 이어진 것이다.

앞서 콘텐츠 시장에서 선택권이 개인에게 넘어가고, 제조업이나 서비스업 등
비콘텐츠 업계와 콘텐츠 업계의 경계가 사라지고 있다는 점을 살펴봤다. 이 장

---

* 유주현, "세계 최대 엔터 도시가 'BTS 테마파크'로 탈바꿈…공연·이벤트에 30만 팬
  몰려 CES 뛰어넘는 흥행", 《중앙선데이》, 2022.4.16.

에서는 공연과 K-POP 등을 담당하는 한국의 콘텐츠 기업들이 국가 간의 경계를 넘나들며 시장을 공략해온 전략들을 살펴보고자 한다. 한국 콘텐츠 제작자들은 국내 내수 시장이 지닌 규모적 한계로 해외 시장을 공략하기 위한 전략을 고민해왔다. 데이터가 주도하는 플랫폼 환경에서 구글, 애플, 페이스북, 아마존의 'GAFA'는 전 세계적으로 압도적인 영향력을 발휘한다. 하지만 국가별 사회 문화적 차이로 글로벌 플랫폼이 실제 전 세계 시장을 석권하는 일은 쉽지 않다. 따라서 문화적 특성을 고려한 현지화 전략이 어느 때보다 중요하게 여겨지고 있다.

이 장의 목표는 한국 콘텐츠의 성공을 '한류'라는 낡은 틀 안에서 관성적으로 해석하는 것이 아니라, 한국의 공연, K-POP, 방송이 어떻게 국가별 역사, 취향, 세대 차이 등 라이프스타일을 간파한 현지화 전략을 발전시켜 왔는지를 비즈니스 전략의 관점으로 살펴보려는 것이다. 한류라는 프레임에서 벗어나면, 〈오징어게임〉의 성공에서 넷플릭스의 전략을 발견할 수 있다. 전 세계 사람들의 취향을 분석하고, 각각에 맞는 콘텐츠를 만들기 위해 넷플릭스는 무엇을 하고 있을까? 넷플릭스는 한국 시장에 앞서 이미 남미와 유럽 진출에 성공한 경험이 있었다. 〈나르코스〉와 〈종이의 집〉은 국가별 사회 문화와 콘텐츠 트렌드를 반영하기 위해 현지 제작자에게 투자한 작품이었고, 결과는 대성공이었다. 디즈니가 아시아 시장을 공략하기 위해 제작한 〈뮬란〉이나 〈상치〉 등이 할리우드의 제작진에 의해 탄생했다면, 넷플릭스는 수많은 개인들에게 어필하기 위해 각각 커뮤니티의 정서를 보다 정확하게 이해하는 전 세계 창작자들에게 창작 권한을 분산했다.

이 장에서는 그동안 K-콘텐츠가 걸어온 길과 앞으로 나아갈 길을 함께 모색하고자 한다. 이를 위해 먼저 송승환 (주)피엠씨 프로덕션 예술감독에게 K-콘텐츠의 글로벌 시장 공략 전략을 들어봤다. 특히 평창동계올림픽 개막식은 한국 전통문화에 기술을 융합한 성공 사례로 여전히 평가받는다. 〈난타〉를 누적 관객 천만 명이 넘는 글로벌 공연 콘텐츠로 성공시키기까지, 그가 분석해온 글로벌 시장에 관한 인사이트를 담았다. 이어서 문명사의 관점에서 한류를 연구해온 정호재 전 동아일보 기자와 한국 영상 콘텐츠를 해외에 수출해온 이지희 JTBC Studios 전 팀장과 함께 글로벌 시장에서 소구할 수 있는 한류 콘텐츠의 요건에 대해 이론적 통찰과 실제 사례에 기반한 이야기를 나눴다. 마지막으로 가장 강력한 팬덤을 가진 장르인 동시에, 일찍이 아티스트 IP를 활용한 파생 비즈니스를 개척해온 K-POP에 관해 심층적으로 살펴본다. K-POP은 코로나 19시대 비대면 콘서트, 메타버스에서의 마케팅, 팬덤을 위한 버블·위버스 같은 플랫폼까지 새로운 기술을 융합하는 데도 적극적인 행보를 보여줬다.

사실 이것이 가능했던 이유는 이수만, 박진영, 양현석, 방시혁으로 이어지는 K-POP 프로듀서들이 세계 시장을 공략할 수 있는 전략을 지속적으로 고민해왔기 때문이다. SM의 이수만 회장은 1990년대부터 일본의 아이돌 산업을 벤치마킹해 프로듀싱 시스템을 체계화하기 위한 노력을 아끼지 않았다. 이처럼 K-POP은 일본과 북미 시장으로의 끊임없는 도전 끝에 성공을 거둘 수 있었다. 2012년 유튜브를 통해 싸이의 〈강남스타일〉이 전 세계적 인기를 얻은 후, 소셜 미디어를 적극적으로 활용한 BTS는 2020년 최고의 팝 스타 자리에 등극하는 등 눈부신 성과를 냈다. 그런 기술 환경 변화 속에서 빅히트엔터테인먼트는 플랫폼 기업으로의 변화를 선언하고 하이브로 사명을 변경했다.

또한 SM은 유튜브를 통해 SMCUSM Culture Universe라는 유니버스를 소개함으로써, 미래 콘텐츠에 대한 고민을 바탕으로 전 세계 문화를 관통할 수 있는 새로운 비전을 공유했다. 이전에 없던 경험을 만들어내는 시대 속에서 SM을 콘텐츠 기업으로서 재정의한 것이다. 이후에는 SMCU 속에서 수많은 IP를 연결하려는 작업도 본격화하고 있다.

따라서 이 장에서는 K-POP을 3개의 차원에서 조명한다. 먼저 K-POP 비즈니스의 큰 그림에 관한 것이다. 박세진 뉴타입이엔티 대표에게 아티스트 매니지먼트 현업 이슈를, 한정수 미스틱스토리 뮤직&엔터테인먼트 대표에게 스토리텔링과 세계관의 중요성에 관해 들어봤다. 다음으로 최성준 YG PLUS 대표와는 K-POP IP를 활용해 확장되고 있는 한류 비즈니스의 경계, K-POP의 현재를 조망한다. 마지막으로 글로벌하게 뻗어 나가고 있는 한국의 아이돌 육성 시스템에 관해 이솔림 SL스튜디오 대표와 이야기 나눴다. 특히 태연과 카이를 발굴한 이솔림 대표와는 이제 하나의 산업이 돼 일본이나 중국, 동남아로 수출되고 있는 아이돌 트레이닝 시스템의 역사를 살펴봤다.

"달라질 수도 없고 달라져서도 안 되는 콘텐츠의 본질에 대하여"

공연 비즈니스의 확장성과 영속성

송승환

(주)피엠씨 프로덕션 예술감독, 성균관대학교 문화예술미디어융합원 원장

1965년 KBS 아역배우로 데뷔해 연기자의 길을 걷고 있다. 20대부터 공연 제작과 연출을 시작해 1997년 대표작인 〈난타〉가 명성을 얻으며 세계적으로 천만 명 이상의 관객을 모았다. 이후 2018년 평창동계올림픽 개폐식 총감독을 맡아 전 세계의 찬사를 받았다. 동아연극상 작품상, 대중문화예술상 보관문화훈장, 체육훈장 맹호장 등을 수상했다. 현재 (주)피엠씨 프로덕션 예술감독이자 성균관대학교 문화예술미디어융합원 원장, 문화산업포럼 공동대표를 맡고 있다.

한국은 어떻게 글로벌 콘텐츠시장을 정복했나

콘텐츠 시장에서 기술이 각광 받는 이유는 제작비용을 절감하거나 콘텐츠의 경쟁력을 강화해 새로운 수익원을 만들 수 있는 수단이기 때문이다. 손쉽게 국경을 넘나드는 플랫폼 비즈니스가 태동하기 이전 한국의 콘텐츠 산업은 제한적인 내수시장의 한계를 벗어나기 위해 해외로 눈을 돌렸다. 전통적으로 미디어경제학에서 문화콘텐츠는 '문화 할인(cultural discount)'의 영향을 받는 것으로 여겨진다. 문화 차이로 인해 한 국가에서는 시청자의 심금을 울리는 드라마가 다른 국가에서는 문화적 차이로 인해서 외면받기도 하고, 웃음 코드가 달라 유머가 오해를 일으킬 수도 있기에 국경을 넘어 수익을 거두기 위해서는 미묘한 맥락을 살려야 하는 분야라는 것이다.

언젠가부터 한국에서 만들어진 문화상품들은 K-콘텐츠로 불리운다. 한때의 브릿팝이나 J-팝이 전 세계 수많은 사람들이 한국에서 만들어진 음악과 영화, 드라마, 게임, 웹툰을 일상적으로 즐기고 있다.

송승환 전 평창동계올림픽 개폐막식 총감독은 K-콘텐츠 열풍이 음악 중에서도 댄스음악에서 시작된 것은 가사를 알아듣지 못해도 직관적으로 이해할 수 있었기 때문이라고 설명한다. 일찍이 가수 강수지의 데뷔앨범을 제작한 음반제작자이자, 96년 뮤지컬 〈고래사냥〉부터 시작된 공연제작자로서 송승환 감독은 작품의 기획 단계에서부터 국경을 넘어 수익을 낼 수 있는 방법을 고민했다. 그 결과물인 비언어극 〈난타〉로 누적 관객 천만 명이 넘는 공전의 히트를 기록했다.

평창동계올림픽에서 드론 군집비행, 프로젝션맵핑 등 다양한 미디어파사드 활용이 빛날 수 있었던 이유도 무엇보다 스토리텔링을 빛낼 수 있는 방식으로 기술을 활용해야 한다는 그의 철학이 바탕이 되었다. K-콘텐츠 열풍을 시작한 K-팝은 '버블', '위버스'와 같은 팬덤 플랫폼을 탄생시키며 한국에서도 글로벌 플랫폼이 탄생할 수 있다는 가능성을 실험하는 단계에 이르렀다. 장르를 뛰어넘어 문화콘텐츠가 다른 국가의 관객에게 오래 사랑받을 수 있는 힘이 어디서 비롯되는지 근본적인 질문을 던져보았다.

흥의 민족 : 한류의 뿌리와 미래

Q. 어떤 계기로 공연 제작과 연출을 시작했나요?

A. TV나 라디오에서 배우 생활을 하던 중 1968년 연극 〈학마을 사람들〉을 하게 됐어요. 현재 명동예술극장인 국립극장에서 공연을 했죠. TV나 라디오와는 또 다른 매력을 느끼기 시작했어요. 그래서 대학을 다니다가 '극단76'에 입단해 본격적으로 연극 배우로 활동하며 연출과 제작도 하게 됐죠.

Q. 콘텐츠 비즈니스 분야의 일을 하며 특별히 잊을 수 없는 순간이 있다면요?

A. 역시 〈난타〉가 인생에서 가장 큰 도전이었죠. '전 세계 시장에 가서 선보일 수 있는 공연을 만들어보자.'는 생각으로 첫 해외 공연을 한 것이 1999년 에딘버러 페스티벌이었죠. 공연이 끝난 후 아시아인도 하나 없는 공연장에서, 거의 모든 외국인 관객들의 기립박수를 받을 때 '아, 되겠구나.' 생각했습니다. 이제 한국이 문화 수입국이 아니라 문화 수출국으로서의 가능성이 있겠다는 것을 몸으로 느낀 순간이었어요. 그때가 가장 짜릿한 순간으로 기억에 남습니다.

Q. 문화적인 현상으로서 한류를 어떻게 생각하세요? 인기
요인은 무엇이고, 얼마나 지속될 것이라 보나요?

A. 〈난타〉를 비언어극으로 만든 이유가 바로 '시장'이었
어요. 국내 시장은 너무 작아서 수익 구조가 흑자로 전환되기 너
무 힘들었거든요. 국내 관객을 늘리는 것도 중요하겠지만, 해외
에 나가면 수많은 공연장들과 관객들이 있기 때문에 세계 시장
으로 눈을 돌렸어요. 하지만 한국어 공연으로는 미국, 일본, 프

랑스에서 공연하기는 쉽지 않
죠. 그래서 전 세계 어디에 가서
도 공연할 수 있는, 언어가 없
는 공연을 만들면 시장을 넓힐
수 있겠다고 생각한 거예요. 비
언어극을 만든 것이죠. 그렇게
해서 지금까지 전 세계 약 67개
국, 도시 수로는 거의 400여 개
의 도시에서 〈난타〉가 공연됐어
요. 이것이 바로 한류의 시작이
거든요.

> **"한국어로 미국,
> 일본, 프랑스에서
> 공연하기는 쉽지
> 않죠. 그래서 전 세계
> 어디에 가서도 선보일
> 수 있는, 언어가 없는
> 공연을 만들면 시장을
> 넓힐 수 있겠다고
> 생각한 거예요."**

1990년대 중반 K-POP에
도 위기가 있었어요. IT산업이 활성화되기 시작하면서 LP 카세
트에서 CD로 넘어왔던 음반 시장이 무너진 것이죠. 음원 시장
이 된 거예요. 처음에는 IT 발전을 위해 불법 복제를 묵인하다시

피 했어요. 음반 회사들은 레코드, CD 판매가 줄고 음원의 대가를 받지 못해 도산할 지경이었죠. 그때 음반 기획사들이 우리보다 IT가 늦고, 아직 CD가 팔리는 중국, 일본, 동남아 시장을 찾은 거예요. 하지만 과연 한국어로 하는 노래를 외국 사람들이 즐겨 들을지가 문제였죠.

그래서 생각한 것이 댄스 음악이었어요. 발라드나 록에 비해 댄스 음악은 언어의 구애를 받지 않으면서 전달하기가 좋았죠. 당시 클론은 대만에서 상당한 인기를 얻었어요. SM의 H.O.T.를 비롯해 동방신기가 그 뒤를 이었고요. 그렇게 아직 CD 시장이 살아 있던 동남아나 일본, 중국으로 한국의 댄스 음악이 알려지기 시작하면서 K-POP 한류가 시작된 것이죠.

역사적으로 보면 2002년 월드컵도 굉장히 중요한 영향을 줬다고 봐요. 평창올림픽을 준비할 때 어느 시인이 저에게 글을 보내주셨어요. "나는 우리가 외세의 침략도 많이 받았고, 전쟁도 겪었기 때문에 민족 정서가 한이라고 생각해왔다. 그런데 2002년 월드컵 때 붉은 악마 젊은이들을 보면서 우리 민족의 정서는 한에서 흥으로 바뀌었다는 것을 깨달았다." 저도 동감해요.

결국 우리는 한만 있는 민족이 아니라 흥이 더 많은 민족이에요. 3~4세기에 쓰여진 중국의 역사책 여러 권에서는 그 당시 부여, 고구려 사람들을 춤 잘 추고 노래 잘하고 활 잘 쏘는 사람들이라고 표현했다고 해요. 그런데 유교적인 영향도 있었을 것이고, 여러 외세와의 침략 전쟁, 일제강점기 등 여러 가지로 눌려왔던 것이 2002년 월드컵을 시점으로 폭발한 것이죠. 이전

88올림픽은 소위 '한강의 기적'이라는 산업화의 성공을 외국인들에게 보여준 것이었고, 2002년 월드컵 때야말로 전쟁을 딛고 산업화와 민주화까지도 달성한 한국이 흥을 다시 찾은 순간이었어요.

〈난타〉가 처음 브로드웨이에 진출한 해가 2004년이고, H.O.T의 강타가 처음으로 북경에서 콘서트를 열어 중국 소녀들을 열광시킨 것이 바로 다음 해 2005년이었거든요. 〈겨울연가〉가 NHK에서 빅히트를 친 것도 바로 그 무렵이었고요. 2002년 월드컵 이후 계속해서 한류가 불기 시작한 거예요. 개인적인 분석이기는 하지만, 역사 문화의 긴 맥락에서 보면 2002년 월드컵에서 살아난 한국의 흥이 결국 한류를 만들었다고 할 수 있죠. 한국인과 문화의 본질적 요소들이 한류의 원동력인 거예요.

왜 한국인들이 양궁을 잘 쏘는지, 왜 K-POP 댄스 음악이 전 세계를 휩쓸고 있는지 혼자 곰곰이 고민해봤어요. 결국 제가 찾은 답은 고구려 고분벽화였죠. 보통 벽화에는 자연, 동물, 식물이 그려져 있어요. 그런데 5세기경에 만들었을 것으로 추측되는 무용총 벽화에는 두 파트가 있어요. 하나는 춤을 추고 있는 고구려인들이에요. 댄스 음악이 1,500년 전부터 시작된 거예요. 그리고 그 옆에는 활을 쏘고 있는 무사들이 있죠. 그때부터 활을 쏘기 시작한 것이고요. 벽화에는 자주 하고 잘하는 것을 그릴 테니까요. 한국의 고구려 고분벽화 무용총 벽화 안에는 1,500년 전부터 존재하던 한국인의 DNA가 새겨져 있는 거예요. 춤, 노래, 그리고 활이죠. 이것이 바로 K-POP과 양궁 금메달에 대한 개인적인 해석이에요.

Q. 앞으로 한류가 발전할 수 있는 방향은 무엇일까요? 무엇으로 세계의 중심에 설 수 있을까요?

A. 저는 문화 산업이라는 것이 한국의 아주 강점인 산업이 될 것이라 보거든요. 우리가 1950~1960년대 가장 많은 영향을 받은 외국 문화는 미국 영화일 거예요. 그런데 미국 영화를 보면서 스토리만 본 것이 아니었죠. 그 안에 등장하는 미국 자동차를 봤고, 한국에는 없는 맥도날드 햄버거를 봤고, 생전 마셔보지도 못한 코카콜라를 봤어요. 미국 영화는 미국이 전 세계에 자신들의 정치적 이념을 전달하는 홍보 수단이자 물건을 파는 마케팅의 창문 역할을 했던 거예요.

지금 K-콘텐츠가 바로 한국의 모든 것들을 팔 수 있는 마케팅 창구 역할을 하고 있는 거예요. 그 창구를 통해서 한국 음식, 옷, 뷰티 산업이 소개될 수도 있고요. 그런 의미에서 한류는 쉽게 끊어지지 않을 것이라 생각해요. 계속 이어지고, 장르도 더욱 다양해질 거예요. 물론 업계 종사자들이 글로벌한 세상에 맞춰 시장을 넓히려는 노력도 해야겠죠. 올바른 판단력이 필요해요.

'치맥' 많이 먹잖아요. 이제는 '먹방'이라는 단어처럼 '치맥'도 해외에서도 사용된다고 해요. 재미있는 사실은 프라이드 치킨이 한국에 들어온 시기가 1970년대라고 하더라고요. 1970년대면 40년밖에 안 됐는데, 지금은 해외에서도 한국을 대표하는 음식처럼 생각해요. 분명히 외국 문화인데 한국으로 들어와서 폭발적인 문화적 현상이 된 후에, 심지어 역수출이 되고 있는 거예요.

1960년대 일본이 경제 대국이 되기까지 발명한 것은 거의 없었어요. 외국에서 발명된 것을 더 작게, 정밀하게 만들어서 수출했죠. 일본이 첫 가전제품으로서 수출한 트랜지스터라는 작은 라디오도 일본 사람이 발명한 것은 아니지만 일본이 만들었고, 카세트 라디오도 마찬가지고요. 처음부터 우리 것이 아니었더라도 어떻게 가공하느냐에 따라서 얼마든지 수출품이 될 수 있는 것이죠.

또 하나 한류를 견인한 요인을 꼽자면, 바로 '첨병'으로 문화가 나가 있었기 때문이라고 할 수 있어요. K-POP과 K-무비, 〈난타〉와 같은 공연도 마찬가지고요. 여러 요소가 첨병 역할을 하면서 그 뒤를 따라 음식이나 다른 문화가 따라 나갈 수 있었던 것이죠. 지금은 BTS가 먹는다고 하면 전 세계 젊은이들이 다 그 음식을 먹으려고 할 거예요. 본래 우리 것이 아니었더라도 첨병으로 나가 있는 기회를 잘 활용하면 무엇이든 해외 시장에 진출할 수 있는 기회로 삼을 수 있죠.

Q. 일본 이야기는 현재 우리에게 굉장히 의미 있는 지점이네요.

A. 1980~1990년대 일본이 글로벌 영향력을 키워가던

시점에 일본 산업을 상징하는 단어가 경박단소輕薄短小였잖아요. '가볍고 얇고 짧고 작게 만드는.' 일본 제조업의 기술과 장인 정신을 상징하는 말로 쓰였어요. 그런데 그리 오래가지 못했죠. 2021년 도쿄에서 올림픽 개폐막식을 중계하며, 일본은 크리에이티비티가 강하기보다 남의 것을 가져다 축소하고 변형하는 것에 익숙했다는 것을 느꼈어요.

중국, 한국, 일본 모두 한자 문화권이잖아요. 그러나 한국은 독창적인 한글을 만들었어요. 일본은 한자를 축소하고 변형해서 일본 문자를 만들었고요. 그 이후의 산업도 다 똑같아요. 중국과 한국으로부터 받아들인 것들을 경박단소의 노하우로 만들었죠. 서구 제품도 다 그렇게 했고요. 이 이야기의 의미는 크리에이티브한 것이 약했다는 거예요. 그 한계가 이제 드러나고 있다고 생각하거든요. 크리에이티브한 능력이 딸린 순간, 일본 경제는 더 이상 발전하기 힘들지 않나 싶어요.

물론 한국도 어려운 시절에 많은 것을 모방했지만, 이제는 모방 단계를 뛰어넘어 우리의 크리에이티브한 능력들이 발휘되기 시작하고 있거든요. 그것이 바로 문화에서 시작된 것이고요. 그래서 한류는 앞으로도 오래 갈 수 있고 한국은 더 좋은 나라가 될 수 있다고 생각해요.

2016년 리우올림픽 폐막식에서 슈퍼마리오와 함께 당시 아베 총리가 진짜 멋있게 짠 등장했잖아요. 2012년 런던올림픽 개막식에서는 제임스 본드 역의 다니엘 크레이그 배우가 헬기를 타고 여왕을 버킹엄궁전에서 모셔와 헬기에서 스카이다이빙을 하는 듯한 연출을 했죠. 개막식이라는 것이 단순히 매스게임이나 공연이 아니라 한 편의 드라마와 같이 연출된다는 것을 느낀 장면이었어요. 그러니 리우올림픽 폐막식 때만 해도 도쿄올림픽에서 일본도 애니메이션을 활용해 정말 재미있게 만들 것이라 예상했거든요. 아마 코로나 영향도 클 것이라는 생각은 해요. 전 국민의 50% 이상이 반대하는 올림픽을 하면서 폐막식을 만드는 사람들도 고민이 얼마나 많았겠어요. 마냥 화려하고 재미있게만 만들 수도 없고 우여곡절이 있었으리라고 생각은 해요.

여기에서 중요한 것은 한국이 크리에이티브한 능력을 앞서서 보여주고 있다는 사실이고요. 사실 우리 세대는 모든 면에서 일본을 따라잡기 위해서 평생을 부단히 노력했어요. 그러니 젊은이들에게 부탁이 있다면, 따라잡는 것은 거의 이뤘으니 앞으로는 더 앞서가도록 노력해줬으면 하는 거예요.

코로나19와 공연 비즈니스 :
시간과 공간의 공유

Q. 갑작스러운 코로나19로 공연 산업이 직격타를 맞았었죠.
현장에서는 더 크게 체감됐을 것 같습니다.

A. 공연은 본래 무대 위에서 관객과 직접 대면하면서, 생동감 있게 인터랙션하는 장르죠. 다양한 예술 산업 중에서도 특히 현장성을 바탕으로 티켓을 팔아 수익화하는 비즈니스예요. 말하자면 소비자와 공급자가 한 공간에서 동 시간에 만나서 콘텐츠를 주고받는 것이죠. 그래서 코로나19 시국에 가장 타격을 많이 받은 것이 공연 분야이기도 하고요. 콘텐츠의 특성 때문이라고 생각해요.

Q. 공연 콘텐츠를 비즈니스화할 때 수익을 극대화할 수 있는 요소가 무엇인지 궁금해요.

A. 〈캣츠〉, 〈레미제라블〉, 〈오페라의 유령〉 같은 작품은 수명이 거의 30~40년 동안 이어지고 있어요. 어떤 영화도 그렇게 긴 라이프사이클은 못 갖죠. 한 번 들어간 제작비로 매년 수익을 창출하는 거예요. 그것이 공연 콘텐츠가 다른 영상 콘텐츠와는 다르게 수익을 만들어내는 원천이 되는 것이고요. 〈난타〉를 예로 들어보죠. 난타는 1997년에 1억 원의 제작비로 만든 공연이에요. 그런데 지금 25년째 전 세계에서 계속 공연되고 있거든요. 영화도 1억 원으로 제작할 수는 있겠지만, 25년 동안 매일 밤 끊임없이 상영되고 있진 않잖아요. 지금까지도 〈난타〉는 국내에 세 개의 전용관, 해외 전용관 투어를 통해서 매일 밤 지구 곳곳에서 공연돼왔어요. 물론 코로나19 때문에 잠깐 멈춘 시간

도 있지만요. 이것이 바로 현장성을 무기로 한 공연 콘텐츠의 비즈니스적 강점입니다.

Q. 공연이 갖는 본질적인 재미는 무엇이라고 생각하세요?

A. 관객이 보고 느끼고 생각하는 기회를 갖게 하는 것이죠. 인생의 중요한 문제지만 일상에 쫓겨 놓치고 있었던 주제를 연극을 통해 다시 한번 생각하기도 하고요. 무대 위 퍼포머들의 실질적인 움직임과 아주 작은 표정, 발성을 같이 몸으로 느끼고요. 서로 몸으로 소통하기 때문에 가능한 것이거든요. 영상 녹화한 것을 모바일이나 TV로 볼 때 현장의 디테일이 더 잘 보일 수도 있지만, 공연 직관이 주는 느낌을 다 줄 수는 없어요.

영화와 TV의 시대에 공연이 살아남을 수 있었던 이유는 월드컵 때 모여서 노래 부르고 소리 지르고 박수 치던 경험과 비슷해요. 공연장이 일종의 집단적인, 종교적인 느낌을 주거든요. 무엇인가를 좋아하는 다수의 사람들이 동시에 한자리에 모이는 경험은 쉽게 하기 어려우니까요. 일주일이나 한 달 전부터 예매를 하고, 날짜를 기다리고, 스마트폰으로 티켓 배송 문자도 받고, 티켓을 사고, 같이 갈 사람을 정하고, 당일 공연장 가는 길에 같이 밥을 먹고, 공연 시간을 기다리고, 공연을 보고, 이후에 함께 리뷰하고, 집에 와서 팸플릿을 살펴보고, 티켓을 스크랩북에 모아서 보관하는 것까지 모두 공연 문화를 소비하는 시간이에요.

그렇기 때문에 공연 콘텐츠에는 영상 콘텐츠가 갖지 못하는 또 다른 알파가 있는 것이죠.

Q. 공연 콘텐츠 비즈니스에는 티켓 외에는 어떤 수입원이 있나요?

A. 브로드웨이 〈라이온 킹〉 공연장 옆에는 〈라이온 킹〉의 MD 상품을 파는 큰 사업이 있습니다. 〈라이온 킹〉의 캐릭터를 팔고 의상을 팔아요. 캐릭터 숍의 매출이 공연 매출을 오히려 앞지른다는 이야기를 하거든요. 그리고 부가 매출도 있어요. 원 소스 멀티 유즈 이야기를 많이 하잖아요. 〈라이온 킹〉은 뮤지컬로 기획됐지만, 음반, 영화 등 하나의 소스로 다양한 비즈니스 모델 수익을 창출해왔어요. 브로드웨이 뮤지컬이 워낙 상업적으로 발전하면서 거의 할 수 있는 모든 것을 다 한 것 같아요.

Q. 앞으로도 무대와 관객이 반드시 한 공간에 있을까요?

A. 코로나 사태로 공연을 영상으로 찍어서 서비스하는 여러 형태가 있었죠. 유명한 공연 IP 중 하나인 〈태양의 서커스〉는 굉장히 화려한 공연으로 유명한데요. 360도 카메라를 무대 한가운데 설치해서 다이내믹하고 박진감 넘치는 시점을 영상에

담았어요. 마치 배우들이 직접 앞에서 공연하는 것처럼 느껴지도록요. 이를 부가 콘텐츠로 만들어서 수익화했지만, 이는 현장성을 가진 공연만 한 경쟁력을 갖지 못해요. 코로나19로 〈태양의 서커스〉 제작사가 파산하면서 입증됐다고도 볼 수 있죠.

저는 생선회를 통조림에 넣어서 팔아서는 그 맛이 전달되지 않는다고 생각해요. 현장감 있는 공연을 카메라로 찍어서 서비스하는 것은 공연 본래의 매력을 송두리째 없애버리는 것이죠. 연극의 3요소에는 희곡, 배우, 관객이 있죠. 관객과 동 시간에 같은 장소에서 소통한다는 것이 공연의 굉장히 큰 메리트거든요. 저로서는 직접 함께하지 않는 공연은 상상하기 힘들어요. 무대가 반드시 공연장일 필요는 없어요. 마당놀이를 하는 마당이 될 수도 있고, 창고가 될 수도 있고요. 사람이 모일 수 있는 곳이면 공연이 가능하죠. 코로나19의 유행이 끝나면 다시 공연은 본래의 성격으로 돌아가는 것이 비즈니스 측면에서도 맞다고 생각해요.

퍼포머와 테크놀로지 :
기술 발전에 따른 공연 콘텐츠의 변화

Q. 공연 콘텐츠와 테크놀로지도 결합할 수 있을까요?

A. 옛날에 조명이 없던 시절에는 촛불을 켜놓고 연극을 했어요. 이후 조명이 생기면서 무대에서의 역할이 중요해졌죠. 이후에 와이어리스 마이크 기능이 발전하면서 뮤지컬 장르가 빠르게 발전했고요. 와이어리스 마이크는 크기가 점점 작아져서, 요즘에는 브로드웨이나 국내 뮤지컬에서도 배우가 어디에 마이크를 차고 있는지 찾기 어려워요. 조명과 음향의 발전이 공연이라는 콘텐츠를 굉장히 발전시켰고, 소비자들이 많은 공연을 더 보고 싶게끔 만들었어요. 결국은 테크놀로지와의 결합이었던 것이죠. 지금도 무대 기술은 계속 발전해요. 과거에는 무대 배경을 천이나 나무 합판으로 만들었지만, 이제는 모두 LED로 만드는 것이 굉장히 일상화돼 있거든요. 새로운 테크놀로지가 들어오면서 공연의 완성도를 높여주고 있죠.

올림픽 개폐막식도 하나의 공연이라고 생각한다면, 과거와 큰 차이가 있어요. 무대 바닥에 만들어진 프로젝션 맵핑인데요. 현장이나 중계에서 관객은 무대 바닥의 수많은 이미지들을 보게 돼요. 퍼포머와 바닥의 그림들을 어떻게 연결시키느냐로 메시지를 전달할 수 있죠. 결국 조명, 음향, 프로젝션 맵핑, LED 등의 테크놀로지가 배우, 퍼포머, 무용수, 가수의 아날로그적인 움직임과 결합해서 콘텐츠의 완성도를 높이는 것이거든요. 공연에서의 테크놀로지는 그만큼 굉장히 중요해요.

가령 평창올림픽 개막식을 기획할 때 안무가, 영상 디자이너와 함께 회의를 하는 경우에요. 프로젝션 맵핑 이미지가 무용수의 움직임을 쫓기도 하지만, 어떤 경우에는 영상 이미지에 맞춰서 퍼포머들에게 움직이라고 지시하기도 해요. 테크놀로지가 퍼포머들을 도와주는 것이 아니라 어떨 때는 우위에 서서 퍼포머들이 움직임을 맞추는 경우도 있어요. 테크놀로지가 그만큼 콘텐츠의 완성도를 높이는 데 굉장히 중요한 역할을 하고 있는 거예요. 폐막식 오프닝에 어린 아이들이 스케이트를 타면서 무대 위에서 이미지를 만들고 마지막에 오륜을 만들었거든요. 오륜이 영상으로 만들어지면서 배우들이 그 자리를 동시에 찾아 들어가는 것이죠. 아주 간발의 차이였지만 영상이 중요한 순간이었죠.

Q. 도쿄올림픽 개막식은 시간이 더 흐른 만큼, 기술적으로 더욱 발전한 요소도 있었을 것 같은데요?

A. 평창올림픽에서 1,200대의 드론으로 오륜을 만든 것은 올림픽 사상 최초로 드론을 사용했다는 것에 의미가 있었어요. 그런데 도쿄올림픽에서도 드론을 사용했더라고요. 물론 3년이라는 시간이 지나면서 기술적 완성도는 분명히 높아졌습니다. 평창올림픽 때는 초속 3미터 이상이면 그 바람에 드론이 견디지 못한다고 했는데, 초속 약 7미터까지도 버틸 수 있을 정도로 하드웨어가 발전했고요. 드론이 쇼를 만들 수 있는 시간도 당시에는 길어야 6~7분이었는데 이제는 10분 이상이 가능해졌어요. 새로운 대형을 만드는 속도가 2배 이상 빨라졌다는 것이죠. 평

창올림픽에서는 스노보드를 만들었다가 오류으로 바꾸는 쇼를 했었는데, 도쿄올림픽에서는 엠블럼을 만들었다가 지구를 만들었죠. 애니메이션이 변화하는 속도는 분명 빨라졌어요. 그렇게 기술은 계속 발전하는 것이죠.

Q. 앞으로 계획하는 공연에서 새롭게 활용하려는 테크놀로지가 있나요?

A. 무대 위 LED 스크린의 퀄리티가 점점 좋아지고 있어요. 1960~1970년대만 해도 일제 TV가 전 세계 시장을 석권했지만, 이제는 한국 TV가 전 세계 시장을 석권하고 있잖아요. 무대 위에 설치된 스크린 속의 인물과 무대 위의 인물이 대화도 주고받고 상호작용하는 공연을 준비하고 있습니다. 디스플레이가 무대에서 활용하기에 굉장히 좋은 기술이거든요. 비즈니스적인 측면에서 보면 무대 위에 30명의 무용수가 등장하는 공연을 5~10년간 하면 연습비를 비롯해 여러 가지 비용이 지속적으로 들죠. 그런데 무대 위 LED에 30명을 한 번 찍어놓으면 5~10년 동안 계속 그 영상을 사용할 수 있어요. 기술 덕에 제작비 절감을 할 수 있는 거예요.

Q. 디스플레이 기술 외에도 공연에 접합하면 좋을 분야가

있을까요?

A. 공연 자체가 온라인으로 대체될 수는 없지만, 오프라인 중심으로 만든 콘텐츠의 부가 수익을 온라인으로 얻겠다는 차원에서는 온라인과의 결합도 상당히 필요해요. 극장이 3,000석이면 3,000명밖에 못 들어오지만, 현장성은 떨어지더라도 조금 싼 가격에 온라인 관람도 가능하게 한다면 충분히 부가가치 있는 비즈니스 모델인 것이죠. 실제로 BTS는 2022년 'BTS PERMISSION TO DANCE ON STAGE – SEOUL' 서울 공연을 전 세계 75개 국가 및 지역의 3,711개 영화관에서도 실시간 실황 중계했죠.

공연 콘텐츠의 생명력 : 본질은 변해서는 안 된다

Q. 〈오페라의 유령〉 팬이라서 영화로도 봤고 호주, 홍콩, 영국, 미국에 방문할 때마다 직접 극장을 찾았어요. 한번은 다들 기립박수를 치는 도중에 14번째 공연을 본다는 백발의 할아버지를 만나기도 했고요. 이런 사람들이 적지 않다는 것을 알 수 있는 것이 같은 공연을 반복해서 보는 '회전문 관객'이라는 용어까지 있잖아요. 더블 캐스팅 조합에

따라 생기는 버전을 비교하기 위해 'N차' 관람도 하고요.
온라인으로 감상하더라도 오프라인 공연을 다시 찾는 심리는
무엇일까요?

A. 오프라인의 공연을 온라인으로 보고 난 많은 사람들이 '다음에는 꼭 직접 보고 싶다.'는 생각을 해요. 브로드웨이 뮤지컬을 보러 전 세계에서 오는 많은 사람들은 그곳에 오기 이전에 〈캣츠〉, 〈레미제라블〉, 〈오페라의 유령〉을 이미 영상으로 다 본 이들이에요. 그런데도 뉴욕에 가면 직접 꼭 보기 위해 공연장을 찾아요.

내가 좋아하는 노래가 있는데, 그 노래를 또 다른 가수가 부르면 또 듣게 되잖아요. 다른 사람이 부르는 버전은 어떨지, 편곡은 어떻게 했을지 계속 궁금증이 생기는 것이죠. 자신이 좋아하는 콘텐츠가 어떻게 변화했는지 확인해보고 싶은 욕구가 있는 거예요.

Q. 비즈니스적인 개념에서 시작해서 본질에 대해 이야기를
나누다 보니, 어떤 영화도 1년 이상 상영하는 경우가 없고
어떤 드라마도 동일한 내용을 반복해서 방송하지 않는데,
연극과 뮤지컬은 신기하게도 작품의 생명이 기네요.

A. 런던에 가면 제가 들리는 곳이 있는데요 런던의 세인트 마틴 극장에서는 애거사 크리스티Agatha Christie의 〈쥐덫〉이

70년째 공연되고 있어요. 공연 콘텐츠가 다른 문화 예술 콘텐츠와는 다른 긴 라이프사이클을 갖고 있다는 증명이죠.

Q. TV나 음악 산업 종사자들은 결국 고객의 24시간을 어떤 매체가 더 많이 빼앗아 오느냐가 중요하다고 하는데요. 온라인으로 산업이 옮겨가는 변화에 대해 공연은 어떤 대비를 하고 있나요?

A. 지금까지 공연 콘텐츠가 오랜 역사 동안 계속될 수 있었던 것은 시대의 유행에 민감하게 반응하지 않고, 인간 또는 예술의 본질을 끊임없이 다뤄왔기 때문이라고 생각해요. 셰익스피어Shakespeare가 서거한 지 400년이나 더 지났는데도 한국에서는 〈리어왕〉이 무대에 올라요. 셰익스피어의 전 작품이 전 세계에서 쉬지 않고 공연되죠. 유행에 민감하거나 새로운 플랫폼이 생겼다고 쉽게 흔들렸다면 가능하지 않았겠죠. 공연은 온라인이 부가가치일 뿐, 본질은 아니에요. 긴 생명력을 갖고 있는 것 자체가 곧 공연 콘텐츠의 특성이라고 생각해요.

Q. 20년쯤 후 공연 콘텐츠 비즈니스는 어떻게 변화할까요? 혹은 20년, 40년 전과 비교하면 지금 무엇이 많이 바뀌었나요?

A. 공연 콘텐츠의 완성도를 높이기 위한 테크놀로지의

발전이 분명히 있었고요. 가장 많이 바뀐 것은 마케팅에서의 변화예요. 쉽게 이야기하면 1990년대 초에 예술의전당에서 〈96고래사냥〉, 〈우리집 식구 아무도 못말려〉 두 편의 뮤지컬을 제작할 당시에는 티켓링크, 인터파크 같은 플랫폼이 없었어요. 티켓은 오프라인에서 종로서적, 교보문고, 이대 앞 광생리약국에 가서 본인이 직접 사야 했죠. 그리고 저희는 이를 관리하기 위해서 회차별로 노트를 만들어서 'R석 2장은 아무개', 'S석 15, 16석은 아무개' 이런 식으로 수기로 관리했어요. 지금은 완전히 달라졌죠. 이렇게 마케팅 툴에서 기술적 발전이 많이 이뤄졌어요. 변하지 않은 것이 있다면 공연의 본질이죠. 절대로 달라질 수 없고 달라지는 것도 아니고 달라져서도 안 된다고 생각해요.

"개인의 존재감을 세계에
전파할 수 있는 시대의 한류"

문명사의 관점에서 바라본 한류 문화와 비즈니스

정호재

전 동아일보 기자, 《아시아 시대는 케이팝처럼 온다》 저자

언론사 기자 생활을 짧지 않게 경험하며 다양한 내국인과 이방인, 주류인
과 경계인, 그리고 예술인과 야심가를 만나왔다. 한류가 지닌 해묵은 숙제
를 푸는 방법으로 '아시아'에 주목하며, 그 과정에서 탁신 친나왓Thaksin Chin-
nawat, 마하티르 빈 모하맛Mahathir bin Mohamad 등의 주요 인사들을 만나기도
했다. 싱가포르 국립대학교에서 아시아학으로 박사과정을 마쳤다.

지속가능한 한류를 위해 고민해야 할 것들

한류는 분명 산업적 현상이지만, 한국 고유의 문화적 특수성과 세계적 보편성이 교차하면서 생겨나는 사회문화적 현상이기도 하다. 한류 콘텐츠는 J-POP이나 서구 콘텐츠들의 영향을 받아 지금의 장르적 특성을 갖추었지만, 동시에 한국인이 공유하고 있는 정서적인 특성에서 비롯되는 차별성을 가진다. 무엇보다 서구권의 장벽을 넘지 못했던 일본의 콘텐츠와는 달리 보편성과 특수성 사이의 절묘한 균형을 터득하여 전 세계에서 사랑받는 지위에 오르게 되었다.

K-콘텐츠를 구성하는 요소 중에서도 한류스타들은 개개인이 예의범절이나 정치적 올바름과 같은 동양적인 특수성과 보편적으로 호소하는 멋을 갖춘 존재로 영향력을 발휘하고 있다. 빅히트, SM, JYP, YG와 같은 4대 기획사는 스타를 양성할 수 있는 시스템을 갖추면서 저마다 개성을 담은 이미지를 투영시킨 아이돌을 제작했다.

한류상품이 문화적인 맥락 안에서 사랑받게 된 만큼 지속가능한 한류를 위해서는 공정한 방송시스템, 새로운 기술에 열린 태도, 끊임없는 파격과 실험과 같은 노력이 필요하다. 또한 대중에게 사랑받는 스타의 속성이 시대별로 국가별로 달라진다는 점에도 면밀한 주의를 기술일 필요가 있다. 유명세의 중심이 전통적인 TV나 영화의 스타에서 SNS의 인플루언서에게로 넘어가는 시점에서 이 같은 변화가 갖는 의미에 대해서도 숙고해야 한다.

콘텐츠에 담긴 사회적 가치 : 한국 사회의 계층 통합

Q. 콘텐츠는 그 사회의 문화나 의식을 반영한다고 봅니다.
우리도 모르는 사이 영향을 받은 것이 있을까요?

A. 할리우드 디즈니 영화의 가장 큰 특징이 가족주의입니다. 가족을 구출하거나 평화를 찾기 위해 어머니나 아버지가 사투를 벌여요. 서구의 전통 가치죠. 디즈니가 그 가치를 보편화시켜서 전 세계를 설득시켜놓은 상태고요. 서구의 가족주의를 미국식으로 해석해서 보편 가치로 만든 거예요. 물론 가족주의를 비난할 사람은 없어요. 인류의 보편적 가치에 관한 하나의 해석인 것이죠.

Q. 한류 콘텐츠에는 어떤 사회적인 가치가 내재돼 있나요?

A. 특수성이 보편성을 획득하는 과정은 분명 있습니다. 하지만 한국 스타들이 표출하는 세계관에는 분명 다른 점이 있어요. 예를 들어 K-드라마는 계층 통합적인 면이 있죠. 상류층 사회를 무작정 옹호하거나 아름답게 그리지 않습니다. 다양한 계층들이 하나의 세계 안에서 통합하는 모습을 그리려는 데 가치 지향성이 있다고 생각해요. 요즘 미국 드라마에서는 잘 안 보

이는 부분이고요. 드라마 〈나의 아저씨〉에서는 이지안이라는 하층민의 사람이 중산층으로 상승하는 모습을 충분히 현실적으로 그려내고 있거든요. 이와 같은 계층 이동은 과거 미국 드라마에는 있었을지 모르지만, 최근에는 많이 보이지 않아요.

Q. 한류 콘텐츠가 세계인의 주목을 받고 있는 것과도 연관이 있을까요?

A. 이제 넷플릭스를 통해 전 세계의 수많은 시청자는 이와 같은 가치에 공감하고 있어요. 전 세계가 양극화된 상황에서, 계층 이동의 실현 가능성을 생각하게 하죠. 특히 K-드라마에는 중산층 이데올로기가 많이 반영돼 있어요. 그래서 스타들이 보편성을 더욱 획득하고 싶어 하는 것이라고도 생각해요. 다른 아시아 국가 드라마에서는 여전히 신데렐라 스토리가 많거든요. 부잣집 아들이나 딸과 하층민 남녀의 연애

—
"대부분의 K-드라마는 중산층을 중심으로 통합되는 과정을 보여줘요. 단순히 돈이 많은 자와 가난한 자가 결합을 통해 부자가 되는 스토리가 아니고요. 사회의 보편적인 면을 더 강조한 측면이 분명 있다고 생각해요."

는 계층 이동이 너무 드라마틱해서 동화에 가깝죠. 하층민이 결혼 혹은 성공을 통해 한순간에 상류층으로 올라가요. 상류층은 너무 아름답고 이상적인 존재로 그려지고요.

하지만 한국은 그렇지 않아요. 대부분의 K-드라마는 중산층을 중심으로 통합되는 과정을 보여줘요. 단순히 돈이 많은 자와 가난한 자가 결합을 통해 부자가 되는 스토리가 아니고요. 사회의 보편적인 면을 더 강조한 측면이 분명 있다고 생각해요.

시대에 따른 스타의 역할 : 사회적 영향력의 변화

Q. **과거 한국에서는 연예인으로 성공한 후 정치인으로서 영향력을 끼치는 경우가 종종 있었습니다. 하지만 이제는 사회적 영향력을 끼치는 방식이 바뀐 것 같아요.**

A. 과거에만 하더라도 유명세를 쌓은 뒤에는 정치인이 돼 법과 제도를 바꾸는 자리에 가는 것을 성공 공식으로 여겼어요. 하지만 이제 그런 시대는 지났어요. 지금은 연예인이 본인의 영역에 그치지 않고, 사회적 가치의 담지자이자 가치를 평가하는 리트머스 시험지가 됐죠. 경제적으로 성공하면서 부동산 투자를 하기도 하는데, 이 사실이 영향력을 발휘하면서도 때로는

부정적으로 거론되기도 하고요. 요즘은 연예인들이 스스로의 뉴스 가치나 사회적인 역할을 많이 확장한 것 같아요. 아이유 씨가 코로나19 사태 때 간호원들에게 조끼를 선물하면서 선한 영향력을 표출하기도 했죠. 이제는 사회 활동 또한 연예인의 역할로 인식하는 것 같아요.

Q. 시대별로 구분해봐도 좋을 것 같은데요. 각 시대별로 연예인이 영향력을 끼친 사회적 가치는 무엇인가요?

A. 무엇이든 현재를 설명하기는 참 어려워요. 사후적으로 지난 다음에 해석은 가능하죠. 저는 제도적 관점에서 연예 시장을 보다 보니까 시대의 한계와 제도에 따라 스타의 탄생도 차이가 있다는 생각이 들어요. 서태지가 1992년에 데뷔했을 때 사회적으로 미친 파장이 엄청났어요. 유명인이 인기를 바탕으로 전달할 수 있는 사회적인 메시지와 그 파급력이 다른 미디어를 조합한 것보다 더 크다는 것을 깨닫게 된 계기였죠. 문화 산업으로서의 잠재성을 보였다고 생각해요.

2집 〈하여가〉를 통해서는 전통과 현대의 조화도 보여줬어요. 이전 세대들이 서구 문화에 대한 열등감에서 벗어나서 스스로 문화를 해석하고 창조할 수 있다는 자신감과 힘을 보여준 것이죠. 그 힘이 1990년대 이후 세대에 막대한 영향을 끼쳤어요. 특히 문화 교육자들이 대부분 서태지 이후 세대들인데요. 이들이 만들어낸 스타의 비전과 역량은 분명 이전과는 달랐어요. 과거에는 일본 가요를 모방한다거나 서구의 팝을 번안해서 부르는 수준에서, 직접 노래를 만들기도 하고요. 물론 가끔 표절 시비도 있었지만, 우리의 문화적 가치를 바탕으로 역량을 뽐냈거든요.

스타들이 가진 시대적인 과제들이 있어요. 2000년대 이전의 K-POP 스타들은 방송 권력과 많이 싸웠거든요. 21세기 들어서는 기획사와 스타의 갈등이 있었고요. 장기 불평등 계약이나 저작권 관련 문제 등을 점차 해결하고 있죠. 과거의 스타들은 크게 갖지 못했던 정치적·사회적·경제적 영향력을 여러 권리들을 통해 찾아오면서, 스타들이 더 스타다워진 것이죠.

새로운 플랫폼의 등장과 한류

Q. 스타 중에서는 대중의 사랑을 받는 단계를 넘어 'U2 보노'처럼 사회적 영향력을 미치는 사회적 명사, 저명인사, 영향력자로 진화하는 경우가 있다고 생각해요. 오늘날에는 미디어가 다양해지면서 스타의 의미도 더 확장됐고, 영향력도 더욱 커졌죠.

A. 미디어가 TV, 신문, 매스미디어에 한정됐을 때는 스타의 정의가 협소했어요. 그러다 미디어 환경이 확장되면서 초

대형 스타뿐만 아니라 SNS를 통한 미시적 스타도 많이 탄생했고요. AI를 통해 자막이 번역되면 정말 지구촌 시대도 머지않은 것 같아요. 모든 사람들이 방송을 할 수 있게 되면서 이제 개인의 존재감을 전 세계에 쉽게 전파할 수 있는 시대죠. 유튜브를 통해 각자가 이슈를 다루는 과정에서 미디어적인 세계도 상당히 확장됐고요. 미디어가 사회제도와 밀접한 관계를 갖기 때문에 스타의 범위가 넓어지고, 대스타들의 사회적 영향력도 예능 범위를 넘어 확장됐어요.

앤젤리나 졸리는 여성 인권에 대해 이야기하고, 제3세계에서 아이들을 입양하면서 입양 문화를 확산하는 등 많은 영향을 끼쳤죠. 결국 이 분야는 호감도와 인지도를 바탕으로 해요. 이를 기반으로 자신이 믿는 가치를 향해 이미지나 행동을 쌓아 올렸을 때 사회적 영향력을 미치게 되죠.

Q. 스타의 영향력이 확대된 데는 미디어 발전 외에도 다양한 이유가 있는 것 같아요. 스타 본인이 기획사나 방송사의 권력에 대한 의존이 줄어들고, 스스로의 영향력을 조금 더 다양하고 강력하게 활용하고 있죠. 과거에는 전통적인 매스미디어를 통해서만 인지도를 넓힐 수 있었지만, 젊은 층이 유튜브 등 디지털 매체로 이동하면서 대중의 개념이 파편화됐어요. 수백만 개의 취향을 가진 소비자를 유튜브가 만족시키면서 그 안에서 탄생한 스타의 영향력도 커지고 있죠. 유튜브라는 상징적 현상으로 시장은 어떻게 바뀌었나요?

A. 유튜브를 통해 이제 인종적·종교적·경제적 요소뿐만 아니라 문화적·제도적인 측면까지 빠르게 커뮤니케이션할 수 있게 됐죠. 제도가 법이나 외교적 차원에서만 다뤄지고 엘리트의 탁상행정의 아래에 있던 것에서 벗어나, 소방이나 식음료 안전 등 실물로 닿아 있는 영역으로 확장됐고 거의 모든 일반인, 인플루언서, 스타가 실생활의 정보나 문제점을 대중과 소통하게 됐어요. 모두가 대중이면서 생산자이고, 미시적인 세상에서 제도에 영향을 끼치는 인플루언서가 된 것이죠. 이제 인플루언서와 스타는 멀리 있지 않아요. 한국의 인플루언서들이 늘어나는 것도 한류의 힘이 됩니다. 중국이나 일본의 인플루언서보다 한국의 인플루언서들이 많이 늘어나면 이들 또한 세계 속에 영향력을 끼칠 테니까요.

"국가의 경계를 넘어서는 IP를 확보할 수 있다면"

IP의 글로벌 확장과 콘텐츠 판매

이지희

JTBC Studios 전 팀장

대한항공, 삼성전자를 거쳐 온미디어에서 CJ온스타일 채널의 신사업을 담당했다. 이후 CJ ENM에서 올리브Olive 채널을 리론칭하고, 대만 파견근무를 하면서 글로벌 업무를 시작했다. CJ ENM에서 동남아 해외 공동제작, 인수합병 등을 진행하고, 라인 프렌즈LINE FRIENDS IP를 중심으로 한 글로벌 사업과 JTBC 스튜디오 글로벌 콘텐츠 유통 및 제작사업을 담당했다.

넷플릭스 시대의 글로벌 영상 거래 비즈니스

지금 전 세계의 방송채널과 OTT 사이에는 영상 콘텐츠 유통 시장이 유래 없이 거대하게 형성돼 있다. 〈프렌즈〉, 〈빅뱅이론〉, 〈섹스 앤 더 시티〉 등 시즌 10 이상을 넘기고 종료된 미국 시리즈는 미국 국내 및 해외 유통을 통해 여전히 매출이 발생되는 어마어마한 매출 플랫폼이다. 이에 따라 각 매체들과 담당자들은 해외 콘텐츠 유통에 심혈을 기울인다.

코로나19 이전까지 일반적인 유통 프로세스는 연간 마켓 플랜이 중심이 됐는데, 매년 프랑스 칸에서 열리는 MIP이 대표적이다. MIPTV, MIPCOM으로 연2회 개최되는 행사는 약 일주일간 진행된다. 북미와 남미, 유럽과 아시아, 아프리카 등 전 세계 콘텐츠 제작 및 유통사업 관련자들이 드라마와 예능, 다큐 콘텐츠를 사고팔기 위해 모인다. 한국에서도 지상파 3사와 EBS, JTBC, CJ ENM 외 종편 채널과 제작사들이 부스를 만들고, 30분 단위로 미팅을 하며 실제 거래를 만들어낸다. 이전에는 각 지역에서 제작된 콘텐츠가 유통됐다면, 지금은 제작과 유통이 결합되는 구조가 다양해졌다.

현지 인력을 활용한 리메이크 버전 또는 국가 간 방송사들이 공동 제작을 하기도 하고, 해외 콘텐츠 제작사를 직접 인수·합병하는 방식으로 현지화된 콘텐츠를 제작해 수익을 낼 수 있는 구조를 만들기도 한다. 과거 CJ ENM은 베트남 국영방송사인 VTV와 드라마 공동기획 제작 프로젝트를 진행했다. 베트남어로 제작된 드라마로 현지에서는 압도적으로 흥행을 일으켰지만, 한국어-베트남어의 언어 장벽으로 인해 베트남 국내 내수용 콘텐츠에 머물렀다. 만일 요즘처럼 영어 콘텐츠로 제작해 글로벌로 유통할 수 있었던 구조였더라면 좀 더 큰 밸류를 가졌을 것이다.

콘텐츠 유통의 단위는 완성 프로그램(Finished)과 포맷(Format)으로 나뉜다. 과거에는 완결된 16부작 미니시리즈에 자막이나 더빙을 해서 완성품을 판매하는 것이 주류였다면 약 6~7년 전부터는 한국에서도 개별 드라마나 예능 포맷 판매가 활발해졌다. 거래 방식에도 변화가 나타나고 있다. 과거에는 작품과 국가별로 콘텐츠 거래가 일어났다면, 글로벌 혹은 권역별 OTT가 늘어나면서, 남미, 아시아와 같은 권역별이나 전 세계를 단위로 하는 거래 방식이 생겨나고 있다.

콘텐츠 유통의 현주소 : 포맷이란 무엇인가

Q. 콘텐츠 유통 방법 중 포맷에 대해 자세히 이야기해주세요.

A. 영국과 유럽, 미국의 스튜디오 시스템에서 포맷 비즈니스는 엄청난 매출을 만들어내는 비즈니스 모델이에요. 영국의 ITV나 BBC 스튜디오는 전체 매출의 40% 정도가 포맷 판매 수익이고요. BBC가 콘텐츠를 제작하면, BBC 스튜디오에서 제작하고, 그 포맷을 다시 BBC 스튜디오가 전 세계에 비즈니스화하는 거예요. 매출 구조를 단순히 비교해보면 완성형 콘텐츠는 만들자마자 판매가 되고, 매출 정점을 찍고 떨어져요. 그런데 포맷은 완성형 콘텐츠에 비하면 더 아래에서 그래프가 시작하지만, 훨씬 롱테일 구조로 그래프가 올라가는 형태를 보여주죠.

이전에만 해도 한국 방송사에서는 포맷 비즈니스까지는 생각을 못 했었어요. 하지만 몇 년 전부터 점차 늘어나기 시작했죠. 2018년 수출된 〈굿닥터〉는 포맷 유통의 매우 성공적인 사례인데요. 미국에 수출돼 시즌 5까지 오더를 받았어요. 한국 포맷을 가져가 해외에서 바꾸는 것을 아웃바운드outbound, 해외 포맷을 한국으로 가져오는 것을 인바운드inbound라고 표현하니까, 〈굿닥터〉는 아웃바운드에 해당하죠. 한국 원작 드라마의 줄거리 구조를 비슷하게 유지하면서 배우를 바꾸고 각색을 하는 거예요. 반대로 〈굿와이프〉는 미국 드라마 포맷을 한국으로 가져와서 한 시즌짜리 드라마로 만들었던 것이고요.

Q. 포맷을 판매하고 산다는 것은 구체적으로 어떤 의미인가요? 한국에서 포맷 유통이 점차 늘어나고 있는 이유는 무엇인가요?

A. 한국에서 케이블 TV가 개국한 직후에는 완성된 외화를 사와서 방송하는 형태였어요. 이후 포맷을 가져와 제작하는 방식으로 넘어왔고요. 사실 〈코리아 갓 탤런트〉도 영국의 〈브리튼스 갓 탤런트〉가 원조고요. 〈마스터 셰프 코리아〉, 〈프로젝트 런웨이 코리아〉도 포맷을 가져와서 한국 버전을 제작한 것이고요.

포맷을 사면 굉장히 두꺼운 형태로 상세한 가이드가 담긴 포맷 바이블에 더해서, 플라잉PD라 부르는 해당 방송사 담당 제작진이 와서 퀄리티 컨트롤을 위해 직접 세세히 봐주는 것이 계약상 의무예요. 그리고 포맷을 구매했더라도 현지화할 때 허용되는 범위가 있어요. 서구에서는 원천 IP 개념이 굉장히 강력하게 자리 잡고 있어서 계약서에 아주 세세한 부분까지 다 규정이 돼 있거든요. 그래서 현지에 맞게 자유롭게 변용할 수 있는 부분과 바꿔서는 안 되는 부분이 나뉘어 있고요. 한국에서 포맷 유통이 활발해진 데는 이런 방식을 배우기 위한 것도 있어요. 어떻게 판매하는지 알아야 역으로 잘 팔 수도 있으니까요.

Q. 드라마는 16부작이든 32부작이든 종영한 완성본을 판매할 수 있지만, 예능은 안 되잖아요.

A. 맞아요. 예능은 완성된 형태로 판매가 어렵고, 가치도 드라마만큼 인정받기 힘들어요. 자막이나 그래픽 요소도 많이 들어가고, 웃음 포인트나 전개 속도가 다른 문화권에서 받아들여지기 힘들거든요. 같은 언어를 쓰는 아랍어권이나 스페인어권 국가들끼리도 자국의 톤과 뉘앙스로 리메이크를 하기도 합니다. 인도에서는 내수시장 안에서 사용하는 언어별로 리메이크해서 방영하기도 해요.

Q. 판매에 좋고 나쁜 콘텐츠의 기준이 있을까요?

A. 판매하기 나쁜 콘텐츠는 사실 없는 것 같아요. 포맷 판매에는 퀄리티보다 캐릭터, 세계관이 중요해서 옛날 콘텐츠라도 충분히 가치 있거든요. 10년 전에 방송한 JTBC〈청담동 살아요〉의 경우도 미국에 수출하기 좋은 콘텐츠라고 생각해요. 청담동 명품거리 사이 조그만 빌딩에 얹혀사는 가족 이야기인데, 베벌리힐스 안의 가상의 빌딩으로 지역을 바꾸고, 부유한 동네에

사는 가난한 가족의 이야기로 풀어내는 거죠.

IP의 글로벌 확장 :
OTT의 등장과 수익 구조의 변화

Q. 국내외 방송 프로그램 제작 환경이 어떻게 다른지
궁금합니다. 반대로 어떤 공통점이 있는지도요.

A. 해외에서는 시퀄, 프리퀄, 스핀오프처럼 포맷 비즈
니스가 세분화돼 있어요. 예를 들어, MBC 〈복면가왕〉의 경우
〈The masked singer〉가 세계적으로 흥행하면서, 엘렌 드제너러
스**Ellen DeGeneres**가 판권을 구매해 스핀오프를 제작했어요. 예능 스
핀오프는 아직 생소한데요. 핵심 요소는 유지하되, 소재를 변용
해서 댄스 대결을 하는 프로그램으로 바꾼 것이죠. 국내에서는
생각하지 못했던 방식이었어요. 물론 이제는 한국에서도 예능
스핀오프가 시도되고 있어요. tvN 〈놀라운 토요일〉의 스핀오프
〈아이돌 받아쓰기 대회〉가 티빙 오리지널로 방영됐고, 엠넷 〈스
트리트 우먼 파이터〉는 〈스트리트 걸스 파이터〉로 변주됐죠. 드
라마도 시퀄, 프리퀄, 스핀오프 형식으로 인기를 끌었던 부분을
확장성 있게 진행하죠.

해외에 포맷을 수출할 때 중요한 요소는 결말이 닫히면 안 된다는 거예요. 시즌이 계속 연장되기 어렵거든요. 또 마블 세계관처럼, 드라마에서도 캐릭터 각각이 강하고, 확장시킬 수 있는 세계관을 갖고 있는지도 중요하고요. 한국 버전 엔딩 이후에도 시리즈를 연장하는 것을 염두에 두고 계약 검토가 이뤄집니다.

K-드라마는 16편을 제작부터 방영까지 3~4개월 만에 끝날 정도로 스케줄이 빡빡해요. 미국에서는 '작가 방Writer's Room'이라는 것이 존재해서 전체적인 세계관을 총괄하는 디렉터가 있고, 각 4편 정도씩 다른 작가가 붙는 시스템이다 보니 다양한 형태로 포맷을 변경하거나 시즌을 확장할 수 있는 여유가 있죠.

넷플릭스에서 히트한 〈너의 모든 것〉은 A&E의 '라이프타임'이라는 여성 타깃 프리미엄 드라마 채널에서 기획, 제작했던 드라마가 원작인데, 흥행이 안 됐던 시리즈를 넷플릭스에서 다시 제작한 거예요. JTBC의 〈스카이 캐슬〉을 타 방송사인 KBS나 MBC가 픽업해서 버전을 바꾸거나 다음 시즌을 방영하는 것과 같아요. 한국에서는 절대 불가능한 비즈니스죠.

미국 시장에서는 뉴스 토픽을 작가에게 판매하는 플랫폼도 뜨고 있어요. 우리 삶이 드라마보다 더 드라마 같을 때가 많잖아요. 그러니까 사건 사고, 가십, 뉴스 토픽에 기초한 시놉시스를 써서 IP로 확장시키는 계기를 제공하는 거예요. 논픽션을 드라마화하는 작업은 최근 한국에서도 시도됐어요. SBS 〈악의 마음을 읽는 자들〉은 국내 1호 프로파일러 권일용 교수와 고나무 작가가 쓴 동명의 에세이를 원작으로 한 드라마였죠. OTT처럼 콘텐츠를 제공하는 플랫폼이 기하급수적으로 증가하는데, 사람의 머릿속에서 나온 기획은 한계가 있어요. 그러다 보니까 전 세계적으로 이런 콘텐츠 수요가 많습니다. IP 수요가 늘면서 웹툰 등 IP의 파워가 세지고 있고요. 게임 회사에서도 콘텐츠를 만들고, 콘텐츠에 대한 경계가 굉장히 희석된 상황이죠.

미국도 한국과 똑같이 PD가 만든 콘텐츠를 방송사에서만 트는 것이 아니라 유튜브에 공개하는 등 시장 변화가 커요. 미국 메이저 방송사 뒤에는 모두 스튜디오가 있고, 모두 OTT를 원칙으로 해요. 디즈니, NBC 피콕, HBO, 워너 등 방송사와 스튜디오, OTT가 연결돼 있어요. OTT 서비스가 늘면서 영화, 드라마, 예능 콘텐츠 수요를 따라잡기 위해 해외 포맷을 굉장히 많이 구매하죠. 서구에서도 아시아 IP가 이미 검증됐기 때문에, 인도뿐만 아니라 한국, 일본의 IP 수요도 굉장히 많습니다.

Q. 방송사와 스튜디오는 무엇이 다른가요?

A. 한국에는 스튜디오 시스템이 사실 없었죠. 영국, 유럽 쪽에서 먼저 비즈니스화했어요. 파라마운트 스튜디오, 워너 스튜디오, FOX 스튜디오 등이 있는데, 대규모 세트를 소유하고 대작 영화, 드라마 제작 비즈니스를 하는 구조를 스튜디오 시스템이라고 해요. 한국에서는 스튜디오 드래곤, JTBC 스튜디오 등

이 몇 년 전부터 시도됐죠. 이전까지 한국은 구조가 매우 단순했어요. 제작과 편성, 판매를 방송사 안에서 다 했거든요.

스튜디오는 제작과 방송사를 분리하는 거예요. 방송사는 콘텐츠를 구매해서 광고 수익만 얻고요. 스튜디오가 제작을 하고 IP를 보유해요. 결국 IP 비즈니스의 핵심은 스튜디오 비즈니스라고 보면 됩니다. 즉 스튜디오 비즈니스란 IP를 가진 스튜디오가 제작과 유통을 비즈니스 모델로 가져가는 구조인 거예요. CJ ENM은 여러 방송 채널을 가진 가운데, 따로 스튜디오 드래곤을 설립해서 드라마 제작을 했던 것이고, JTBC도 제작 기능을 분리해서 JTBC 스튜디오에서 드라마를 제작해요. 여기에서 핵심은 스튜디오는 독립적이어야 한다는 것인데요. JTBC 스튜디오는 JTBC만을 위해 방송 제작을 하지 않아요. tvN이나 넷플릭스 등 다른 방송사를 위해 제작해서 큰 비즈니스를 만들어내는 개념이죠. 스튜디오 입장에서는 더 큰 풀을 상대하면서 비즈니스 모델이 두 개가 생기는 거예요.

과거 영화의 유통 순서는 정해져 있었어요. 처음 극장에서 박스 오피스 수익을 얻고, DVD나 PPV**Pay-Per-View** 방식의 HBO 같은 유료 TV 채널, VOD 서비스 등의 다음 창구를 거쳐 마지막에 추석 특집 특선 영화 순으로 단계별 마진 폭이 점점 줄어드는 형태였죠. 그런데 코로나19로 인해 〈사냥의 시간〉이 넷플릭스에서 바로 개봉하면서 불문율이 깨진 거죠. 〈사냥의 시간〉이 새로운 사례를 만든 거죠.

Q. 유통의 고리가 원천적으로 깨졌다기보다는 코로나19 시기의 임시방편 아니었나요?

A. 극장에 갈 수 있다고 해서 예전처럼 돌아갈까요? 넷플릭스는 전 세계에 동시다발적으로 풀리기 때문에 초반 밸류를 다른 창구들보다 세게 줘요. 물론 '넷플릭스 이펙트'라고 해서 기존의 VOD 매출이 떨어지기 때문에 충분히 높은 대가인지에 대한 의문이 있지만, 최근에 마블 시리즈도 자사 OTT 디즈니플러스에서 먼저 개봉하겠다고 선언을 했죠. OTT에서 공개할 때의 가치가 훨씬 더 크니까요. 사실 과거에는 배우들을 캐스팅할 때도 넷플릭스로 가도 되는지 물어봤거든요. 그런데 지금은 넷플릭스로 간다고 하면 더 좋아해요. 작가, 배우, 감독, 작품 각각을 다 IP로 볼 수 있는 거예요. 각자의 IP 가치가 높아지는 것이죠.

콘텐츠 비즈니스의 세계적 지형 변화

Q. 글로벌 콘텐츠 비즈니스가 어떤 흐름으로 나아가고 있는지 궁금합니다. 한국은 어떤 점을 유념해야 할까요?

A.　최근 중요한 변화가 '원 월드'예요. 이제 넷플릭스를 통해 전 세계 시청자들을 동시에 공략할 수 있는 시대가 됐어요. 옛날처럼 채널이나 제작사별로 유럽, 미국, 중국, 아시아 담당자들을 하나하나 접촉할 필요가 없어졌죠. 글로벌 비즈니스의 담당자 역할과 수익 구조가 바뀌는 거예요. 이런 상황에서 기존처럼 방송사별로, 한국 시청자에게만 특화된 형태의 콘텐츠를 제작하는 것이 맞을지 방식 자체에 대한 의문을 가질 필요가 있죠.

　　비즈니스 구조도 바뀌고 있어요. OTT에 역으로 기획 제안을 해서 공동 제작을 통해 전 세계 시장을 공략할 수도 있는 거예요. 콘텐츠가 한국에서 태어나서 유학을 가는 것이 아니라, 한국에서 제작하지만 한국 태생이 맞나 싶게 태어나는 것이죠. 하나의 콘텐츠가 완성되어 지상파 3사, 케이블, 곰티비, 왓챠 등으로 꾸준히 유통되고, 포맷이 전 세계적으로 판매되도 여전히 IP 보유자에게 계속 지분이 있거든요. 전 세계에서 계속 수익을 낼 수 있어요. 〈프렌즈: 리유니온〉처럼 과거 콘텐츠로 다시 수익을 낼 수도 있고요. 한국 안에서뿐만 아니라 전 세계를 상대로 콘텐츠를 테스트할 수 있는 상황인 만큼, 하나의 IP를 다른 국가의 IP와 접목할 수 있는지에 관한 확장 가능성이 중요해졌어요.

"성장의 원동력은 트렌드를 쫓는 데 있지 않다"

K-POP IP 기반 커머스 비즈니스

최성준

YG PLUS 대표

대학원에서 경영학(재무관리) 석사를 취득하고 하나은행에서 커리어를 시작했다. 하나증권 애널리스트로 여러 산업 분야를 경험하던 중, 인터넷 분야 전문성을 살려 벤처 캐피탈로 자리를 옮겼다. 퀄컴 펀드를 운용하면서 미디어 엔터테인먼트 산업의 성장을 지켜보고 CJ를 통해 엔터테인먼트 업계로 진출, YG엔터테인먼트 사업총괄을 약 10년간 역임 후, 현재는 YG PLUS 대표이사를 맡고 있다.

K-POP을 넘어 소비자의
라이프스타일 변화를 이해해야 하는 이유

미디어 엔터테인먼트 산업은 이제 연예인을 매니지먼트하는 것에 국한되지 않는다. 보통 연예기획사라고 불리는 YG, SM, JYP 등은 다양한 음악과 뮤직비디오 영상 제작, 공연 등을 통해 수익을 창출해왔다. 하지만 글로벌 비즈니스 환경에 따라 사업 영역을 확장할 필요성이 커지고 있다.

K-POP 아이돌이 가진 전 세계적인 영향력을 수익화하기 위한 전략에는 정답이 있을 리 만무하다. 따라서 SM엔터테인먼트는 세계관이라고 명명되는 스토리텔링을 강화하고 있고, 빅히트엔터테인먼트는 아미로 불리우는 결속력 높은 팬덤과 음악의 대중성, 완성력을 기하는 방식을, JYP는 K-POP시스템을 일본 등 다른 국가의 맥락에서 적용하는 수익화 전략을 각기 펼치고 있다.

YG PLUS 또한 이 같은 흐름에 따라 설립됐다. 케이팝 아티스트들이 창작한 콘텐츠와 음악적 자산을 수익화하는 다양한 방식을 실험해왔다. 따라서 음악이나 드라마와 같은 콘텐츠뿐 아니라 이를 즐기는 사람들이 24시간을 어떻게 보내는지를 고민해야 한다. 전반적인 라이프스타일 변화에 대한 이해가 결국 IP비즈니스의 수익을 극대화하는 전략을 트렌드에 맞춰 제시할 수 있는 바탕이 되기 때문이다. YG PLUS는 YG 및 하이브의 음원 유통, YG 소속 아티스트 광고 에이전시, 아티스트 MD 상품을 통한 라이센싱 사업 및 음원사이트 '바이브'의 운영을 담당한다. 음악 비즈니스 외에 여러 분야의 자회사 또한 두고 있다. 모델 에이전시 케이플러스, 골프 부킹센터 X골프, 골프 연습장 등을 운영하며, 투자사업 전문 YG인베스트먼트 등이 모두 YG PLUS에 속해 있다.

한류 비즈니스,
수익의 기회와 위기 요인

Q. 한류 비즈니스의 중요한 수입원은 무엇인가요? YG의 예를 들어 설명해주세요.

A. 한국의 음악들이 세계에서 인정받기 시작하면서 글로벌 음원 판매가 큰 수익원이 되고, 10년 전만 해도 전체 매출 비중에서 크지 않았던 아티스트 IP를 활용한 MD 상품 매출도 커졌습니다. 앞으로도 환경과 산업, 라이프스타일 변화에 따라 아티스트의 IP로 파생 매출들이 계속 생겨날 테고요. 공연 매출도 월드 투어하는 팀이 생기면서 큰 규모를 차지해요. 그리고 다른 기획사보다 유튜브 채널 운영을 빠르게 시작해서, 지금은 초기에 비해 100배 이상의 수익이 유튜브에서 발생하고 있고요. 앞으로 5~10년 뒤면 지금 태동하는 새로운 분야 수익도 생겨날 것이라 믿고 있어요.

Q. 한류 비즈니스에서 위협이 될 만한 요소가 있을까요?

A. 한류가 커지고 또 K-POP이 유명해지면서 YG의 경우 2010년부터 약 10년 정도는 빅뱅이라는 든든한 아티스트를

대표로 해서 펼쳐나가던 시기였어요. 해당 기간에 산업 자체의 위기보다는 중국의 한한령이나 코로나19처럼 외생 변수들의 영향이 가장 어려운 문제였습니다.

지금처럼 K-POP이 전세계적으로 사랑받고 있는 상황에서는 더 탄탄하게 성장하기 위해 고민하는 시기라고 봅니다. 한편으로는 문화를 전파한다는 면에서 국가대표와 같은 마음을 갖고 있어요. 그만큼 어깨가 무겁죠. 우리가 보여주는 행동이 한국 문화를 대변한다는 생각으로 각 팬들이 속한 국가의 문화적 특성 배려 등 세세한 것까지 챙기기 위해 책임감을 갖고 임하고 있습니다.

Q. K-POP 이전에도 한류를 상징하는 〈겨울연가〉와 같은 드라마나 영화가 있었고 최근에는 유튜브 먹방 등이 떠오르는데요. 그 밖에 또 어떤 분야가 글로벌한 인기를 얻을 수 있을까요?

A. 드라마와 K-POP의 영향으로 자연스럽게 K-뷰티도 인정받고 있어요. 그리고 한국인들이 쿨하고, 열정적이고, 흥이 많고, 잘 노는 느낌으로 주목받고 있지만, 고유의 정적인 문화도 갖고 있다고 생각해요. 이제까지 주목받은 동적인 면이 아니라, 템플스테이와 같은 정적인 문화도 세계적으로 좋은 영향을 끼칠 수 있을 것 같습니다. 관련해서 음악 산업에서는 이미 기능성 음악에 관심을 갖고 고민하고 있고요. 명상, 요가 분야에 한국적

요소를 추가해서 산업화하거나, 다른 형태의 소비 산업군도 만들어질 수 있다고 생각해요.

엔터테인먼트 업계의 생존 공식 : 트렌드와 본질

Q. 플랫폼이 다변화되고 하나의 콘텐츠가 여러 가지 형태로 파생되면서 이제 모든 회사가 미디어 회사가 된다는 이야기도 들립니다. 연예기획사의 경쟁사도 같은 차원에서 보시나요?

A. 경쟁사를 4대 대형 기획사뿐이라고 생각하는 사람은 아무도 없을 거예요. 1차원적인 경쟁을 넘어서, 즐거움과 행복을 주고자 하는 모든 플랫폼이나 콘텐츠가 경쟁사이자 좋은 파트너라고 생각합니다. 사람들의 라이프스타일 속에서 그들이 소비하고 접하고 모여서 이야기하는 것과 관계된 곳이라면 모두 해당돼요. 지금은 실제 많은 기획사들이 플랫폼 회사를 지향하고 있어요. 저희도 기술적 변화를 강조하고 있고요. 계속해서 좋은 콘텐츠를 만드는 데 집중하다 보면 그로부터 파생하는 비즈니스도 자연스럽게 잘 이어지리라 생각합니다.

Q. 엔터테인먼트 분야에 몸담으면서 흥망성쇠를 지켜본 소감을 들려주세요.

A. 처음 엔터테인먼트 업계에 진입하려고 한 것도 남들을 행복하게 해주고 남들을 즐겁게 해주는 것으로 돈을 버는 업종이라고 생각했거든요. 실제로 YG에서는 좋은 음악으로 '설렘을 준다.'는 표현을 많이 써요. 당시에는 소속돼 있던 금융 투자 쪽보다 엔터테인먼트 산업의 처우가 좋지 않아 가족의 반대도 컸지만 설렘을 찾아서 왔죠.

처음 엔터테인먼트 업계에 들어올 당시 존재했던 대형 음악사 중에 아직 남아 있는 회사는 손에 꼽을 거예요. 계속 성장하는 회사의 특징은 색깔이 뚜렷하다는 점이에요. 시대마다 소몰이 창법이 유행하거나, 걸그룹이 유행하는 등 유행의 흐름이 있는데 그때마다 우후죽순으로 트렌드를 좇는 것은 바람직하지 않다고 생각해요. 경우

–
"경우에 따라 패스트 팔로워가 좋은 성과를 내기도 하지만, 계속 성장하는 회사들은 트렌드만을 좇았던 회사는 아닌 것 같아요. 트렌드를 리드하고 또는 우직하게 색깔을 고수하고 대결할 여유를 가진, 안주하지 않고 계속 혁신을 추구한 회사들이 결국에는 살아남았죠."

에 따라 패스트 팔로워가 좋은 성과를 내기도 하지만, 계속 성장하는 회사들은 트렌드만을 좇았던 회사는 아닌 것 같아요. 트렌드를 리드하고 또는 우직하게 색깔을 고수하고 대결할 여유를 가진, 안주하지 않고 계속 혁신을 추구한 회사들이 결국에는 살아남았죠.

대중들은 YG 하면 힙합, 'SWAG' 흔히 말해 '간지 난다.'라는 표현을 많이 사용하거든요. YG는 아티스트 자체를 존중하고 콘텐츠 본질에 집중하면서 새로운 것들을 시도해왔어요. 아티스트를 존중한다는 뜻은 유행하는 방향의 연습생들을 끌어모으기보다, 아티스트가 개성을 발휘하는 방향을 추구한다는 것이거든요. 그러다 보니 아티스트들이 항상 더 자신 있게 무대 자체를 즐기고, 그 모습들이 대중에게 '진짜 무대에서 즐기는 거구나.'라는 인상을 심어줬다고 생각해요. 아티스트들은 본질에 대한 투자를 중시해요. 그들의 그런 개성을 존중하는 것이 YG의 색깔이라 생각합니다.

"브랜드의 맥락을 만드는 스토리의 의미"

K-POP 비즈니스와 스토리텔링

한정수

미스틱스토리 뮤직&엔터테인먼트 대표

학부 전공은 뮤직비즈니스, 일본에서 경영학 석사, 인더스트리얼 UX디자인 코스를 수료했다. 플럭서스뮤직에서 러브홀릭, 클래지콰이를 기획/제작하고, EMI KOREA에서 음반 제작/투자, 키위미디어그룹 사업 총괄, SK텔레콤 사업개발을 담당하며 한국 및 미국, 중국 현지에서 엔터테인먼트 분야 M&A, 투자, 멜론 등의 서비스 전략 등의 업무를 거쳐 미스틱스토리 뮤직&엔터테인먼트 부문의 대표를 맡고 있다.

IP에서 스토리텔링의 중요성

· ·

이제 IP는 아티스트나 음악과 같은 하나의 콘텐츠에서 끝나지 않는다. 아티스트가 만들어내는 콘텐츠 속에서 주제와 맥락으로 이어지는 하나의 스토리로서 존재한다. K-POP 비즈니스의 변화에 따라 이제 콘텐츠의 스토리나 맥락이 더욱 중요해지고 있다.

미스틱엔터테인먼트가 미스틱스토리로 사명을 바꾼 것도 이런 이유다. '향후의 엔터테인먼트 사업에는 스토리가 중요할 것이다.'라는 윤종신 대표 프로듀서의 생각에서 시작된 결정이었다. 그 안에는 IP를 스토리 관점에서 접근해서, '스토리 중심의 회사가 되자.'는 취지가 담겨 있다. 사업 부문을 영상, 배우를 담당하는 매니지먼트와 이와 별개로 가수, MC, 공연 사업 및 글로벌 IP 기반의 사업들을 담당하는 뮤직&엔터테인먼트로 나눈 것도 같은 맥락이다.

미스틱스토리의 대표적인 콘텐츠인 〈월간 윤종신〉에는 이런 요소가 잘 드러나 있다. 매월 윤종신 프로듀서가 만드는 음악에 미술이나 영화를 콜라보레이션하는 이 프로젝트는 수년째 노래와 다양한 주제 및 형태의 콘텐츠를 선물 세트 같은 형태로 엮어내고 있다. 매달의 프로젝트 결과물이 하나의 IP이고, 시리즈로 묶어낸 〈월간 윤종신〉 프로젝트 자체도 미스틱스토리의 대표적인 IP다.

이 밖에 아이유를 테마로 넷플릭스 오리지널로 제작된 〈페르소나〉 시리즈 역시 한 아티스트의 페르소나를 다양한 감독들의 시점으로 해석하고 풀어낸 대표적인 스토리텔링 IP다. IP를 중심으로 하는 사업은 성장 잠재력이 매우 높은 영역이다. 미스틱스토리를 비롯한 엔터테인먼트 업계는 IP를 둘러싸고 있는 모든 것들을 단단히 구축하는 데 최종 지향점을 두고 있다.

K-POP 산업에서의 IP 비즈니스

Q. 스토리 IP란 무엇인가요? 주력 분야의 콘텐츠들을 아우를 수 있는 하나의 뚜껑 같은 것이라고 이해하면 될까요?

A. 맞습니다. 실제로 미스틱스토리에서는 〈월간 윤종신〉 같은 일종의 융합형, 스토리형 IP 프로젝트를 키워나가기 위해 스토리에 주목하고 있어요. 전 세계에서 IP 사업을 제일 잘하는 챔피언은 디즈니예요. '미키마우스'라는 IP를 고품질 완구, 애니메이션, 음악 방송, 오프라인 테마파크, 도서 출판 등으로 다양하게 확장시키죠. 이를 각기 잘 만들 수 있는 프로덕션 하우스들을 텐트폴 삼아 인하우스에서 기획에서 제작까지 완결성 있게 만들어낼 수 있는 구조를 갖고 있어요. IP는 '미키마우스'의 브랜드 자체인 거예요.

넷플릭스 〈스위트홈〉의 시작은 웹툰 IP였죠. 예상 외로 미국의 MZ세대들이 열광했던 웹툰이었기 때문에, 넷플릭스 미국 본사가 넷플릭스 코리아 오리지널 콘텐츠로 영상화를 추진하면서 시작됐습니다. 웹툰, 웹소설 IP 확보 경쟁도 치열하고요. BTS도 음악에 앞서서 성장 스토리가 맥락을 가진 세계관하에 구성돼 있거든요.

미스틱스토리가 하나의 일관성 있는 스토리를 만들어내려는 이유예요. 넷플릭스 오리지널이든, 웹툰이나 웹소설이든,

드라마든 좋은 스토리 IP를 확보하고자 하고, 음악에서도 하나의 세계관을 스토리로 엮어내고 있어요. '빌리Billlie'라는 미스틱의 최초 여자 아이돌 그룹도 그러한 전략에서 제작한 거예요. 하나의 맥락, 하나의 스토리가 IP라는 생각으로 계속 개발하고 만들어 갈 생각이에요.

Q. 연예기획사 중에서 IP 기반의 성장을 잘하는 회사는 어디인가요?

A. SM은 한국의 K-POP이라는 키워드와 산업의 형태, 그리고 사업 운영 구조 및 확장 전략까지를 선도적으로 만든 회사예요. 지금도 여전히 진화하고 있어서 귀감으로 삼고 있어요. 아티스트를 중심으로 생각하면서도 모든 면에서 360도 수익화를 염두하고 비즈니스화하죠. 레드벨벳, NCT드림 등 K-POP 아티스트들의 프로덕션과 매니지먼트, 강호동 씨 등 예능형 아티스트의 관리 및 마케팅 프로모션, 그리고 SM C&C에서 만들어내는 다양한 영상 콘텐츠 및 공연과 MD 사업까지, 상당히 다양하게 사업을 펼치고 있어요. 빅히트엔터테인먼트에서 사명을 바꾼 하이브 또한 IP를 기반으로 360도 사업을 원활하고 효율적으로 잘하는 회사죠.

현재 주요 엔터테인먼트 중 기업 정보가 공개된 회사 위주로 매출을 정리하면 전체 매출의 3분의 1이 CD·음원·라이선스 음원의 음악 매출, 3분의 1은 콘서트 공연 티켓 판매 수입, 마지막 3분의 1이 IP를 기반으로 한 브랜드 수익이나 출연료예요. IP 기반 매출은 앞으로도 무한히 확장할 수 있다고 생각해요. 이때 디지털과 글로벌, 팬과의 직접 소통을 통한 다양한 사업화 모델이 중요한 키워드일 거라고 생각합니다.

Q. BTS나 블랙핑크 외에 IP 수익화를 가장 잘할 수 있는 아티스트는 누구일까요?

A. NCT라고 생각해요. 팬들이 NCT를 NCT로만 인정해준다면 무한 확장할 수 있는 가능성이 있어요. 멤버가 바뀌어도 IP 자체가 살아남는 것이 중요합니다. 사람에 의존성이 커지면 확장이 어려우니까요. 디즈니의 '미키마우스'는 영원하잖아요. 아이돌의 경우 팬들이 멤버가 탈퇴한 뒤에 같은 그룹이 아니라고 생각할 수도 있기 때문에, 그 딜레마를 해결하려는 중요한 시도인 것이죠.

일본의 AKB 같은 경우도 '아키하바라의 48명을 뽑아줘.'라는 구성으로 매년 뽑습니다. 투표를 해서 선발 멤버로 뽑히면 음반도 내고 공연도 하고, 영화나 CF도 찍을 수 있어요. 졸업과 입학의 개념이 있고요. AKB라는 키워드로 오사카, 인도네시아 자카르타, 대만으로도 확장합니다. 한국의 〈프로듀스 101〉이 한국판 AKB 프로젝트인 것이죠. 이 프랜차이즈 사업은 또 다른 형태의 IP 사업을 일본이 구축한 거예요. 한 해 벌어들인 세입이 이미 2013년 기준 한화로 1조 3,000억 원 정도 됐습니다. 아주 잘 만들어진 IP사업이죠. BTS는 현재 약 1조억 원 정도고요.

이종 간 결합으로
새로운 세계를 개척하는 사람들

Q. 엔터테인먼트를 끌고 가는 사람들은 어디에서 추동력을 얻나요? 일에서 느끼는 매력이 무엇일지 궁금합니다.

A. 노력을 많이 투입한 프로젝트에 많은 사람들이 열광할 때의 희열 때문에 이 일을 계속한다고 생각합니다. 사적으로는 마일스 데이비스Miles Davis라는 재즈 트럼펫터가 작고하기 전 구순이 다 되는 나이에 페스티벌에서 연주로 엄청난 영감을 주는 것을 보고 '아티스트와 콘텐츠의 힘이구나.'를 느꼈습니다. 매 순간 다른 장르와 전통의 장르를 섞어서 새로운 재즈 장르를 계속 개척해 나갔던 대표적인 융합 파이오니어pioneer거든요.

저는 지금까지 하나의 영역에 국한되기보다 산업의 흐름이나 시장의 변화에 따라 융합이 필요한 성격의 일을 많이 했었거든요. 단일 분야의 프로젝트라기보다 기존 콘텐츠를 디지털 환

경에 내놓는다든지, 멜론에서도 새로운 메뉴나 상품을 만들어본
다든지 할 때 희열을 느꼈던 것 같고요. 그렇기 때문에 혁신적인
이종의 무엇인가를 융합하면서 새로운 것들을 만들어낸 아티스
트를 보며 이 업계에 계속 몸담고 있는 것 같아요.

"기술은 오디션의 양상도 뒤바꾸고 있다"

K-POP 아이돌 발굴 비즈니스

이솔림

SL스튜디오 대표

일본에서 공연이벤트제작을 전공한 것을 계기로 96년 서울랜드에서 공연
이벤트 프로듀서로 커리어를 시작했다. 2002년부터 SM엔터테인먼트 산
하 SM아카데미 대표이사를 12년간 역임했다. 아티스트 발굴과 육성 업무
를 해오면서 소녀시대 태연, 샤이니 온유, 엑소 카이, 아이콘 진환, 마마무
문별 등 수 많은 아티스트를 찾아내고 트레이닝했다. 현재는 SL스튜디오
대표로 재직 중이다.

K-POP의 주역인 아이돌은
어떻게 육성되는가
·······················

블랙핑크의 태국인 멤버 리사가 태국의 문화를 녹인 솔로앨범으로 전 세계
적 히트를 거두었다. K-POP의 시스템 안에서 성장한 그의 성공은 K-POP
의 쾌거인 동시에 K 없는 K-POP이라는 화두를 던져주었다. 일찍이 글로벌
시장을 겨냥하기 위한 고민을 해온 K-POP 산업의 노하우는 JYP엔터테인먼
트가 일본에서 일본인으로만 구성된 '니쥬'프로젝트의 성공으로 이어졌다.
K-POP 시스템 안에서 만들어졌지만, 한국인 멤버가 없는 '니쥬'를 K-POP
그룹으로 보아야 할지 J-POP 그룹으로 보아야 할지에 대한 논란이 만들어
지기도 했다.

이솔림 대표는 오랜 시간 K-POP 아이돌을 육성해온 노하우를 바탕으로 일
본, 중국, 베트남 등 해외에서 온 연습생들을 트레이닝해왔다. 이들은 대체
로 K-POP 아이돌로 데뷔하기를 희망하면서 한국 회사의 문을 두드리지만
국가별로 새로운 유닛을 만들 수 있는 구조로 되어 있는 NCT처럼 다양한 방
식으로 국제화에 대한 실험이 이루어지고 있다.

무엇보다 K-POP의 글로벌한 인기의 바탕에 글로벌 감각을 기획 단계에서
부터 중시하는 체계적인 트레이닝과 음반 기획 시스템이 있었음에는 이견
이 없다. 아직은 K-POP 그룹의 해외 멤버들이 아시아권 출신에 한정되고
있지만, SM엔터테인먼트가 NCT 할리우드의 제작을 선언했고, JYP도 '니
쥬'프로젝트의 미국판을 시도하겠다고 발표한 바 있다. 지금 상황을 보다
구체적으로 이해하기 위해서 세계적으로 성과를 내고 있는 K-POP 아이돌
제작시스템의 특성을 들여다보았다.

'아이돌 고시' 시스템과 수익화 가능성

Q. 왜 수많은 나라의 음악 중에서 K-POP만 잘 되고 있을까요?

A. K-POP 산업에 대해 SM 이수만 회장은 '비빔밥' 같다고 표현했어요. K-POP은 단순히 음악 산업이라기보다 음악과 비주얼 아트, 패션 등이 융합된 퍼포먼스 장르라고 봐야 합니다. SM, YG, JYP 등 대형 기획사는 '아티스트 개발팀'을 따로 두고 있고, 대체로 3단계에 걸쳐 아이돌을 육성합니다.

Q. 아이돌을 발굴하고 육성하는 과정에 대해 자세히 설명해주실 수 있나요?

A. 1단계는 신인 발굴이에요. 기획부터 시작해 신인 캐스팅과 트레이닝으로 이뤄져요. 요즘은 길거리 캐스팅보다는 서바이벌 오디션, 축제에서 캐스팅하거나 자체 오디션을 개최해 발굴하는 추세고, 해외 오디션도 많이 진행하고 있어요. 블랙핑크의 리사는 태국에서 캐스팅됐고, 트와이스는 일본 오디션을 거친 멤버가 3명이 포함되어 있어요. 최근에는 SNS 채널을 활용해서 유튜브나 인스타그램을 통한 캐스팅도 늘어나고 있고요. SL스튜디오와 같은 트레이닝 기관에서 비공개로 캐스팅팀 오

디션을 보고 발탁되기도 합니다. 캐스팅팀에서 발탁한 연습생
은 트레이닝팀을 거치게 되는데요. 개인이나 데뷔 조의 콘셉트
에 맞춰 트레이닝하는 것까지가 신인 발굴의 단계라고 할 수 있
어요.

　　데뷔 조에 들어가면 두 번째 제작 단계가 시작돼요. 제작
단계에서는 아티스트 레퍼토리라고 하는 A&R팀, 매니지먼트
팀이 참여하게 됩니다. SM과 같은 큰 회사들은 해외 작곡가들
이 2박 3일 동안 곡을 만들어내는 '송 라이팅 캠프(Song Writing
Camp)' 시스템을 통해 음악을 제작하는 등 회사마다 콘텐츠 제
작 전략이 마련되어 있다고 볼 수 있습니다.마지막 세 번째는 유
통 단계예요. 언론 홍보, 쇼케이스, 팬팀 등이 참여해서 유통과
홍보 전반을 진행하는 것까지가 아이돌 제작 단계의 일반적인
3단계입니다.

Q. **수많은 연습생들이 있지만 아이돌로 성공할 확률은 크지
않아 보입니다.**

A. '아이돌 고시'라는 말이 나올 정도로 성공한 아이돌
이 되기 위한 경쟁이 극심하지만, 산업이 발달하면서 트레이너,
안무가나 댄서와 같은 연관 시장이 커지고 있어요. 해외와 아이
돌 공동 제작 시장도 확대되며 전망은 더욱 밝아지고 있고요.
'K-POP 학과'가 생기는 등 관련 산업에서 제작 단계가 체계적

으로 분업화되며 캐스팅, 아티스트 개발, 영업, 무역 등 기회도 확대되고 있기 때문에 아이돌 연습생으로 이 분야에 진입했다가 관련한 다른 직업을 갖게 되는 사례도 점점 많아지고 있어요.

Q. 앞으로 한류와 관련해서 더 수익화할 수 있는 영역이 있다면요?

A. K-POP 수요가 늘면서 미국, 중국, 일본, 동남아 현지에서 글로벌 오디션을 진행하는 방식의 수익 모델도 확대되고 있습니다. 코로나19 이후에는 해외 원격 오디션이나 수업도 활발해졌어요. 기술이 더 발전하면 VR기술을 이용해서 서로 다른 국가의 참가자들이 한 자리에서 모여서 교육받는 것 같은 방식의 수익사업도 상상해볼 수 있을 것 같아요. 해외에서도 수익 모델이 다양화되고 있어서 일본에서는 트와이스, 니쥬와 함께 K-POP 붐이 다시 일어나고 있고, SM은 미국 대형 제작사 MGM과 합작 그룹을 준비하는 등 K-POP 멤버의 다국적화도 계속되리라 예상되는 상황입니다.

"콘텐츠의 파급력까지를 관리하는 것이 매니지먼트의 본질"

K-POP과 매니지먼트 비즈니스

박세진

뉴타입이엔티 CEO

25년 전 엔터테인먼트 업계에 처음 진출해 18년 이상 음반 제작, 콘서트 기획, 언론홍보 등 뮤직비즈니스 실무를 경험한 엔터테인먼트 전문 경영인이다. 블록베리 크리에이티브 COO, 폴라리스 엔터테인먼트 CEO를 역임했으며, 현재는 2014년에 직접 설립한 엔터테인먼트&뮤직퍼블리싱 회사 뉴타입이엔티 운영에 집중하고 있다. 강력한 세계관으로 글로벌한 성과를 이끌어낸 '이달의 소녀LOONA' 프로젝트를 총괄했고, 그 밖에도 가수 신승훈, 김범수, 아이비, 레이디스코드, 셰프 강레오 등의 아티스트들을 담당해왔다.

K-POP이 맞이한
음반 시장의 중흥기
....

음악의 디지털화 이후 소유의 가치가 사라졌다고 평가받던 음반은 불법 복제가 성행하면서 전 세계적으로 시장까지 쇠퇴하는 위기를 맞았다. 하지만 오랜 시간이 흘러 이제 100만 장 앨범의 시대가 다시 열리고 있다. 음반 시장은 완전한 중흥기를 맞았다. 아이돌 산업이 거대 비즈니스로 성장하며, 국내 팬덤뿐만 아니라 해외에서도 아티스트와 관련된 것이라면 무엇이든지 사고자 하는 소유욕이 커졌기 때문이다. 이제 아이돌들의 음반은 그 자체로 굿즈가 됐고 팬들은 아티스트를 위해 기꺼이 이를 구매한다.

국내뿐만 아니라 해외에서까지 아이돌 음반 시장이 커지며, 현재 음반 기획의 개념은 단순히 음악을 기획하는 것을 넘어 상품 기획의 형태가 됐다. 음반 기획사들은 음반에 화보집을 포함시키거나 다양한 타입의 CD로 제작해 팬들의 구매욕을 자극하고, 팬들은 다양하게 제작된 앨범을 종류별로 여러 장 구매한다. 그렇게 K-POP 아이돌 산업은 음반 시장의 새로운 판로를 열며, 엔터테인먼트 산업에 활기를 불어넣고 있다.

연예인 매니지먼트의 정의와 핵심 가치

Q. 매니지먼트 비즈니스란 무엇인가요? 가장 중점이 되는 업무는 어떤 것인가요?

A. 엔터테인먼트의 꽃은 매니지먼트 사업이라고 생각합니다. 단순히 연예인을 발굴해서 스케줄만 관리해주는 사업이라고 볼 수도 있지만, 유명인이 사회에 끼칠 수 있는 영향력을 생각해보면 무엇보다 중요한 분야죠. 청소년 문제처럼 사회적 이슈가 있을 때는 팬들에게 건네는 긍정적인 메시지가 무엇보다 중요하니까요. 그들이 사회에 긍정적인 메시지를 던질 수 있도록 회사가 함께 고민하고 트레이닝하는 개념까지 포함하고 있습니다. 그런 만큼 아티스트와 상당히 유기적으로 연결된 영역이라고 할 수 있어요. 메시지를 던질 때 콘텐츠의 파급력을 예측하고 미리 고민하고 관리하는 것이 매니지먼트 사업의 본질이라고 봅니다.

Q. 매니지먼트에서도 기획 전략이 중요할 텐데요. 요즘은 어떤 방식으로 신인 아티스트를 발굴하나요? 예전처럼 길거리 캐스팅도 하나요? 디지털 기술의 발달로 아티스트 발굴에 추가된 방식이 있다면 설명해주세요.

A. 신인 개발팀에 트레이닝과 캐스팅 파트가 있습니다. 캐스팅 팀에서 현장에서 로드 캐스팅을 하기도 하고요. 최근에는 소셜미디어를 기반으로 패션 콘테스트를 하거나, 학교 친구를 추천하는 이벤트 등을 진행해 캐스팅하기도 해요. 최근에는 K-POP이 글로벌화되면서 해외에 있는 우수한 역량을 가진 친구들을 캐스팅하기 위해 소셜미디어를 활용하는 경우가 가장 많기는 합니다.

Q. 매니지먼트 관점에서 엔터테인먼트 산업의 가장 큰 수익원은 무엇인가요?

A. 단순하게 이야기하면 '좋은 연예인'입니다. 대형 기획사의 경우 무수히 많은 사업군을 발굴해 수익 다각화를 노력할 수 있어요. 하지만 보통의 엔터테인먼트 회사에서 가장 중요한 수익원은 연예인입니다. 개런티나 초상권뿐만 아니라 다양한 결과물들을 만들어내는 재능 있는 연예인이 가장 중요합니다.

여기에 그들의 IP를 통해 사업을 360도 비즈니스화할 수 있겠죠. 새롭게 떠오르는 NFT_{Non Fungible Token} 개념처럼 연예인이 갖고 있는 정체성을 바탕으로 트윗이나 피드 하나도 상품이 될 수 있는 시대가 도래한 것이잖아요. 따라서 앞으로는 IP 사업이 중요한 수익원이 될 것이라 봐요.

화제성을 통한
엔터테인먼트 수익 다각화 전략

Q. 엔터테인먼트 업계에서 향후 더 발굴할 만한 수익화 영역이
있다면요?

A. 요즘에는 연예인이 만들어낸 이슈나 화제성을 갖고
제조업 등 다른 분야와 연계해서 사업화하는 것이 새로운 수익
모델로 자리 잡고 있습니다. 유튜브 크리에이터들이나 연예인
들이 좋은 조회수나 화제성을 얻었을 때 발 빠르게 제품화하는
것이 중요해진 것이죠. 오락프로그램에서 특정 식품이 이슈가
되었을 때 식품제조사나 유통사와 계약해서 상품화에 성공하는
사례들이 만들어지고 있어요. 홈쇼핑 방송사들도 연예인과 연계
해서 독점상품을 개발하고 판매하는 등의 흐름이 자연스러워진
거죠.

Q. 엔터테인먼트사의 전문 분야가 아닌 영역에서 상품화를
진행할 때 어려움은 없나요?

A. 예컨대 식품 분야에서는 이슈화되는 레시피를 상품
화하는 식품 전문 제작 업체들이 있어요. 업체들에 레시피를 제

공해서 제작하거나, 반대로 같이 연구하기도 하면서 만들고 있습니다. 최근에 이 방식으로 화제가 된 연예인의 본업은 음악이거든요. 하지만 잘 모르는 사람들은 어쩌면 뮤지션이 아닌 먹방 유튜버로 오해할 수도 있죠. 외모도 특이하고 '만화고기' 같이 생긴 스테이크를 굽는데 심지어 맛 묘사도 잘하니까요. 먹방이나 요리에 소질이 있고 화제성이 있는 연예인을 찾아내서 적절한 방향으로 기획하는 능력이 매니지먼트 회사의 능력인 것이고요. MCN 회사도 유명 유튜버들과 기획을 많이 하더라고요.

Q. 하지만 연예인들이 유튜브를 한다고 반드시 유명세와 직결되는 것 같지는 않습니다.

A. 유튜브에서 사랑받고 유명해지는 방식은 따로 있다고 생각합니다. 일반 매니지먼트 회사보다 MCN 회사가 그 포인트들을 잘 이해하고, 이에 따라 접근했을 때 가파른 성장세를 보이고요. 연예인 중에 채널 오픈만으로 하루 만에 100~200만 명의 구독자가 올라가는 것은 인기가 정말 많은 경우예요. 그리고 인기가 많다고 해도 콘텐츠 정체성 없이 인지도만으로 '나는 사람들이 많이 알아보니까 구독을 할 거야.'라고 생각해서도 안되고요.

연예인이 아닌 경우는 콘텐츠가 정말 확실해야 하고요. 대중들이 재미에 니즈를 느끼지 않고, 그 사람이 가진 정보나 기술을 원하는 것이죠. 백종원 씨를 예로 들 수 있겠죠. 백종원 씨가 가진 요리법이나 F&B 사업에 대한 철학만 보여줘도 오픈과 동시에 수백만 명이 몰리는 시대잖아요. 유명인이라고 다 잘되는 것도 아니고, 본연의 콘텐츠가 확실한 사람은 그 역량만으로도 많은 구독자를 확보할 수 있는 거예요.

이때 '나만의 콘텐츠'라는 것은 보여주다가 스스로도 소진되는 것이 아니라, 계속해서 잘 보여줄 수 있는 것이어야겠죠. 잘 모르더라도 좋아하기 때문에 '덕후' 수준으로 계속 파고들 수 있어야 해요. 전문가만큼 보여줄 수 있는 열정과 관심, 좋아하고 즐거워하는 마음까지 다 갖춘 채널은 성공하는 것 같아요.

K-콘텐츠의 경쟁력은 무엇인가

K-POP의 경쟁력 1 : IP 기반 수익 다각화

Q. K-POP이 글로벌 산업으로 성장하게 된 비결은 무엇인가요?

최성준 저는 이런 질문을 받을 때, 역으로 한국에서 K-POP 외에 전 세계적으로 유명한 것이 무엇인지 물어요. 사람들에게 삼성 갤럭시 스마트폰이 왜 전 세계적으로 많이 팔리는지 물으면 품질이 좋기 때문이라고 하죠. K-POP도 마찬가지라고 생각해요. 한국 가수들이 노래를 잘하고, 춤을 잘 추기 때문에 인기가 많은 것이라고 생각해요.

사실 한국 음악은 해외 음악과 다를 수밖에 없어요. 한국이 더 잘할 수밖에 없는 이유가 한국의 음악 산업적 특징에 있습니다. 음악의 체계가 다르거든요. 해외에서는 지금도 음악적 재능을 가진 사람을 발굴해서, 본인이 매니저를 고용하고 함께 유통사와 공연사를 결정하는 방식으로 각각의 계약들이 이뤄지는 형태예요.

하지만 한국은 360도 계약이라는 독특한 시스템을 갖고 있어요. 360도 계약은 전속 계약의 형태다 보니 처음부터 가수에 대한 투자를 아낌없이 합니다. 초등학생, 중학생 때부터 재능 있는 사람을 캐스팅해서 발전시키는 것이 다른 나라 가수들보다 춤을 잘 추고 노래를 잘하게 된 가장 큰 요인이라고 생각해요. 이런 투자 시스템이 한류와 K-POP의 원동력이고요.

여러 회사가 경쟁적으로 프로듀싱 투자를 하다 보니, 해외에서 한국 시스템을 벤치마킹할 정도의 규모를 갖춘 회사가 여러 곳이고, 이들이 서로 경쟁을 통해 계속 발전하는 것도 한류 발전의 원동력이라고 생각합니다. 이미 한류는 다른 나라보다 우위를 선점했기 때문에, 10~20년 뒤에는 K-POP을 넘어 다른 영역에서도 더 발전할 수 있을 것이라 생각합니다.

Q. 1980~1990년대는 일본 J-POP의 문화적 영향력이 한국뿐만 아니라 동남아, 서구권에까지 미쳤다고 알고 있습니다. 그랬던 J-POP의 쇠퇴 이유는 무엇일까요?

정호재 우선 사회적 요인이 있습니다. 1990년대까지 일본은 큰 경제 성장을 바탕으로 1억 2,000만 명 인구 중에 1억 명이 중산층이라고 할 정도로 사회 문화적으로도 큰 호황을 누립니다. 그러나 이후 지속된 경기 침체와 양극화로, 중산층 문화가 쇠퇴하고 사회가 도약의 계기를 잃었다고 생각해요. 이 때문에 방송사와 기획사의 관계, 스타를 만들어내는 엔터테인먼트 산업 시스템이 현대화에 실패한 것을 이유라고 볼 수 있겠죠. 스타와 연습생과 기획사의 계약이 후진적이거나 비밀적이고요.

다음으로는 방송사와 기획사의 관계가 서로를 길들이는 방식으로 흘러간 측면을 꼽을 수 있어요. '스맙'이 소속된 쟈니스 같은 회사에 스타들이 너무 집중돼서, 기획사가 방송사를 길들이기 시작한 것이죠. 또 소속 스타들의 사진을 SNS에 사용하지 못하게 하거나, 비용을 받는 등 제도적인 문제들이 겹치면서 스타들이 세계화할 기회를 잃었고 보편성을 잃어갔어요. 과도하게 코믹한 콘셉트를 채택하거나, 가수가 노래에 중심을 두지 않고 예능 중심으로 활동하는 문화도 문제였고요. 큰 내수 시장을 가진 나라에서 재능 있는 가수들이 역량이 적절하게 꽃피우지 못한 것이죠.

Q. **다른 아시아 국가들도 문화적 토양이 훌륭하고 대중문화도 발달해 있는데, 유독 K-POP만 성공을 거두고 있는 이유는 무엇일까요?**

이솔림 K-POP의 뛰어난 시스템 덕분이라고 생각해요. 중국에서도 'C-POP'이라는 아이돌 붐이 일어나서 한국의 〈프로듀스 101〉처럼 〈창조 101〉 등의 아이돌 프로그램들이 인기를 끌고 있는데요. 여전히 중국에서 한국에 유학을 오는 이유를 물어

보면 K-POP의 영향력을 꼽아요. 중국 현지 데뷔를 권유하면, 작은 회사라도 K-POP 아이돌로 먼저 데뷔하고 싶다는 것이죠.

일본인들도 오디션 참가를 많이 하는데요. 일본에서도 JYP가 트와이스 이후에 일본 멤버로만 꾸려진 '니쥬'를 데뷔시켰는데 K-POP 원조에서 왔다는 점이 메리트가 됐죠. 저도 J-POP 세대로서 '스맙'이나 '아라시'의 팬이었는데, 개인적으로는 각자의 개성이 있다고 보지만, 시스템적으로 봤을 때는 SM을 비롯한 엔터테인먼트 회사들의 K-POP 시스템이 잘 구축돼 있다고 생각해요.

> **Q. 시스템은 해외에서 벤치마킹할 수 있지 않을까요? 우리보다 인구가 많은 다른 아시아 국가에 구현한다면 K-POP도 J-POP의 길을 걷지 않을지 우려됩니다. 앞으로도 한류가 현재 같은 위상을 유지할 수 있을까요?**

이솔림 과거에도 소녀시대 이후로 K-POP 한류가 끝나지 않았냐는 이야기가 있었어요. 그런데 SNS를 통해 전 세계 팬덤과 소통할 수 있는 좋은 채널들이 생겨난 시기에 BTS 현상이 나타났죠. 국경이나 시간의 제약을 벗어나 소통이 가능한 시대가 됐잖아요. 물론 방심하면 안 되죠. 이제 스타 마케팅만으로 지속하기에는 한계가 있어요. 만약 BTS가 군대를 가면 어떻게 될까요? 기다리겠다는 팬들도 있겠지만, 스타가 사라지는 순간 K-POP도 없어지는 것이 아닌가 하는 우려도 되죠. 시스템뿐만 아니라, 프로듀서 개념 등 다양한 전략을 살펴봐야 한다고 생각해요.

K-POP의 비즈니스 확장 전략 :
글로벌 시장 진출과 IP 사업 다각화

Q. 과거와 비교했을 때 엔터테인먼트 산업은 괄목할 만한
성장을 이뤘는데요. 향후 엔터테인먼트 산업이 갖춰야 할
가장 중요한 요건은 무엇인가요?

한정수 약 20~30년 전까지 음악 회사의 가장 큰 매출원은 CD 판매 수익이었어요. CD 판매량에 따라 공연 수익, 출연료 광고료가 따라오는 매출 구조를 갖고 있었습니다. 그런데 소위 K-POP 현상이 유행하면서 글로벌 매출이 상당히 늘어나고, 여기에 디지털 사업 또한 커지면서 이종 산업들이 들어와 산업 자체가 크게 확장됐어요. 본원 음악과 공연 매출 외에 예전에는 파생 수익이라고 했던 IP 기반 사업, 라이선싱 캐릭터 MD 사업 등의 비중이 이제는 음원이나 공연과 비슷한 비중을 차지하게 됐고요.

특히 IP 기반 매출은 성장 잠재력이 가장 많고, 글로벌 시장에서 특히 더 폭발 가능성이 있다고 보고요. 이제 엔터테인먼트 회사는 한 아티스트의 음반이나 공연만 잘 만들어내는 데 집중하기보다 전문적으로 IP를 기반으로 한 360도의 기획과 제작을 할 수 있는 프로덕션의 구조를 갖춰 모든 것을 아우를 수 있어야 해요. 아티스트의 IP라는 키워드를 활용해 여기에 열광하는 사람들의 각양각색 니즈를 어떻게 충족시킬 수 있는지를 고민하

고, 사업을 일목요연하고 일관성 있게 확장하는 것이 핵심이죠. 이것이 향후 엔터테인먼트 산업의 가장 중요한 키라고 생각해요. 미스틱스토리 또한 스토리라고 표현되는 IP 사업을 어떻게 가져갈 것인가에 대해서 고민하고 강화하려고 합니다.

오늘날 완결성 있는 엔터테인먼트 사업을 갖추려면 영상 제작, 이종의 아티스트 관리 및 프로모션, 오리지널 콘텐츠 제작까지 모든 역량을 갖춰야 해요. IP의 중요성은 이미 거의 모든 콘텐츠 회사들이 강조하고 있죠. 오리지널 콘텐츠, 우리만의 것을 만들어야 성장과 수익의 기반이 된다는 것을 모두 알고 있어요.

K-POP 산업의 글로벌 활용 전략

Q. 과거에는 한국에서도 '뉴키즈 온 더 블록' 같은 미국이나 영국 아이돌들이 인기를 얻었는데, 이제는 그런 관심이 한국의 아이돌들에게 완전히 넘어갔어요. K-POP의 글로벌 성공 요인이 무엇일까요?

박세진 한국 엔터테인먼트 회사들이 유튜브를 공략한 마케팅의 승리라고 봅니다. '뉴키즈 온 더 블록'부터 '백스트리트 보이즈' 시대에서 한국 아이돌들의 시대로 넘어온 상황에 저 또한 공감하거든요. 꾸준히 해외 시장을 노크한 결과라고 이야기할 수도 있겠지만, 현재의 빌보드 기록 등은 순식간에 이뤄진 것이라고 보거든요. 단계를 밟고 천천히 농사짓듯이 노력해서 가능한 일은 아니라고 봐요. 분명히 그런 시장이 형성됐고 많은 팬덤들이 존재했지만요. 이 정도의 결과를 얻은 데는 똑똑한 엔터테인먼트 회사가 유튜브 채널을 타이밍 좋게 잘 공략한 결과라고 봅니다.

Q. 유튜브나 인스타그램에서 국내 K-POP 아이돌들의 영향력이 커지다 보니, 이제 엔터테인먼트 회사들이 글로벌 플랫폼을 벗어나 각 회사별로 자체 플랫폼을 만들어서 서비스하고 있어요. 플랫폼의 수익 구조와 궁극적으로 지향하는 목표가 궁금합니다.

한정수 하이브가 위버스를, 리니지를 만든 엔씨소프트가 유니버스를, 그리고 SM이 버블이라는 플랫폼을 만들었죠. 한국에는 구글, 아마존, 넷플릭스, 페이스북, 트위터처럼 전 세계를 대상으로 하는 서비스가 아직 별로 없는 상황에서 거의 최초로 전 세계를 아우르는 통합 플랫폼이 나온 거예요.

국내외 팬과 아티스트가 직접 소통하기 위해 팬들이 자신이 좋아하는 IP에 구독료를 지불하는 구조인데요. 전 직장이었던 SK텔레콤은 현재 기준 시가 총액이 약 30조 정도이고, 단순 계산법으로만 보면 국내 가입자가 약 2,600만이고, 월 약 3~4만 원 월정액 매출로 만들어진 밸류인데요. 위버스나 버블이 바라보고 있는 서비스의 지향점도 유사하겠죠.

위버스에 세계 최고 남녀 솔로 가수 저스틴 비버와 아리아나 그란데, 남녀 그룹 BTS와 블랙핑크가 음원, 공연 티켓이나 MD를 팔고 개인 채팅을 하면 어떨까요? 월 단위 소비액은 3만 원보다 훨씬 클 테고요. 나아가 올리비아 로드리고나 빌리 아일리시 등 아티스트가 증가하면 몇 천만 명은 금세 도달할 수 있을 거예요. 여기서 나올 수 있는 매출 포텐셜은 엄청날 거예요. 앞으로 엔터테인먼트 산업의 핵심 과제는 국내뿐만 아니라 글로벌 팬들과 디지털 기반의 커뮤니케이션 접점을 설정하고 강화하는 것이라고 생각해요.

**Q. 여러 플랫폼 중에 특별히 눈여겨 보는 곳이 있나요?
팬들과의 소통을 위해 또 어떤 노력들을 하나요?**

최성준 요즘 많이 회자되는 메타버스에 리소스를 안배하는데요. K-POP 플랫폼 중 '위버스'를 가장 좋게 평가해 올해부터 YG도 함께하게 됐고요. YG 파트너인 네이버 자회사의 '제페토'에도 관심을 갖고 있습니다.

이솔림 코로나19 위기 속에서도 BTS나 슈퍼M 등이 온라인 공연을 시도해 상상 이상의 수익을 거뒀잖아요. SM의 '버블'처럼 팬들과의 소통을 원활하게 해주는 창구가 성장 가능성 있다고 생각해요. 비록 지금까지는 팬덤 플랫폼이 기본적인 팬덤을 갖춘 팀 위주로 성공했지만, 작은 회사들도 팬들 간의 언어 장벽을 극복한다든지 활발한 소통을 시도해보면 좋을 것 같아요.

글로벌 영상 콘텐츠 시장에서 소구되는 이야기 특성

Q. 글로벌 콘텐츠 시장을 경험한 입장에서 팔리는 콘텐츠의 공통점이 있나요? 다른 문화권에서도 공감을 얻으려면 어떤 요소를 갖춰야 할까요?

이지희 전 세계가 공통적으로 원하는 '콘텐츠를 관통하는 이야기 코드'가 있어요. 한국 일일드라마 느낌의 대가족, 모녀, 고부, 형제 간 갈등을 다루는 가족 서사는 전 세계 공통 수요가 있어요. 강한 여성이 등장하는 서사도 그렇고요. 자수성가나, 남성을 만나 신분 상승을 하는 등의 요소도 공통적이에요. '응답하라' 시리즈가 좋은 예인데요. 갈등 요소가 적고, 나쁜 사람이 없죠. 여기에도 글로벌한 요소가 있어요. 40~50년 전 우리 부모님이 고생했던 시기에 관한 노스텔지어가 있거든요. 저도 너무 한국적인 요소라서 통할까 하는 의문이 있었는데, 포맷의 요소로보면 국가마다 과거에 존재한 쿠데타, 경제적 어려움 등이 있었으니까요. 부모 세대의 큰 사건을 이겨낸 동시대 사람들에게 향

수를 하나씩 꺼내면서 보여주는 것이죠.

Q. 오히려 범세계적이고 범인류적인 니즈를 파고드는 요소는 다른 나라 드라마에도 충분히 있을 것 같은데요. 전 세계의 콘텐츠 거래 현황이 궁금합니다.

이지희 전 세계적으로 주요 콘텐츠 제작 기지들이 있어요. 미국은 캐나다를 주요 제작 기지로 주로 활용하고, 영국과도 협업을 많이 해요. 미국 콘텐츠 영향력이 강한 남미 안에서는 브라질, 멕시코를 중심으로 히스패닉 문화권 콘텐츠를 만들고요. 또 스페인도 제작을 잘해서 미국과 스페인 제작사가 협업을 통해 남미, 미국, 유럽으로도 많이 들어가요. 영국도 유럽 2~3개국과 공동 제작을 많이 하죠. 세제 혜택도 많기 때문이에요. 그리고 할리우드 다음으로 콘텐츠 수출 매출이 가장 높은 나라는 터키예요. 터키는 타국 포맷을 리메이크하는 어댑테이션을 저렴하고 빠르게 잘해요. 그리고 유럽, 중독, 동유럽, 남미, 동남아에서까지 터키 콘텐츠 수요가 꽤 많아요. 터키 콘텐츠의 불모지는 동북아시아예요. 이미 한국, 일본, 중국은 자국의 잘 만든 콘텐츠를 소비하는 것만으로도 충분하거든요. 동남아에서는 태국이 드라마와 예능 경쟁력이 높고, 포맷 수출을 시작했고요.

전 세계가 열광하는
한국의 문화 코드

Q. 한류 비즈니스의 핵심이 되는 동인을 한마디로 정의할 수
있을까요?

한정수 라이프스타일의 전파 아닐까요. 20~30년 전에는 주
말마다 미국 드라마를 틀어줬었어요. 하이틴 스타가 나오는 미
국 드라마를 보면서 '미국의 캘리포니아는 저런 패션이 유행이
고, 저런 것을 먹는구나.', '친구들끼리는 저렇게 노는 구나.' 생
각했죠. 여기에는 일종의 동경, 선망 혹은 따라 하고 싶은 부러
움이 있었어요. 당시 우리에게 미국에서 벌어지는 것을 적용하
고 싶은 욕망이나 심리적인 동인이 있었던 것처럼, 이제는 세계
인들이 그런 감정을 갖고 있다고 생각해요. 음악 자체가 좋고,
옷의 디자인이 좋은 것도 이유겠지만 전반적인 라이프스타일 자
체가 확산되고 있는 것이죠.

Q. 세계인이 한국 콘텐츠를 좋아하는 이유는 무엇일까요?

정호재 공감할 수 있는 보편적 가치에 한국만의 '멋'이 담겨
있기 때문이에요. 우리가 1980년~2000년대 초반까지 서구 문화

416

와 해외 스타를 보고 느낀 '멋'은 경제력뿐만 아니라 사회 문화적인 선진성이 그 스타를 통해 종합적으로 표출됐기 때문이었어요. 선망하는 스타의 쿨함, 힙합, 멋짐은 정치적, 경제적, 문화의 집합체라고 생각해요.

멋은 반드시 외양에 국한된 시각적인 요소일 필요는 없어요. 그 사람이 사회적으로 어떤 소통을 하는지, 어떤 의식을 갖고 드라마에서 자신의 사상을 뽐냈는지가 중요하죠. 과거 한류 스타들이 그런 것을 했거든요. 가족주의 인권에 대한 존중, 문화적 다양성에 대한 배려, 여성 인권 상승 등이요. 우리도 보고 배웠지만 어느 순간 우리가 그 수준에 이른 것이죠. 한국도 이제 세계의 모범이 될 만한 문화를 갖고 있는 거예요. 그것이 종합적인 멋이라고 생각합니다.

Q. 미국, 중국, 인도처럼 인구도 많지 않고, 한국어 사용 인구도 많지 않은데 어떻게 한국 문화는 인기를 얻었을까요?

한정수 국가별로 순환되는 경향도 있다고 생각해요. 이전에는 프랑스나 일본, 미국이나 영국도 한류 문화가 확산되는 것과 유사하게 전 세계의 문화에 영향력을 행사했던 시대가 있었고요. 지난 수년간 드라마나 영화가 한국의 독특한 라이프스타일을 어느 정도 고착된 형태로 양식화했다고 생각해요. 이것이 기술의 발전에 따라 디지털 문화와 만나면서 빠르게 확산된 것이

라고 봅니다.

디지털 문화의 특징을 '서브컬처가 더 이상 서브컬처가 아니다.'라고 표현하기도 하거든요. 이 말이 참 와닿았어요. 서브컬처가 조금만 대중을 찌르는 요소를 갖추면 일반 대중문화로 확산되는 양상을 보이는 것 같아요. 예를 들어 소수의 전유물로 확산되던 '슈프림'이라는 브랜드도 레플리카 상품도 많이 나오고, 이제 범대중적으로 티셔츠, 슬리퍼, 백팩에 열광하거든요.

정리하자면 많은 국가의 문화가 한국보다 앞서 세계적으로 영향을 미쳤었지만, 한국 문화는 드라마와 영화가 먼저 인프라를 깔아놓고요. 그 위에 한국 문화를 좋아하는 각국의 서브컬쳐 마니아들이 분위기를 조장하는 과정에서, 디지털화를 통해 과거보다 빠른 속도로 확산됐다고 해석합니다. '서브컬쳐는 더 이상 디지털화된 사회에서 서브컬처가 아니다.'라는 것이 제일 큰 키워드고요.

단순히 2~3년 만에 만들어지거나 BTS가 리드했던 현상이라고 보기에는 이미 전부터 쌓아온 과정이 있었죠. 2000년대 초반부터 전 세계 각지에 K-드라마나 K-무비 등이 퍼져 나간 것이 먼저였고, 이후 식문화나 패션이 이어가면서 그 토양 위에서 발전한 것이라 생각합니다.

오리지널 IP를 두고 벌이는
전 세계의 경쟁전

국내 방송 프로그램의 유통 가치 사슬은 지상파 방송사에서 콘텐츠를 독점적으로 공개한 후, 일정한 '홀드백holdback' 기간을 거쳐 VOD 시장이나 케이블TV 등으로 유통되는 방식이었다. 이 같은 모델이 오랫동안 유지될 수 있었던 것은 지상파 채널과 비교해 VOD 시장 등이 지금까지 보완재적 역할을 하는 것으로 여겨졌기 때문이다. 하지만 오리지널 콘텐츠 제작에 투자하고 이를 독점 배급하는 넷플릭스의 'OTT 퍼스트' 전략이 등장하면서 1차 창구로서 콘텐츠를 독점 배급하기 위한 OTT 플랫폼 사업자와 유료 방송 사업자 간 경쟁이 심화되고 콘텐츠 수급 비용이 증가하고 있다.

이처럼 콘텐츠를 수급하기 위한 치열한 경쟁전은 오리지널 콘텐츠를 만드는 제작사들의 입장에서는 새로운 기회다. 전통적으로 국내 방송사들은 자체적으로 기획, 제작, 유통을 모두 직접 진행해왔다. 그러나 드라마와 예능 장르에서 방송사의 편성과 제작 기능을 분리해 독립적인 스튜디오를 설립하는 시도가 나타나면서 방송 유통 구조에 전반적인 지형 변화가 일어나고 있다. SBS의 스튜디오S, JTBC 스튜디오 등은 더 이상 자사의 콘텐츠를 제공하는 역할에 그치지 않는다. 드라마나 예능 프로그램의 저작권을 국제적으로 거래하고, 나아가 포맷 시장을 활성화시키면서 새로운 수익원을 개척하고 있다.

〈빅 브라더〉를 탄생시킨 네덜란드를 비롯한 영미 유럽 국가들은 이미 20여 년 전부터 게임쇼, 서바이벌, 오디션, 데이팅, 메이크 오버 프로그램 등 리얼리티 프로그램의 포맷을 수출하며 글로벌 콘텐츠 유통 시장에서 큰 수익을 얻어왔다. 한국이 넷플릭스 시대 이전부터 이미 드라마로 아시아 시장에서 한류를 일으켰다는 점, 그리고 포맷 수입국에서 포맷 수출국으로 위상이 변화했다는 점은 꼭 주목해야 할 사실이다.

K-POP 산업 또한 IP 비즈니스에 세계관을 더하며 글로벌 시장을 저격하고 있다. SM이 유튜브로 공개한 〈Congress 2021〉에는 오늘날 K-POP 비즈니스가 단순히 음원을 내서 수익을 창출하는 영역을 넘어섰음을 알 수 있다. 방송 제작을 덤딩하는 'SM Studios', K-POP과 클래식을 접목해 OST 사업이나 교육 콘텐츠화하는 'SM Classics'뿐만 아니라, 증강 현실 기술을 접목한 아티스트 IP 라이센싱 상품을 판매하는 시도도 하고 있다.*

팬덤의 프로슈머 특성에 주목해 세계관을 강화하는 전략도 펴고 있다. SM 유니버스 'SMCU' 안에서 SM의 음악과 세계관을 넣어 팬들의 참여를 유도하고, SM을 상징하는 핑크색을 테마로 전 세계 인플루언서를 활용한 'SM 핑크 블러드' 프로젝트, HOT 때부터 나온 뮤직비디오의 4K 리마스터링 프로젝트 등 문화와 기술을 접목하는 도전을 멈추지 않고 있다. 이것이 K-POP 산업의 현재이자 다가올 미래에 추구할 가치다.

*   최세경, 「유통 플랫폼이 이끄는 방송 콘텐츠의 진화와 혁신」,《방송 트렌드&인사이트: 방송콘텐츠 제작 지형의 격변》Vol.2, 한국콘텐츠진흥원, 2015.8~9.